涉外法治人才培养的
探索 与 创新

于铭/编著

中国海洋大学出版社
·青岛·

图书在版编目（CIP）数据

涉外法治人才培养的探索与创新 / 于铭编著. —青岛：中国海洋大学出版社，2023.8
ISBN 978-7-5670-3594-2

Ⅰ. ①涉… Ⅱ. ①于… Ⅲ. ①涉外事务—法律—人才培养—研究—中国 Ⅳ. ①D926.174

中国国家版本馆CIP数据核字（2023）第157963号

出版发行	中国海洋大学出版社		
社　　址	青岛市香港东路23号	**邮政编码**	266071
出 版 人	刘文菁		
网　　址	http://pub.ouc.edu.cn		
电子信箱	813241042@qq.com		
订购电话	0532-82032573（传真）		
责任编辑	郭周荣	**电　　话**	0532-85902495
印　　制	青岛国彩印刷股份有限公司		
版　　次	2023年8月第1版		
印　　次	2023年8月第1次印刷		
成品尺寸	170 mm × 230 mm		
印　　张	18		
字　　数	250千		
印　　数	1~1000		
定　　价	68.00元		

发现印装质量问题，请致电0532-58700166，由印刷厂负责调换。

序

中国海洋大学立足中外合作办学
探索涉外法治人才培养新模式

党的十八大以来，习近平总书记多次强调要"加快涉外法治工作战略布局，加强涉外法治专业人才培养"。中国海洋大学依托与美国亚利桑那大学联合举办的法学本科双学位中外合作办学项目，通过"引进"国外优质法学教育资源、立足中国本土，培养涉外法治人才，形成了独具一格的涉外法治人才培养模式。学校围绕培养"立足本土、放眼国际、内外兼修、博学多能"的法治人才的目标采取了以下做法。

一、强化社会主义法治理念引领

涉外法治人才在解决国际争端、制定国际规则方面肩负着维护国家利益的重要使命。要保证学生在掌握大量英美法知识后仍然能坚定社会主义法治信仰、以服务国家需求为己任，必须坚持以思政为抓手，将社会主义法治理念教育融入课堂、实践、国际交流和教学管理各环节。加强课程思政建设，通过开设习近平法治思想必修课、建设一流课程和课程思政示范项目，大力推进社会主义法治理念进课堂。开设特色党课，聘请外交官为客座教授和实践导师，分享他们维护国家利益的真实案例，激发学生强烈的爱国热情和使命感。紧抓赴外交流学生的思政教育，通过开展专项研究、制订专门的工作方案，利用出国前教育、线上学习、定期汇报、专人负责等方式，将赴美交流学生的思政和党建工作纳入学生思政工作大局中。开展教学审查，包括课前明确不当言论的内涵、对教学资料及课堂教学的意识形态的审查，确保教学内容符合社会主义法治理念。

二、重构涉外法治人才的知识体系

知识体系的构建使涉外法治人才具备处理涉外法律问题的国际视野和专业知识。满足涉外法律服务需求的法治人才培养不应被片面地理解为国际法人才培养，而应以域外法人才培养为重要内容，这正是中外合作办学的优势所在。课程群的建设主要围绕"引进"与"开发"两方面展开：引入的 19 门优质课程主要包括普通法主干课、涉外经贸法律类课程及强化法律英语的课程；共同开发的 5 门课程将外方课程，如政策治理、政府与国家结构等融入原有的行政法、宪法等课程的教学内容，以加强法学与其他学科知识的有机融合。为支撑课程体系改革，学院通过扩大外方师资派遣规模、开展中方教师交流项目、教师英文授课能力培训等活动，加强师资队伍的国际化建设；通过全面开放美国亚利桑那大学图书馆电子资源和教学辅助系统、共建特色教材等，给学生提供丰富的教学资料。

三、锤炼涉外法治人才的思辨和专业表达能力

从改进教学方法、拓宽实践路径和科教融合三方面入手锤炼学生的涉外服务能力。在课堂教学中引入启发式和讨论式教学方法，如模拟庭辩、专业性沟通表达训练等，通过成文法与判例法不同的法律思维，培养学生的思辨能力。在课外实践环节，通过组织学生参与国际模拟法庭大赛、大学生创新创业项目，以及与联合国开发计划署、生态环境部对外合作与交流中心共建人才培养协同创新平台，为学生提供参与国际事务和工作实践的机会。推动科教融合，共同设立海大—亚大联合研究中心、山东省与美

国交流合作研究中心，支持教师和学生通过联合申请课题、设立教研项目、举办国际论坛等形式，开展教学和科研活动，提升学生的科研能力。

四、拓宽"多元化"的合作伙伴网络

进一步创新资源融合机制。一方面以中外合作办学的外方高校、联合国开发计划署及生态环境部对外合作与交流中心为枢纽，不断增加合作伙伴，逐渐形成由高校、实务部门和国际组织组成的国际合作伙伴网络；借助网络，推动课程引进、师生交流、联合培养、学术交流等工作，增加对外交流的广度和深度。另一方面，使涉外法治人才培养与学校"海洋发展"重点学科群建设、法学一流学科建设和留学生硕士项目协同发展，实现法学教育资源的国际共享，为涉外法治人才的培养提供广阔的教学和实践平台。

五、建设动态质量评估体系

构建"规划—诊断—改进"的动态质量评估体系，保障项目实现提质增效的内涵式发展。教学前规划包括科学制订培养方案、改进教学方法。教学诊断应围绕"外评把握方向"和"内评监控品质"展开。外评主要邀请国内外专家对项目的课程设置、培养方案、教材建设等方面进行评估并提出改进意见；内评主要包括对教材、课堂教学、考核等教学各环节的评估。教学后改进指通过研讨、设立教改项目等方式针对教学诊断中发现的问题提出改进方案。

依托中外合作办学项目构建的涉外法治人才培养模式实施后，取得了显著的人才培养成效。截止到2022年6月，项目4届毕业生共计379名取得中美双学位，60%以上的毕业生升入国内外一流法学院攻读硕士研究生。毕业生的就业机会较多，如美国法院（法官助理）、国家部委、银行总部、仲裁委员会、跨国公司、高端涉外律所等有涉外法律人才需求的

部门。

为创新涉外法治人才的培养模式，提升法学中外合作办学的教学质量，进一步调动学院教师参与教学研究与改革的积极性和创造性，根据教育部有关中外合作办学项目运行中推动教师开展教学研究的要求，参照学校教育教学研究项目的管理规定，中国海洋大学法学院在 2018 年制定了《中国海洋大学法学院中外合作办学项目教育教学研究专项支持计划实施办法》，并开展中外合作办学教育教学专题研究项目。项目实施 5 年来，共设立研究项目 57 项，项目内容涉及课程设计、教学方法改进、实践能力提升、学生工作、项目管理等人才培养的方方面面；投入经费人民币 180 万元左右。教学项目的研究成果极大提升了合作办学的教学质量，成为合作办学内涵式发展的重要支撑。本次论文集收录的论文为 2018 年和 2019 年部分研究项目的成果，现将其编纂出版，以期为其他从事涉外法治人才培养工作的同仁提供借鉴。

编者

2023 年 5 月 22 日

目录

第一章
涉外法治人才培养的教学模式改革

讨论教学法在中外合作办学刑法
教学中的应用

王　越　车怡萱

摘要　讨论教学法相较于传统灌输式教学方法，有着课堂多元主体化、学生参与感强和教师获得反馈即时化的特点。其在实际应用中虽有一定困难，但为了培养高端涉外法律人才、贯彻卓越法律人才培养理念、提升高校课堂上立德树人效能，有必要讨论其在教学实践中的实现问题。通过积极开辟刑法课堂、合理设计课堂讨论、改善刑法课程考核分数构成、提高学生问题意识和营造良好课上讨论氛围，可使中外合作办学专业学生更好地获得刑法知识，助力培养高端涉外法律人才，实现讨论教学法的初衷。

关键词　讨论教学法　中外合作办学　刑法教学

一、讨论教学法的内涵与特点

（一）讨论教学法的内涵

讨论教学法是指学生在课堂教师的指导下，以全班或小组为单位，围绕主题进行讨论或辩论，以加强对教学内容的理解或提高运用所学知识的能力的教学方法。[①]讨论式教学是以启发式教学理念为基础，在教师的提示和指导下激发学生的积极思考，师生之间进行交流互动，使学生掌握所学知识。[②]讨

[①]林瑾，郭慧芳，王金兰.课堂讨论在高校经管《经济法》教学中的应用[J].河北广播电视大学学报，2016，21（5）：64–67.

[②]周剑雄，苏辉，石志广.讨论式教学方法在大学课堂中的运用研究[J].高等教育研究学报，2008，31（4）：55–57.

论教学法旨在高效帮助教师完成授课任务，提高学生自主学习的能力，使学生在学习探索的过程中掌握所学知识。

讨论教学的课堂是学生与老师思维碰撞的舞台，使思想的火花孕育出蓬勃的生命力。在讨论教学的互动过程中，学生热情倾听、精神高度集中、积极举手参与课堂活动，教师抛出问题、把握思路方向、训练学生的口头表达能力和应变能力。讨论式教学课堂的模式，使学生的学习主动性和积极性大幅提高。

（二）讨论教学法的特点

1. 课堂多元主体化

传统的教学模式多为教师一人完成整堂课程教学，而讨论教学法的教授模式由教师这个单一主体变为"老师—学生"双主体，即由任课老师的"独角戏"转变为全员参与。每位学生都可以在课堂上发表有关看法，展现出批判性思维，知识的传授也由老师指向学生的单一箭头变为师生之间的双向奔赴。

2. 学生参与感强

讨论式教学可以激发学生的课堂参与积极性和主动性，学生课堂参与度大幅提高。在传统灌输式教学中，学生在课堂上通常是低头记笔记和抬头听讲；而在讨论式教学中，每个学生都可以当三分钟的"小老师"。教师提出问题后，学生独立思考、提出论点、阐述论证，在互相补充和提出质疑的过程中，学生主动梳理、搭建知识体系，成为知识的共同创造者。

3. 教师获得反馈即时化

讨论教学法的课堂具有时效性。在培养学生发现问题和解决问题的过程中，作为指导者的教师可以与学生即时交互，发现学生存在的问题和知识漏洞，及时修正指导。这种反馈是即时的，也是潜移默化的。教师可以在无形中推动课堂教学的顺利进行，提升教学质量。

二、讨论教学法在中外合作办学刑法教学中的重要性

（一）中外合作办学的实质决定刑法课程教学改革的战略意义

中共中央办公厅、国务院办公厅印发的《关于做好新时期教育对外开

放工作的若干意见》将中外合作办学列为与世界教育强国合作、落实我国教育国家发展战略的重要行动。中外合作办学作为我国高等教育的"第三驾马车"，在中国高等教育事业发展的过程中发挥着独特的作用。[①]2019年9月，在以"中外合作办学的初心及新时代使命"为主题的第二届中外合作办学校长论坛上，昆山杜克大学副校长常晓林在总结发言时表示，中外合作办学的初心是通过引进国外优质课程、教材和教学方法，丰富教育供给，满足人民群众多样化、高质量、国际化的教育需求。由此，新时代的中外合作办学更应该持续提升办学水平，促进中外合作办学高质量发展。

现在，熟练掌握英语、熟知双边国家法律、专业技术强和职业素养高的高端涉外法律人才缺口较大，传统的教学方式方法无法满足人才培养的需要，也无法准确对应刑法学科的特点。正因如此，中外合作办学的需求会倒逼刑法课程的教学改革。高校需要创新授课模式，即在课堂上全方位提升学生能力的同时，促进教学理念、教育思想与国际接轨，以适应国际化发展的整体趋势和需要，促使中外合作办学培养的学生逐步活跃在世界舞台上。

（二）卓越法律人才培养理念下刑法课程改革的必要性

人才培养模式需要创新，学科建设水平需要提高。传统的课堂教学模式往往存在老师教学压力大、学生课堂参与度低、学习热情低落、师生交流不畅等问题。为奠定法律人才培养的坚实基础，应发挥学生是学习主体的特点，调动学生的学习积极性和课堂参与度，让学生在学习的过程中充满体验感、获得感、新鲜感。具体而言，需要改变传统的刑法教学与现实法律实务工作脱节的现状，做到理论与实践的有效结合。通过课堂讨论教学的方式，培养学生精准的阅读理解能力、应变能力和口头表达能力，同时具备相应的法律实践能力，防止出现理论困于心中而无法外化于行的情况，让每位学生能够学以致用，逐步具备一名卓越的法律人才应有的特质。

---

①马健.以中外合作办学提升本科教育质量机制研究[J].中国多媒体与网络教学学报（上旬刊），2020（8）：67-69.

（三）中外合作办学立德树人效能的需要

中共中央办公厅、国务院办公厅印发的《关于进一步加强和改进新形势下高校宣传思想工作的意见》中提出，坚持全员全过程全方位育人。坚持"三全育人"是高校思政工作的目标，其涉及的全员育人、全过程育人、全方位育人具有系统性、协同性和科学性。全员育人指的是学校的所有部门、所有教职工都负有育人的职责，也就是其思想教育工作不应局限于思想政治课，思想教育工作的承担者也不应仅局限于思政课老师与辅导员。所有站在高校讲台上的老师都应将立德树人转化为思想和行动上的自觉。

大学教育之魂在于独立之精神、自由之思想。人才培养的基础在于先立德而后树人。纵使一名学生熟练掌握了多个国家的法律知识，但如果没有健康的人格和良好的品德修养，无异于培养了一个"机器人"，刑法更是与政治联系紧密的学科。目前中国海洋大学法学院的本科学生绝大部分是"00后"，年纪尚轻、资历尚浅、涉世未深的学生正处于世界观、人生观、价值观的形成和发展阶段。面对西方价值观念的渗入和中外思想之间的碰撞，思维活跃、眼界开阔的中外合作办学培养的学生的意识形态更需要教师进行正确的引导。我们应以思政为引领，以学术为品牌，可以通过课堂讨论"药神"陆勇案、赵春华气枪摆摊案、王力军玉米收购案等经典案例，让学生感受我国法治的进步，体会宽严相济的善意司法；在学习正当防卫时，可以讨论限度条件，维护社会公平正义。在进行刑法课堂讨论教学的过程中，教师应积极引导学生树立正确的世界观、人生观、价值观，筑牢意识形态思想防线，培养学生成为德才兼备的法律人才。

三、中外合作办学刑法课程实施讨论教学法面临的困境

（一）课时设置时长有限导致教学方法单一

根据中国海洋大学与美国亚利桑那大学联合设置的学分互换课程，中外法专业需在前两个学年完成所有国内法律课程，后两个学年可以根据自己的选择在国内或者国外接受美国大学法律课程的全英文授课。然而，国内法律体系庞杂，法学知识厚重而深邃，前两个学年完成所有国内法律课程的学习

给法学院所有中外法专业的老师和同学带来了巨大的挑战。对比而言，中国海洋大学法学院普通法学专业的学生有两次学习刑法学的机会，分别是在大一的第二学期学习"刑法总论"和大二上学期学习"刑法分论"，课时相对充足，安排较为合理。然而，中外合作办学的学生只能在大一下学期一次性学完全部刑法学课程，庞杂的教学内容与刑法学课时的大幅压缩形成了难以调和的矛盾。学院安排的实际教学课时远低于刑法学科要求的课时，因此，中外合作办学刑法学的任课教师只能在教学过程中选择重点，抓大放小。否则，极有可能面临将刑法总论细致地讲解完成后，分论却没有时间教授的问题。在有限的时间里，为了完成教学任务，教师往往以课件和课本为纲进行知识点的基础讲解，教学方法单一容易导致学生对刑法学的认识片面而浅显。

（二）成绩评估体系驱使学生重理论轻实践

中外合作办学学生课业压力大，学生有时难以完成。结合中外合作办学从第三学年开始就要使用全英文授课的特点，学生不仅需要在前两年完成所有国内法律课程的学习，还需要达到亚利桑那大学要求的英文水平测试分数，取得学习资格，这样才能继续完成学业。

刑法学是一门理论性较强的学科，无论是受传统课堂教学方法的局限性的影响，还是学生对高中死记硬背学习方式的习惯，学生在刑法学的学习中更多的是对法律法规的刻板理解。为了获得一个亮眼的分数，学生会在期末考试前付出更多时间和精力去突击记忆知识点，与现实生活中的法律实践脱节，无法形成成熟的法律思维。

（三）学生问题意识不足致使课堂难以形成良性循环

各个高校开设刑法学的时间并不一致，一般是在大一下学期或大二上学期。中外合作办学项目受专业因素的影响，课时紧张，大一下学期开设刑法学已是最晚的时间，由此导致学生可能存在法学理论学习不足、基础不牢固、法学知识体系尚未搭建完成等问题。在还未形成法律思维和难以从法律角度看问题的情况下，学生提出和解答问题的能力较为欠缺。当教师抛出问题后，课堂无人响应或者讨论效率低。在讨论教学的过程中，学生可能会提出一些质量欠佳的问题，导致课堂节奏拖沓，教师想要掌握讨论教学的节奏却心有余而力不足。此外，学生在学习过程中往往只注重记忆结论和获取结果，不注重结论从何而来。学生对为何会产生这样的理论不求甚解，批判思维尚未形成，独立思考的能力和问题意识亟须加强。在学生的思维定式中，上课只需要聆听老师讲解，记住最终结论即可。鉴于缺乏课堂呼应和有效提问，学生的学习意识淡薄，"搭便车"现象严重，讨论教学的双主体课堂又回归到以教师为主导的单一主体课堂，学生在讨论式教学中的角色缺位导致课堂难以形成良性循环。

四、讨论教学法在中外合作办学刑法教学中应用的策略

（一）积极开辟刑法教学课堂，实现课堂多元化

利用QQ群、微信群、Blackboard Learn平台等隐性课堂，借助新媒体的交互性、互动性、使用方便性等特点，充分调动学生学习的热情和积极性，提高教学效率。例如，在Blackboard Learn平台上开设问题讨论区，教师可以选择主题式讨论、答疑式讨论、作业式讨论等多种讨论方式，搭建教师与学生之间、学生与学生之间的沟通桥梁。通过这种方式，教师能够重难点，指明学习方向，学生则能够做到有针对性地学习与复习。在多维度的讨论式教学课堂中，学生能够毫无保留地展示自己的学术观点，分享现阶段刑法学习所遇到的困难，学生之间可以畅所欲言、互帮互助，形成清晰的学习思路；教师则予以点拨、解答和评价。依托线上教学平台，从而最大限度地提升教学质量，充分利用新媒体多元化的特点，推进讨论教学刑法课堂的建设。

（二）合理设计课堂讨论，全面深入教学讲解

1. 甄选适合讨论的题目

选择适合课堂讨论的问题是做好讨论教学法的第一步。教师在选择问题时需要兼具其广度与深度，既不能选择过于简单或直接通过搜索引擎就可获得答案的讨论问题，也不能选择难度太大让学生望而却步的难题。难度合适的讨论问题可以引起学生的兴趣，坚定学生解决问题的信心，让学生在学习的过程中既有参与感，又有获得感、成就感。

教师可以在备课时针对知识体系中的重难点，寻找具有争议性、代表性的难度适中的问题，以学生学习过的知识为铺垫，与当下刑法热点问题结合，向未涉及的知识领域拓展，对题目进行分析，在课堂上组织和引导学生进行讨论。热点问题与知识点的结合可以激发学生的学习兴趣，同时训练学生整合信息的能力，帮助学生更好地理解刑法。此外，教师设计问题时也可以有意识地进行中美两国刑法的对比，融入中外合作办学特色。学生可以登录亚利桑那大学的电子图书馆查找美国刑法的相关资料，充分利用电子数据资源。逻辑性强的讨论题目可以训练学生的辩证思维，提升其阅读理解能力和文献阅读能力，学生对刑法学的认知也会完成从感性到理性层面的升华。

2. 精心设计讨论环节

在有限的上课时间中，知识点的讲解无疑是重中之重。在此基础上，如何合理地利用时间发挥讨论教学的最大效用，是教师需要考虑的问题。首先是讨论方式，可以采用个人自由发言、分组讨论或者辩论式讨论的方式得到最佳方案。学生发言次数不限，但应尽可能照顾到每位想要发言的学生；发言时间无最低限制，即便只有三言两语，只要能发挥推动讨论进程的作用即可。其次是把握讨论的节奏，教师要在讨论过程中合理安排时间。在实际教学中，讨论教学法的开展难以兼顾到每位同学，即使强制每一名学生仅发言一分钟，五十分钟的教学课也会被发言完全占据，讨论教学也就失去了落脚点。教学才是各种教育方法的应有之义。教师应在学生的讨论中捕捉关键信息，积极引导，解答疑惑。教师应循序渐进地帮助学生，使得对话能在教师与学生之间形成互动，而非问得满堂哑口无言。教师可以巧妙地在讨论中让学生迅速厘清思路，做好辩证分析的准备，清晰地阐述其观点。

3. 教师点评和归纳总结

教师是讨论教学课堂的组织者和引导者，要对讨论的问题进行全面评价，对正确的观点及答案要肯定，修正和补足有漏洞的论证，做到条理清晰、有理有据，拓展思路。教师要将刑法理论与实践结合起来，分析难点，系统地归纳总结。学生及时反思不足、修正思路、补充观点，最终完成对刑法学体系更全面的认识。

（三）改变课程考核分数构成，增强学生实践运用能力

改变传统的期末闭卷考试占主要分数构成的现状，逐步提高课堂表现所占比重，将学生的课堂表现、课后作业和期末成绩综合起来，建立起更为科学的学业成绩评估指标体系，以全面、准确地反映学生的学习状况。利用高占比的课堂讨论分数促使学生重视课上学习时间，将工夫用在平时，转变学生考前突击的不良学习习惯。

域外教育政策研究显示，过度关注学生考试成绩的政策可能会导致具体化和机械化的教学实践，使学生在学习过程中仅仅发展记忆技能，而无法使学生养成批判性思维和对具体概念的深度理解。学习刑法的学生正处于打牢法律基础的重要阶段，为了高分和应试而让学生形成重理论轻实践的不良习惯，无异于"扣错了学术生涯的第一粒扣子"。"合抱之木，生于毫末。"当错误出现时，要及时止错、勇于纠错、避免再错，方能帮助学生养成端正的学术态度和良好的学习习惯，在未来学习法律的道路上行稳致远。

（四）培养学生的思维能力，营造良好的课堂讨论氛围

在现有课时紧张的条件下，教师可以利用讨论教学法提高课堂效率，训练学生各项学习能力。首先，任课教师难以在短短的几十个课时内把刑法所有内容讲解透彻，因此针对不同的知识模块，其授课方式也应有所区别。教师应在现有条件下帮助学生理解知识，提升其学术水平。其次，刑法课堂不应采取"填鸭式"教育，而是要培养学生掌握"提出问题—建立假设—收集资料—论证假设—总结"的学习方法，锻炼学生发现和解决问题的能力以及法学逻辑思维能力。最后，无论是在收集资料、学习知识点的过程中，还是在讨论和倾听的过程中，学生必然会遇到感兴趣的知识点或令人困惑的难题，带着问题上课和探究，能够提高课堂效率。教师在进行系统理论讲解的基础上，可以更有针对性地进行疑难指导，培养学生的知识掌握能力、综合实践运用能力，充分激发学生的学习兴趣。

五、讨论教学法在中外合作办学刑法课堂中取得的教学成果

第一，讨论教学法的实施使课堂活跃度大幅提升。调研发现，以往中外

合作办学班的学生大多明确表示，即使课程中讨论的题目普遍有难度，大家依然愿意在课下付出努力做好预习工作、翻阅课本、查阅文献资料，进而形成独到的见解。课堂上的激励式教育给了学生极大的信心去攻克难题，有趣的学术探讨和轻松的课堂氛围使得学生更愿意参与课堂活动。

第二，讨论教学法在中外合作办学班上的开展为学生大三、大四接受美国大学"翻转课堂式"教学做铺垫，使中美课程能够更好地衔接。中外合作办学的学生从大三上学期开始接触美国合同法、美国程序法、高级英语写作I和高级英语写作II这四门由美方教师教授的全英文课程，尤其是法律课程，由受英美法系案例教学法的影响，学生需在上课前阅读大量英文案例，上课时美方教师会以提问和答疑的方式来授课。美国法律课程的教学内容几乎全部由案例组成，而非中国法律课程的"总论—章节"的大纲式知识点教学。美方教师上课时更多的是向学生提问案件的事实、规则应用和判决等，交由学生来回答或者提问。讨论教学法能够帮助学生提前适应中美教学方面的差异，在面对美国教师的"翻转课堂"时，学生会更加得心应手，而非手忙脚乱。

第三，通过讨论教学，教师可以了解学生掌握知识的程度和学生在学习知识点时是否存在误区。借助于讨论教学法，无论是线上讨论还是课堂讨论，教师与学生可以打破壁垒，使沟通交流变得更加顺畅和深入。当学生在讨论的过程中"误入歧途"或思绪混乱时，教师作为课堂上的"定海神针"，可以适时帮助学生修正方向、厘清思路，指出一条可行的探索道路。

综上所述，与传统的教学方法相比，讨论教学法有着课堂多元主体化、学生参与感强和教师获得反馈即时化的特点。虽然在实际操作中面临着一些困难，但面对新时代背景下国家高端涉外法律人才短缺的现状，法律人才培养理念促使刑法课程深入改革，加之高校课堂立德树人的要求，在中外合作办学刑法学课堂上实施讨论教学法确有必要。积极开辟刑法课堂，合理设计课堂讨论，改善刑法课程考核分数构成，营造良好的课上讨论氛围，会使讨论教学法发挥出最大效能，在中外合作办学的课堂上大放异彩。也许讨论教学法在刑法课堂上的应用还会遇到一些意想不到的问题，但是教学相长，这些问题都可以在未来的教学实践中逐步改进和完善，以达到促进中外合作办学高质量发展和将学生培养成高端涉外法律人才的目的。

启发式教学法在中外合作办学
法学教学衔接中的运用

胡伟强　徐　昕　陈　希

摘要　中外合作办学是近十年来中国高等教育发展的一个新样态，其教学方法正处在不断摸索完善的过程中。启发式教学是一个有着悠久历史的教学理念，将这一教学理念有机运用到中外合作办学法学教学之中，是一个全新的尝试。中美两国的法学教育体系在教学模式、教学内容、科研理念、培养目标等多方面存在较大差异，通过明确这些差异，可以有针对性地对启发式教学法进行必要的调整和改造，以适应中外合作办学法学教学的要求。这些调整既包括教学手段也涵盖考核方式，其目的在于寻求一套结构清晰、内容全面、重点突出且能够有效衔接中外不同法律教育内容的方法。这种尝试阶段性的教学总结，可以为今后的教学工作提供有益的经验。

关键词　中外合作办学　启发式教学法　法学教育　有效衔接

正如早期互联网的倡导者所畅想的那样——在一个万物互联的世界中，所有人（更准确地说是那些拥有接入网络条件的人）都可以平等而无限地获取各种信息，这种不受限的信息获取不仅意味着传统的学习方式受到了空前的挑战，甚至可以说传统的学习方式已然落伍，等待着被更灵活、更自主的方式所替代。但现实却并未如此发展，一方面在高等教育机构中盛行的传统教学方式并未消失，且随着精英制（Meritocracy）的崛起有不断强化的趋势，低成本的信息获取并不等于高质量的知识获得。①另一方面，随着社交网络、

①Markovits，D.（2019）.The Meritocracy Trap. London Penguin Books.

移动终端等新型线上信息传播交流方式的普及，线下教学的确受到了冲击，但不是以早期互联网的倡导者所设想的那种积极的方式，而是通过信息串流（Information Cascades）①和信息茧房（Information Cocoon）②等形式轰炸、包围、迎合、封闭、限制信息接收者的视域和对话域。这种方式在吸引接受者注意力的同时也使其难以专注某一问题，促使其不断消费更多的信息却使有深度的分析和思考愈发困难。③这些新出现的现象均对新时代的教学提出了更高的要求，也使得在中外合作办学的背景下更有效地运用启发式教学法——这一传统的教学理念——变得尤其具有现实意义，即传统的方法如何回应新变化以及新技术条件下如何提升教学效果。

在对启发式教学法进行简要介绍的基础上，本书着重分析了中外合作办学法学教学与其他专业相比所存在的一些独特之处，以及在将启发式教学法运用到这一新领域时需要特别注意的地方。本书预设的目的不在于对启发式教学法本身进行深入探究，而在于思考如何把这一方法与新形势下中外合作办学法学教学有效地衔接起来，通过对教学手段、评估方式、考核内容等方面的具体分析，为提高中美合作办学（法学）项目的教学质量提供一些有益的启示。

一、启发式教学法概述

启发式教学法（Heuristic Teaching or Discovery Teaching Method）是一种有着悠久历史的教学方法，无论是中国古代的孔子还是古希腊先哲苏格拉底都曾践行这种教育理念。④现代意义上的启发式教学法一般指的是教师根据教学目标和内容，从学生的年龄、心理特征、知识基础、认知结构等实际情况出发，采用各种生动活泼的方法引导学生积极思考，从而使他们能够主动获

---

①Sushil Bikhchandani，David Hirshleifer，Ivo Welch. Learning from the Behavior of Others：Conformity，Fads and Information Cascades [J]. Journal of Economic Perspectives，1998，12（3）：151-170.

②桑斯坦. 信息乌托邦：众人如何生产知识[M]. 毕竞悦，译. 北京：法律出版社，2008.

③吴修铭. 注意力经济：如何把大众的注意力变成生意[M]. 北京：中信出版社，2018.

④王维娅，王维. 孔子与苏格拉底启发式教学法之比较[J]. 华南师范大学学报（社会科学版），1999（4）：83-88.

取知识、发展智能的一种积极的双向交互式的教学方法。①由此可见，启发式教学法是一个虽然有着悠久历史但却不断发展的教学理念，随着社会进步和科学技术的发展，人们不断赋予其新的内涵。其不仅与所谓的灌输式或"填鸭式"教学法有着鲜明的区别，也与过去的启发式教学法颇为不同，只有对其内涵有了深刻把握，我们才能更好地改革教学方式和方法，并将其运用到教学实践中，为培养创新型人才奠定基础。

首先，说到启发式教学，一般只是从教学方法的层面进行认识，简单地把它作为灌输式教学的对立范畴，无非是"少讲一点，多问几句"，这其实是不够的，应该从现代教学理念的高度来认识。从字面看"启发"二字，"启"是"开启""启迪"的意思，"发"是"激发"的意思，"开启""启迪"的工作当然是教师来做，而"激发"则是要落实到学生身上，激发他们的学习兴趣、想象力和创新精神，这也正是对"学生为主体，教师为主导"这一现代教学观最好的诠释。②就此来说，启发式教学法区别于灌输式教学法的关键就是它的双向交互性，即教师和学生在互动的过程中实现知识传授和积累。

其次，现代的启发式教学法也不同于苏格拉底式诘问法，虽然二者都有促使学习者运用逻辑、深化思考的作用。现代启发式教学法强调的是激发学生的主体性，通过激活其内在驱动力来调动其学习的积极性。在这一过程中教师并不处于发问者的位置，其与学生的地位更加平等，更多的是通过引导、支持、协调、激励等方式来协助学生更加有效地掌握知识、发现自己的不足，以及制订今后的学习规划。另外，现代启发式教学法特别重视研究方法的研习和知识积累的系统性，这也是苏格拉底式诘问法所不能涵盖的内容。

最后，还需要予以澄清的一个认识误区是认为"启发式教学法等于放任不管"的观点。恰恰相反观点相反，为了保证教学效果，启发式教学法要求更为及时、更有针对性的教学反馈（Feedback）。对于反馈的具体方式没有

---

①李慧勤，李红君. 现代启发式教学的内涵与实施[J]. 中国高等教育，2008（10）：21–23.
②吴翊. 启发式教学再认识[J]. 中国大学教学，2011（1）：67–68.

一定之规，既可以采取传统的线下考试、考核方式，也可以采取更为新颖的方式，如线上测评、视屏指导。无论采取何种方式，及时、有效的反馈都是启发式教学法必不可少的环节。①

接下来会详细介绍中外合作办学的一般趋势以及中外合作办学法学教学的一些特殊之处，然后尝试将笔者近几年在一线教学实践中运用启发式教学法所得到的若干经验和心得进行总结。

二、中外合作办学法学教学的特点

（一）中外合作办学（法学）的背景

当今经济全球化的步伐日益加快，在全球化进程不断加快的同时，各个国家的联系进一步加强，教育国际化的进程也在加速，各高校在中外合作办学领域的规模也日益扩大。中外合作办学是高等教育走向国际化的一个重要渠道，对培养具有国际化视野的高素质人才有重要意义。②作为我国科研成果产出的主力军，一流大学拥有大批高素质的本科生，他们是未来产出高质量科研成果的基本保障。而学生对于中外法学知识的全面了解，对我国高等教育进步、发展及学生自身素质的提高有着不可低估的作用。

对于参与中外合作办学的本科生来讲，国内与国外的教学模式、科研理念、教学内容等各方面都存在着较大差别，这既是挑战又是机遇。为了让他们能更好地适应这种挑战，教师在教学过程中，需进一步转变和优化教育理念，引进优质的教育资源，注重中外法学教学内容的衔接，这些做法不仅有实质性益处而且十分必要。本科时期是一个法学知识学习与积累的黄金时期，在这一时期对中外法学教育内容进行衔接性教学，让学生对国外教学模式、教学内容等有具体了解和学习，可为他们进入美国法学教育阶段打下良好的基础，因此十分有必要。③

---

① 彭豪祥. 有效教学反馈的主要特征[J]. 教育研究与实验，2009（3）：64-66.

② 肖地生，顾冠华. 全球化视野下的中外合作办学[J]. 黑龙江高教研究，2003（5）：9-12.

③ 贺鉴，王玉全. 论"双一流"建设背景下的法学中外合作办学[J]. 法学教育研究，2018，21（2）：86-99.

（二）中外合作办学法学教育现状

我国的法学教育，特别是法学学位体系和人才培养模式，与西方发达国家之间还存在一定差距。西方发达国家对法律人才的培养层次较高，美国也是法律教育体系最成熟、最合理的国家之一。因此，深入研究发达国家法学教育的制度实践，总结其多年累积起来的宝贵经验，更好地学习其法学教育模式，提前让学生适应美国的法学课堂，是提升中国法学教育质量和人才竞争力的重要前提。美国属于英美法系国家，其法学教育在同美国法律职业共同发展的过程中形成了鲜明的特色。美国的法律体系和中国的法律体系之间存在着许多差异，主要体现在法律系统的不同、法律法规的不同和审判制度程序的不同。①

首先，美国的法律教育以培养职业律师为目的，属于大学本科基础教育后的一种专业教育，也叫职业教育（Professional Education）。美国将初级法学教育设计在研究生层次，置于大学本科之后，其目标是促进法律职业发展或为法律职业提供准备，法学院的学生主要接受专业的法律职业训练和法学培养，可以说美国的法学教育是一种典型的律师教育。②

其次，美国的法律体系广为采用"判例法"，即审判的任何案例都要以之前判定的案例为依据，这就导致美国法学院的教学是以案例教学为主。在课堂上，美国的法学院普遍采用"苏格拉底式"教学方法，教师会随机叫一名学生来回答问题，根据学生的回答来假设一些新的情况并提出问题，以此来考验学生对于法律规则的理解。教师从来不会告诉学生某个法律问题是怎么规定的，怎样裁判是正确的，而总是督促和启发学生自己去寻找合理的答案和解释，目的是训练学生独立思考和从不同角度去分析问题、解决问题的能力。由此可见，美国法学教育倾向于用灵活多变的教学环境，充分发挥学生的思辨能力，尤其强调学生的问题意识与独立分析和解决问题的能力。③

①杨莉，王晓阳.美国法学教育特征分析[J].清华大学教育研究，2001（2）：67–73.

②Judith A.McMorrow.美国法学教育和法律职业养成[J].法学家，2009（6）：20–30.

③汪习根.美国法学教育的最新改革及其启示——以哈佛大学法学院为样本[J].法学杂志，2010，31（1）：33–37.

再次，由于英美国家的法学课堂都是使用英语教学，而且阅读材料也大多是英文文献，因此需要学生具有良好的英文阅读与理解能力。但由于国内法学专业学生语言能力较为薄弱，特别是法学专业词汇量有限，以至于在课堂上听不懂讲课内容，跟不上教师的思路，课下也看不懂英文文献和案例汇编，因而无法进行有效的预习与复习，这就导致学生学习压力大、成绩不理想。

国内对文科生，特别是法学专业学生的培养更倾向于使用"传递—接受"式的教学模式，比较注重教师的权威性，强调教师的指导作用，以传授系统知识、培养基本技能为目标。这种模式的好处在于可以使学生比较快地掌握更多的知识，但同时也会使学生处于被动位置，在课堂上消极应对，从而很难适应国外课堂的自主学习模式，导致学生学习压力增加并产生自我怀疑。从总体上来看，这种以学科为壁垒、以教材为中心的教育模式已经很难适应现代法治国家的人才培养需求，我们应该与时俱进，在借鉴国外先进教学理念的基础上对其加以调整和改造。[①]

面对各种层出不穷的新问题，法学教育不能只传播现有的法学知识而不与西方发达国家的教育模式与内容相衔接。对于高等法学教育而言，只有秉持学术开放、兼收并蓄的立场和态度，才有可能既培养学生开阔的学术和知识视野，又使其学会独立思考、自主判断。对于中外合作办学法学专业的学生而言，其对国外法学教学模式及法律制度了解不足的问题已经凸显，这既体现在学生的阅读面过窄过浅、思维缺乏刺激和锻炼、视野过于局限等方面，也体现在英语听说读写基础能力薄弱等方面。这些在国内本科阶段学习上的欠缺将会制约学生的发展空间，更会对他们未来的创新活动带来长久的不利影响。这里需要强调的是，中外合作办学法学专业的学生所要面对的最大的一个挑战就是英语，这不是简单的英语语言能力的问题，而是思维方式和习惯的问题。从某种程度而言，语言"限定了"使用者的表达方式和内

①张乐平，路景菊.美国法学教育对中国法学教育改革的启示[J].河北法学，2005（9）：157-160.

容，当代语言哲学已经明确揭示出语言不仅仅是交流的工具，更是思考的载体。因此，上述这些问题就成为当下的研究重点，将在下文中进行更深入的分析和讨论。

三、启发式教学法在中外合作办学法学教学衔接中的运用

对于参与中外合作办学的本科生来讲，中美两国的教学模式、教学内容、科研理念之间存在着较大差异，美国法学教育尤其强调学生的问题意识与独立分析和解决问题的能力，因此解决问题的关键就是通过明确国内外法学教育的差异，并针对这些差异提出一套具有针对性的、可以推进中美法律教育内容有机衔接的方法。①

（一）明晰中美法学教育体系差异

接受严格正规的法学教育是从事法律职业的前提条件，可以保证法律职业从业人员具有较高的专业素质。对于参与中外合作办学的本科生来讲，中美两国的教学模式、教学内容之间存在着较大差别。首先，在教学模式上，美国法学教育倡导自主性学习模式，具体以讲座结合讨论课的形式来传授知识；而国内的本科法学教育采取的还是以传统授课模式为主的"上大课"形式。其次，在教学方式上，美国法学教育特别推崇案例教学法，各学科知识都围绕代表性判例展开，意在培养法学生的案例分析能力。国内的法学教育强调的则是体系性，通过核心课程的设置培养具备法律思维和一般法学知识的通识型法律人才。②此外，在课程考核方式、诊所式教学的采用及课外实习和培训等多方面，中美两国的法学教育也存在显著差异。③这些差异要求我们一开始就要对合作学校的本科生培养计划和教学大纲进行系统的比较，从而进行科学的学科设置，在满足双方学分要求的基础上进行课程的有机融合。下面会对教学过程中如何衔接双方不同的教学方法、教学内容、课程考核方

---

①石肖雪.启发式教学法在外国法课程中的应用——以美国行政法案例教学为例[J].安顺学院学报，2019，21（3）：55-59.

②董红.法学教育视阈下的参与式教学法研究[J].黑龙江高教研究，2011（7）：167-169.

③陈中泽.美国诊所式法律教育的特点与借鉴[J].交通高教研究，2002（2）：71-73.

法和课外发展培训等方面的做法进行简要总结。

（二）启发式教学法的具体运用

早在19世纪，德国著名教育家洪堡就明确提出大学要坚持"科学自由""教学与科研相结合"等原则，以及大学应该培养"全面发展的人"这样先进的理念。[1]秉持着这种理念，如何调动中外合作办学法学专业学生在学习过程中的主体性和积极性一直是教学工作的重点，也尝试了若干方法使启发式教学法落地。

首先，对各种能提高学生积极性和参与性的教学手段进行了大胆尝试。通过定期或不定期举办各种学术讲座、学术沙龙，推荐阅读与专业相关的外文书籍等活动使学生在国内接受法律教育时能够提前了解国外法律的内容，并感受学习和研究的乐趣。同时这些手段也把过去以"教师单方面讲授"为主的教学方式转变为"启发学生对知识的主动追求"。通过积极实践启发式教学，激发学生独立思考和自主学习的意识，让学生切身感受中外法律制度产生和发展过程的不同，初步理解中外法律教学内容在侧重点上的区别，为其适应不同法律制度背景的学习方式打下了良好的基础。

其次，启发式教学法的核心就是要将教学过程从传统的单向灌输变成双向沟通，但如何在法学教学环节中落实是一个棘手的问题。例如，美国法律课程教学过程中，原文判例可以成为一种重要的工具和引入启发式教学法的抓手。以美国行政法案例教学为例，教师先对相关制度背景和基础知识进行初步介绍；然后安排学生以小组研讨的形式进行案例的自主学习，并采用公开展示的方式进行群组讨论；教师要对整个过程进行把控，引导学生讨论的方向，并对学生研讨过程中出现的问题进行指导。与传统的模式相比，这种参与式教学方法需要教师提前做好充分准备，并且对学生的文献阅读能力有更高的要求，各个环节要环环相扣、流程紧凑才能达到预期的效果。[2]中外法学教学实践中已经暴露出一些不足，这说明现有教学模式还有较大的调整改

---

①张玲.对洪堡教育理念中自由理想的思考[J].长沙铁道学院学报（社会科学版），2005（4）：127–128.

②董红.法学教育视阈下的参与式教学法研究[J].黑龙江高教研究，2011（7）：167–169.

进空间。

最后，培养学生自主解决问题的能力是评估启发式教学法的运用是否成功的关键。对于中外合作办学法学教学而言，案例教学的功能不仅是深化知识点和法律概念的手段，还是帮助学生发现和提炼规则的有效方法。在这个过程中，教师不应过度强调教学的进度，而要重视教学的效果，这就要求教师精心设计每堂课的教学内容，在教学中把能力培养置于核心考量之中。总之，只有承认学生是学习的主体，采用各种手段来调动学生学习的主动性、引导学生独立思考，才能真正提高学生分析问题和解决问题的能力，这是现代启发式教学法的重要价值取向。[①]

（三）优化考核评估方法

为了切实有效地落实启发式教学法，真正实现中外法律教学内容的有效衔接，不断优化教学考核评估方法是重中之重。其目的是通过建立较为完善的考核体系和评估方法，为增强教学内容衔接的实效提供较为科学的依据和具体可行的办法，使学生能够尽快适应不同的法律体系和教育模式。

如前所述，法学生局限于学习课本内容的教学现状已经不能满足一流大学建设和国家法治道路的要求，因此要从对中外合作办学本科教育起重要作用的教学模式与内容衔接的角度出发，结合中外合作办学法学专业的教育教学资源，突破传统教学方法，改变照本宣科的低效教学形式。在教学中改变过去"一考定成绩"的方式，通过多模块、多测试、重平时的考核方式强化学生的自主学习意识，从而保证教学效果。此外，还可以通过法律文书大赛、书评竞赛等形式辅助和促进学生的能力。

外语能力作为中外合作办学法学生能力的薄弱环节，是教学工作中必须高度重视的内容。与传统本科项目将外语能力和法学教学相区分的方式不同，中美合作项目将二者融合在了一起，特别强化了法律英语的学习和实践。为了巩固融合效果，学生的文献阅读和课堂讨论均被纳入考核范围中。除此之外，英语角、法律沙龙、法律文化节也可以作为有益的补充，给学生

---

① 熊川武，江玲. 论学生自主性 [J]. 教育研究，2013，34（12）：25-31.

更多锻炼的机会。

总而言之，中美合作办学法学项目的根本目标意在借鉴别国经验，培养掌握扎实的法学理论基础和法律专业技能、具备良好的法律素养和娴熟的外语能力，能服务于社会需求的高端涉外法律人才。中外法学教育内容的有机衔接是实现这一宏大目标的具体举措。

在知识经济成为主导型经济模式的今天，教育的重要性也愈发凸显，在信息泛滥的时代如何激活学生的自主性，成为教师要面对的挑战。启发式教学法是一个符合时代背景和要求的教育理念，如何将其在教学中一以贯之地落实，一直以来都是一个现实问题。由于中外合作办学是一个新生事物，特别是法学合作办学时间尚短，没有更多可资借鉴的前人经验，在教学实践中摸索总结出的心得体会也有待继续完善。在这一过程中笔者的最大感悟就是自身的成长和学生的包容。正如怀特海所言："真正重要的是，在实践中找到自由与训练的平衡，这种平衡使得学生能够以最快的速度学习知识，并有所成长。"①掌握这种微妙的平衡是一门技艺，这就要求教师在教学实践中要大胆尝试并从学生的反馈中获取经验，不断优化教学安排、打磨教学技术。展望未来，不确定性会成为确定的基调，这就对教育提出了更高的要求，如何在一个不确定的时代培养学生更自主、更灵活、更有弹性的终生学习能力是教师要思考的大命题，也是中外合作办学法学教学工作今后前行的方向。

---

① 怀特海. 教育的目的[M]. 上海：生活·读书·新知三联书店出版社，2022.

法理学课程建设与改革新模式

——基于BOPPPS模型的教学设计

于晓艺 黄一帆

摘要 为了避免传统教授法理学课程中的抽象性、教师主导性引发的教学效果欠佳的问题，引入BOPPPS教学模型作为法理学课程改革的理论基础。该理论将导言（Bridge-in）、目标（Objective）、前测（Pre-assessment）、参与式学习（Participatory Learning）、后测（Post-assessment）、总结（Summary）插入教学设计中，增加"教"与"学"的双向互动，充分发挥学生在学习过程中的主体性地位，从而推动新时代法理学课程的建设与改革，为中国特色社会主义法治建设提供优秀的法律人才。

关键词 BOPPPS教学模式 法理学课程 问题导向

作为法学的一般理论、基础理论、方法论和法学意识形态，法理学一直是法科学生专业培养的基础课程，是培养学生法律思维和法学素养的基石。但是由于法理学课程的特殊性，使用传统教学模式教学效果难以提高。如何通过教学设计，使得法理学课程教学的效果和质量得到提高，促进法理学课程改革，是问题的关键所在。本文旨在通过引入BOPPPS教学模型作为法理学课程改革的理论基础，系统性改进法理学课程教学设计，通过教学实践探索基于BOPPPS模型的新时代法理学课程建设的有效路径。

一、法理学课程改革建设的意义

法理学作为一门研究法律基础的学科，是法学的理论学科，是法律专业的必修课也是基础课，是讲授中国特色社会主义法治理论的课程，也是培养学生法律思维和法学素养、为其他学科奠定基础、提升法律职业技能的关键一环。法理学课程的教学效果直接关系到法律人才的培养，而长期以来法理学课程偏理论性的课程内容导致法理学课程的教学成果差强人意。

（一）法理学教学现存问题

法理学课程教学面对的首要难题是法理学课程教学内容较为抽象。作为一门教授法律理论的课程，法理学课程内容具有高度理论性和抽象性的特点，但与此同时，作为法学教学的理论基础课，法理学一般都开设在本科一年级的第一学期，其授课对象为尚未掌握法律知识的大一新生，在这两种原因的交织下，法理学课程的学生评价不高，教学效果较为一般。与应用法学的课程相比，法理学课程往往会使初学者感到困惑和难以理解，法理学所阐述的各种理论、体系的实践性不强，需要在理解理论内涵的基础上运用应用法学的知识才能指导实践，与现实法律问题的关联性不强，使得不论是教师教授还是学生理解都存在较多困难。

法理学传统的授课方法为教师讲授结合多媒体课件为主，课程考核也多以机械性的名词解释、客观题的形式，更偏重记忆①，师生间的互动多为一问一答式，学生课堂参与度不高。一旦教师的授课方式缺乏艺术性，很容易出现课堂上枯燥讲授教材、学生死记硬背应付闭卷考试的情况。即使教师在讲授中注重各章节之间的联系，系统性地介绍了各理论之间的逻辑关系，注重提升教学的整体性，但是学生理解法律的本质、深入学习学习中国特色社会主义法治理念、搭建法学知识框架体系时仍存在诸多困难，大多数学生只能在有限的时间中被动接受各种理论内容，无法理解其内涵，更不用说应用了。

（二）法理学课程改革的必要性

习近平总书记早在2017年即指出法学教育要"立德树人、德法兼修抓好法治人才培养"。为了全面推进依法治国，我国需要大批高素质法治人才。

---

① 苏力.当代中国法学教育的挑战与机遇[J].法学，2006（2）：3-21.

法理学课程通过辨析、厘清法律和法律制度内部的关系，以及法律与其他社会现象之间的关系，让学生认识法律是什么，并领悟法律为什么是这样的来源。法理学的学习会直接影响学生对于法律现象及相关问题的基本认知和思考，能够帮助学生感受到法学的魅力，是成长为卓越法律人的必经之路，也是后续所有法律课程的理论基础。面对新时代对法治人才的新需求，法学学科建设与人才培养机制不断进行变革，法理学课程急需以新的教学理念为载体，设计出更符合法治人才培养的高效教学方法。传统的以教师授课为主的教学模式并不能满足新时代法治人才培养对法理学课程授课的需要，单一的课程讲授与高度理论性的法理学课程内容并不相适应。改变传统的教学模式，通过优化课程设计充分调动学生的积极性，深入挖掘课程内容，设计教学方案，以学生为中心开展教学活动，使得学生变成课程的主导者，提高课堂的易接受程度，是法理学课程未来的改革方向。

二、基于BOPPPS模型的法理学课程设计路径

传统法理学教学所具有的抽象性和教师主导的特点，导致法理学教学效果不理想，教师往往只注重与课程相关的专业知识的讲授，而忽视了对教学过程与教学方法的设计，课程以教师为主导，与学生缺少互动。起源于北美的BOPPPS教学模型，将课堂教学过程进行模块化分解，拆分为六个教学小单元，依次为导言（Bridge-in）→目标（Objective）→前测（Pre-assessment）→参与式学习（Participatory Learning）→后测（Post-assessment）→总结（Summary）。该模型的核心要义是以学生为中心，强调学生要全方位地参与到教学活动中，在接受课程的同时提供反馈，教师基于反馈的信息调整、重新组织教学活动，根据学生的学习效果提供相应的教学内容，学生是实现知识自我建构的教学主体。BOPPPS模型下设计出的法理学课程教学方案，有利于解决传统教学方式在法理学教学情境下暴露的问题，避免形式化、机械化的教学模式，提高课堂教学的有效性。

导言，即通过实践中的事实、案例、个人经验、故事、问题等导入学习主题。国内传统法学教学中也常用案例来引导学生讨论，法理学课程更多的

是通过讲解案例的方式来使用案例，用于验证对知识点的理解程度。导言环节通常安排在课程的起始阶段，通过案例引发学生对课程内容的独立思考，激发学习兴趣。如何选择正确的案件或事件引导学生独立思考、自主探究，是法理学教学的一个重要目标。通过合适的案例，使得抽象、枯燥的法理学课程能更加贴合法律实务，调动学生的课堂积极性。

"O"指目标，要求教师针对每堂课列出具体的学习目标，便于学生做好学习计划、了解课程目标，后续实时评估学习进度和效果。法理学课程的目标可以具化为课程资料，应涵盖法理学的权威著作和热点问题，通过推荐的资料，引导学生认识法学的内涵与边界。寻找适合的、具有代表性的法理学课程资料，是法理学课程改革需要面对的一个挑战。

BOPPPS模式中第一个"P"指前测（Pre-assessment），即通过位于课程开始的小测试引导学生进入课程主题内容。大多情况下，前测可用提问、小测试等较为简单的方式进行。[1]在法理学教学中可以通过阅读任务加读书报告的形式进行前测，对目标阶段提出的重要的文献资料，要求学生撰写读书报告，教师通过对读书报告的汇总，获得学生的知识储备情况。前测对教师的教学效果掌握水平要求较高，需要在预测学生知识储备的情况下，调整测试的深度和广度，通过测试引出新知识。

BOPPPS模式中的第二个"P"指参与式学习（Participatory Learning），也是BOPPPS模型中最为重要的一个模块，通过合理的课程设计可以确保学生全员参与到课程中。传统法学教育中的主要的参与式学习方式——模拟法庭、诊所教育都不适合以理论为主的法理学课程，因此，法理学教学的改革依旧必须着眼于课堂教学方法的丰富和完善。[2]目前，法理学课堂教学元素的丰富主要是依靠多媒体技术的运用和案例教学，学生的参与式学习依旧是法理学课堂教学中普遍缺乏的要素。应用型法律人才的培养，需要融合讲授、参与、互动、练习等多元化的课堂因素的法理学课程。除了可以播放法学相

①张瑜，王帅，夏兰.BOPPPS教学模式在会计学教学中的运用[J].时代经贸，2018（28）：92-93.
②丁延龄.法理学教学双师同堂模式探索[J].法学教育研究，2017，17（2）：77-92+346.

关电影、组织表演法学话剧外，还应在每次法理学教学课程中，加入学生讨论的环节。以教师讲授背景知识为主，同时配备案例或其他资料的分析和讨论，在教师和学生提前研读需要分析的案例或资料后，学生分组进行成果展示。在课堂进行过程中，学生将成为课堂进程的主要推动者，他们需要在课前预习的基础上，对案例形成观点，并通过集体讨论得出结论；教师依据学生的知识储备对分析方法、分析过程、分析结论进行点评，并与学生进行讨论式沟通。通过师生之间、教师之间、学生之间的多元互动，学生和教师对所涉问题的认识都将得到最大限度地深化。但不可忽视的一个问题是，在实践中如何构建完善的学生互动秩序，以实现学生的参与式学习。例如，小组展示的选题是否由教师指定？展示辩论讨论的时间分配方案如何确定？如何把握准备展示过程中的指导程度与辩论过程中的参与度等，都是教师在法理学教学设计中必须考虑的问题。

BOPPPS教学模式中的第三个"P"指后测（Post-assessment），即在课程临近结尾时通过设计好的测试来检测学生的学习情况。后测与前面的目标Objective相对应，通过后测得出学生对课程内容的掌握情况，并取得一定的激励效果。以往简单的课程作业、期末考试的后测评估模式过于死板，不利于调动学生的课堂积极性，也不能真正展示学生的能力，这就需要贯穿始终的过程评价。根据法理学课程教学内容的特点、教学目标的要求和学生实际情况，将教学内容融入课程的具体任务之中，对每一个任务进行多角度的评价。实践中可以采用多元化的评估方式，紧扣学习任务开展情况和进度，借用参与式学习搭建多元评价体系。

"S"代表课程最后的总结（Summary）阶段，通过该阶段帮助学生回顾课程内容，并适度衔接之前的知识点并延伸后续的教学重点，巩固学习目标。在法理学课程教学设计中，除了采用思维导图等直接总结的方式，还可以采取自我评价的方式。在课后，由学生自己对课程的内容、学习成果进行简短总结；教师整理自我评价后，对教学内容进行延伸和预告。这些将有利于法理学教学成果的固定以及学生学习效果的达成。

三、基于BOPPPS模型的法理学课程教学实践应用

以法理学课程中的"法律关系"这一章节的内容为例，进行基于BOPPPS模型的法理学课堂教学设计，保障课程内容的同时提升教学的完整性。

以法谚和案例作为导入内容，引起学生对本章内容的兴趣。以法谚作为课程的导语，"人生而自由，却无往不在枷锁之中"。通过分析法谚，继而提出本章主题法律关系，同时展示杭州裱画师的遗嘱案例，要求学生分析其中的法律关系。

提出学习目标，要求学生在掌握本章学习内容的基础上，能够识别给定案例中包含的法律关系的类别、主体/客体、内容，并能结合相关部门法知识，分析其形成、变更和消灭的过程，从而达到对法律知识的熟练运用。

以客观选择题为前测。了解学生对于本章内容的预习程度及兴趣点，帮助教师实时掌握教学进度，并及时调整教学内容。这一环节以选择题的方式展开，学生答题的正确率可以让教师及时调整讲授内容的侧重点，较为简单的测试题也能提高学生的成就感，激发后续课程学习的积极性。

参与式学习。为了获得最佳的教学效果，同时避免纯知识点的讲解，教师在讲解法律关系的要素——主体、客体和内容后，再提出典型案例及延伸的问题，同时要求学生分组对案例进行讨论分析。让学生在学习基本知识点后立即进行应用。在分组讨论的过程中，教师和助教观察各小组的讨论情况，由学生代表对教师提出的案例问题进行限时阐述，教师对各小组观点中存在的问题进行评价总结，纠正分析的误区，引导新的思考方向。教师在参与式学习模块中，其主要任务是指导学生独立思考，锻炼沟通交流、实践应用法律知识的能力。为加深学生对抽象法律概念的理解、提高课堂参与度，该部分将由助教打分，作为占期末总成绩20%的平日成绩计入总分。这种沉浸式、深入参与式学习能有效避免"满堂灌"的情形，充分提高学生的能动性和课堂参与度。

以主题千字文为后测。与前测客观选择题相呼应，后测以主观题的形式设计了一个千字小论文，要求学生以课程案例、课程知识点为基础，结合实践或文献资料，撰写一篇小文章。为了实现学习情况检验的目的，该部分占

期末成绩的20%。通过小论文，可以帮助教师发现学生对知识点的掌握情况及对相关课程内容的认知程度，为后续教学的开展、知识点的查漏补缺提供依据。学生也能通过小论文对课程内容进行反回顾，对感兴趣的话题进行深入思考，完成自我学习，提升科研能力。

以思维导图作为总结。通过绘制思维导图让学生回顾本堂课的知识点内容，这样有助于学生形成清晰的知识脉络，链接过去所学内容，形成整体法律框架，为之后深入学习相关法律知识奠定基础。

四、基于BOPPPS模型的法理学课程教学设计的有效性分析

实践表明，将BOPPPS教学模型应用于法理学课程教学已经取得了较好的教学效果，教学成果、学生满意度均有所提升。已采用BOPPPS教学模型进行法理教学的学生期末成绩平均分，要高于未采用BOPPPS教学模型进行法理学教学的学生期末成绩平均分，且学生课堂参与度也更高；学生日常课后任务的完成度也更高，课后与教师进行学术交流的频率和人次与未采用BOPPPS教学模型时相比明显增多。

基于BOPPPS模型的法理学课程教学设计并非简单的采用相应的教学步骤，而是真正转变教学思路，从以教师为中心转变为以学生为中心设计课程。一方面提高学生的课堂参与度和自主权，极大地调动了学生自主学习的能力和积极性，构建互动、高效、开放的法理学课堂，显著提升了课程的教学效率；另一反面通过完整的教学模式设计，从预习、前测、后测、总结等多个环节，构建封闭的学习路径，滚动式动态推进教学进度，从学生学习知识的角度，全面展示知识的各种维度，以点带线、以线带面地带领学生完成整个学习过程，使得学习的各个环节均能在课程中有所涉及，帮助学生在课堂中完成学习。

五、基于BOPPPS模型的法理学课程教学设计优化

BOPPPS教学模式将传统教学模式的"以教师为中心"转变为"以学生为中心"，其独特的教学理念与方式为我国高等教育的深化改革提供了新的视

野①，在有效提升教学效果的同时也提出了一些新挑战。

首先，以学生为中心的BOPPPS教学模型设计需要学生花费较多的时间和精力来准备和参与课程，这对于本就课程密度大的法学本科生来说是不小的挑战，可能会影响其他课程的学习效果，学生也较易产生疲惫心理。其次参与式学习，离不开分组讨论，容易出现"弱者搭便车"的情况，部分积极参与课堂的学生能获得较大提升，而未能积极参与课堂的同学教师也难以精准辨别。此外，线上线下教学的协同性对BOPPPS模型的应用提出了更高的要求。

针对实践中的不足，可以从以下几个方面来优化。第一，将课程教学的主要内容放在课堂上。通过对课程内容的精选，使得预习不足的同学也可以在课堂上对知识点进行系统学习，实现知识点的全覆盖。将前测、后测、目标、总结内容与课程有机结合起来，让学生无负担地参与法理学的学习。第二，弹性设计教学方案，应用BOPPPS模型但不局限于模型设计，针对每堂课的课程内容进行调整，保证有相应的环节但不机械照搬模式流程。例如，可以将后测与总结相结合，通过学生总结来完成课程后测，也可以将导言和前测相结合，在用案例引出本章内容的同时完成对预习程度的测试。第三，设计参与式学习方式。通过固定小组轮流发言的方式帮助每位同学参与到课堂中，平衡教师指导权和学生的自主权，采用激励、强制等方式提高课堂的参与度。第四，提升课程的趣味性。挑选具有教学效果的案例和教学资料，从而提高教学效率，根据教学目标和学生反馈情况更新案例。

---

①贺莉.探索BOPPPS教学模式在"社会保障概论"课程中的应用[J].黑龙江教育（高教研究与评估），2021（6）：49-50.

混合式教学模式的应用与课程设计

李 华

摘要 混合式教学是应对信息时代和人工智能冲击的有效教学模式，在实际教学活动中，需要贯彻教师角色从主导者到助学者、认知范式从还原到整体、教学内容从碎片到体系、关注焦点从教师到学生的转变。运用混合式教学的相关理论，以法学院中美合作班级的民事诉讼法学课程为例，结合学科特性，在课程目标、教学内容、教学环节、教学评价等方面进行混合式课程设计。

关键词 混合式教学 课程设计 民事诉讼 教学效果

阿尔文·托夫勒在1980年完成了一部不朽的经典——《第三次浪潮》，他在书中将人类社会划分为三个阶段，分别是农业阶段、工业阶段和信息化阶段。今天的我们正生活在托夫勒所预见的时代——信息时代。

随信息时代涌来的是大数据、超载的信息、碎片化的知识及人机协同的分布式认知的形成，这给教育带来了前所未有的冲击。信息不再稀缺，过去那些靠死记硬背获取的知识，现在只要有网络随时可以调用。印度教育科学家苏迦特·米特拉通过十几年在世界各地进行的教育实践得出结论，教育是一种自组织行为。当学习者可以独立自主地完成学习时，教师的作用与教育的实施便需要重新定位。

教育家何克抗指出，信息技术与教育深度融合的实质与落脚点是变革传统课堂教学结构——将教师主宰课堂的"以教师为中心"的传统教学结构，改变为既能充分发挥教师主导作用，又能突出体现学生主体地位的"主导—

主体相结合"教学结构；教育信息化若不抓住"改变传统教学结构和建构新型教学结构"这个中心，是不会有成效的，是要付出代价的——这是一条铁的定律。[①]混合式教学正是在信息技术应用于教学并促进教学改革的背景下产生的。

一、混合式教学模式的内涵阐释

根据格林汉姆（Graham）的定义，混合式教学实际上就是"一种将面授教学与基于技术媒介的教学相互结合而构成的学习环境"。它借助这两种学习模式的优势来重新组织和实施学习活动，以达到提高教学效率的目标；而麦森和莱恩尼（Mason&Rennie）进一步扩展了格林汉姆的定义，认为"混合式教学是技术、场所、教学方法的多方面的融合"。辛恩和瑞德（Singh&Reed）提出混合式教学是在"适当的"时间通过运用"适当的"学习技术与"适当的"学习风格相契合，对"适当的"学习者传递"适当的"能力，从而取得最优化学习效果的学习方式。何克抗给混合式教学的定义是：所谓混合式教学，就是把传统学习方式的优势和在线学习的优势结合起来，既要发挥教师引导、启发、监控教学过程的主导作用，又要充分体现学生作为学习过程主体的主动性、积极性与创造性。只有将两者结合起来，使两者优势互补，才能获得最佳的学习效果。[②]

虽然学者们对混合式教学的表述有所不同，但综合各种描述与定义可知，混合教学是不同学习方式、教学要素、信息技术的优化组合，借助面授与网络的优势来重新组织教学资源、实施学习活动，是教学理念、教学模式和教学组织方式的综合性变革。

---

① 何克抗.如何实现信息技术与教育的"深度融合"[J].课程·教材·教法，2014，34（2）：58-62+67.

② 何克抗. 从Blending Learning看教育技术理论的新发展[J].国家教育行政学院学报，2005（9）：37-48+79.

二、混合式教学应贯彻的几个转变

（一）教师角色功能转变——从主导者到助学者

智能终端的普及和高速泛在网络的覆盖，使得教师在知识层面已逐渐失去优势，学生获取知识时不必完全依赖书本、教师或课堂。但当学生个体有限的学习时间及信息处理能力面临呈指数级增长的信息时，获取满足个体发展需要的内容就变得愈发困难。在这种压力下，认知外包成为必然，纯粹记忆的东西已不需要教和学了。教师的角色功能应当逐渐从传道授业中的主导者转变为真正的"灵魂的工程师"，成为学习的陪伴者、动力的激发者、情感的呵护者。[1]

（二）关注焦点转变——从"教师中心"到"学生中心"

现代教育观点认为，谁获取知识谁就是课堂的主体。课堂上的活动不外乎讲述、抄写、引导、提问、阅读、数据查找、思考、讨论、对话、实作等，其中包括教师活动、学生个人活动和学生团体活动。一个以教师为中心的课堂主要包含教师讲述与学生抄写，有时穿插教师提问、学生实作，学生学习模式变成了"讲光抄"与"背多分"，缺乏思考训练，更不必说让学生养成关键性的思维能力。叶圣陶先生说："教是为了不需要教。"[2]"授人以渔"的教育要求从学习者的角度来实施教学活动——以学生为中心，以产出为导向。这种基于学习产出的教育模式被称之为OBE（Outcome-based Education）。在实践中，OBE是一种聚焦于学生受教育后获得什么能力和能够做什么的培养模式；在方法上，OBE要求一切教育活动、教育过程和课程设计都是围绕实现预期的学习结果来开展。[3]

（三）认知范式革新——从还原到整体

范式改变指的就是曾经以为理所应当的认知——认识、思想和价值观等底层逻辑的改变甚至是剧变。互联网带来最大的变化就是认知范式的调整。

---

①朱永新.未来，传统学校将被"学习中心"替代？[N].文汇报，2017-05-26（6）.

②叶圣陶.叶圣陶集11[M].长沙：湖南文艺出版社，2004.

③郭文超，王文荣.成果导向教育理念下高校学生学业成就评价探析[J].统计与管理，2016（11）：149.

以前我们对知识是越分越细，拆到最细的部分理解它。但现代化的突出特征就是知识之间彼此联系、相互关联，形如云状，若再延续以前枝枝节节的认知范式，将无法适应现代化的环境。

所以，要实现认知范式到知识整体的转变，要掌握知识之间的彼此联系和相互关联，就必须进行模块化的学习、框架式的学习、森林式的学习、整体性的学习。就如同我们站在山顶，先把一座森林了解了，放在脑海中，然后根据实践需要，精准找到森林里的某棵树，再把这棵树细细研究，用于实践。

（四）学习形态转变——学习即网络形成

互联网带来了显著的知识碎片化现象，从本质上讲，知识的碎片化就是知识点和知识点之间的联系被网络或人为切断了，某个知识点与相关知识点处于分离的状态，被人们孤立地而不是系统化地学习与掌握。这与前述的整体化认知范式是相违背的。

对知识现时性（准确的、最新的知识）的要求推动了互联网技术的快速发展，而互联网技术的快速发展反过来也深刻并显著地改变了人们传统的学习方式及信息获取方式，网络化学习将成为未来主要的学习形态。

人工智能和大数据的进步使人机交互成为现实，但人机关系的不断强化与人际关系的日渐疏离，引发并加剧了人文精神、人文熏陶、人文环境、人文感知的消弭及落寞。苹果公司的CEO蒂姆·库克曾表达过这样的担忧："我担心的不是人工智能可以像人一样思考，而是人仅像智能机器一样思维，失去了人类应有的价值观、同情心、敬畏感。"

如此来，只有把传统学习方式和在线学习结合起来优势互补，才能获得最佳的学习效果，这也正是混合式教学模式的功能预设。

本文利用混合式教学的相关理论，以法学院中美合作班级的民事诉讼法学课程为例，通过将网络教学平台融入传统教学中的方式，设计一个基于网络教学平台的混合式课程设计实例。

三、混合式教学设计及实施

（一）课程实施现状分析

《民事诉讼法学》是法学专业的必修课，总学时是64学时，笔者基于多年的教学经验及每学期对选课学生的调查问卷或个体访谈，分析和反思本课程的建设情况，认为传统教学模式下的该课程存在以下突出问题。

第一，课时不够充分。民事诉讼法是最重要的程序法之一，内容庞杂且实践性和应用性强，64课时仅能基本满足教师讲授民事诉讼的基本理论、制度和基本程序。

第二，资源建设不足。对于实践性强的民事诉讼法学，仅限于教材，难以习得分析问题、解决问题的实践能力。教师需要一个交互平台，能同步为学生筛选、推送适合他们的学习资源。

第三，缺少答疑反馈积累、师生互动有待加强。教师在课堂中和实践课中需要进行大量的知识答疑，传统面授使得教师在课堂和实践中分身乏术，问题解决的方案也很难积累备用；师生之间的交流也因为学生人数众多而略显匮乏。

第四，西方意识形态隐形渗透。中美合作班的学生在吸收美国教育理念和教育方法时不可能完全避开习俗、宗教信仰、生活习惯、价值取向等西方意识形态潜移默化的影响，最终导致大学生思想混乱和社会主义核心价值观淡化。在这种情况下，要把牢社会主义办学方向，认真践行"为党育人、为国育才"的初心使命，切实抓好中外合作办学项目的党建和思想政治工作就显得十分必要。

第五，课程评价单一。以教师和教材为中心，以笔试为主要评估手段，加之教学手段、工具和载体的缺乏，使教师习惯于告诉学生结论，而不太习惯于告诉学生结论是怎么来的。这种教学模式已经严重限制了卓越法律人才的培养。

（二）逆向课程设计

为了实现前述"以学生为中心，以产出为导向"的教学改变，课程采用逆向设计，以教学目标（最终学习成果）为起点，思考教学手段和方法，进一步设计教学内容和教学活动。这种逆向操作能保证教师对最终目标有一个清晰的理解，并在教学内容和教学活动的设计中把握正确的方向。

按教学活动的需要，将教学目标递次分化为课程目标、单元目标、课堂教学目标（又称课时目标）等不同的系列，共同组成一个从抽象到具体、从宏观到微观的层次分明、相互衔接的目标体系。①即便是一课时的教学目标，也要体现知识、能力、价值三个位阶的教学目标，以"证据"一节为例。

1.知识层面——获取知识

了解证据，理解"证据能力和证明力""证据的理论分类"。

2.能力层面——运用知识

能灵活运用证据知识，通过"抽象—过滤—比较"分析实际案例，并在运用知识的过程中掌握一体化学习、甄别关键问题、分析评价问题的批判性思维能力。

3.素质层面——涵养价值

让学生体会到诉讼应"以事实为依据，以法律为准绳"，在学习中潜移默化地锻炼其基本法律素养、法律意识和法治观念。

（三）延伸教学内容

在课本内容之外学生应该补充更多的专业知识。笔者考虑有如下三种：第一，学科本身需要掌握的知识。除了书本，实践中的民事诉讼法同样重要。第二，学生应该掌握的知识。教师应当从"独奏者"的角色过渡到"伴奏者"的角色，即教师的主要任务不再是传授知识，而是帮助学生去发现、组织和管理知识，引导他们而不是塑造他们。②作为老师，应该教会学生研究和写作的方法。第三，学生想获取的知识。这个世界有两种知识，一种是知识，一种是获取知识的知识。在这样一个信息快速传递、快速衰退的时代，如何获取知识有时比知识本身还重要，学生特别渴望获得这方面的指导。

针对这三方面的需求，笔者做了如下工作：其一，给学生提供了一些

---

①张美兰.教学目标呈现策略对教学效果影响的实验研究[D].南昌：江西师范大学，2004.

②联合国教科文组织.教育财富蕴藏其中[M].联合国教科文组织总部中文科，译.北京：教育科学出版社.2014.

实践性比较强的电子书，如案例解读、疑案辨析、律师实务等。其二，在课堂上留给学生思考的空间，在课后给学生留复习思考题，给予学生思考、联想、创新的启迪。此外，给学生讲解学术论文的写作方法与规范，讲解发现问题的视角、分析问题的进路、解决问题的范式等。其三，给学生课外开设"法学信息的检索和利用""如何在网络环境下获取电子资源""民事诉讼与法考"等主题讲座。

（四）深挖思政基因

教师应把对法学知识的传授放到全面实现依法治国整体战略中来思考，充分发掘法学知识背后的人性考量、价值关怀与制度定位。在进行中外民事诉讼制度比较时，要引导学生全面客观地分析不同国家、地域因文化传统、政治体制、经济发展等原因而导致的立法差别，帮助学生充分了解我国法律制度形成的"土壤"，从而树立文化自信与制度自信。

（五）采用研究性教学

研究性教学是近些年兴起的一种全新的、现代的开放式教学模式，重在培养学生的学习能力、学习兴趣及敢于探索的精神，更加注重教学过程的"研究性"。我们把这种"研究"理解为研讨与探究，即通过合理设计研讨主题，让学生带着问题去探寻答案，在研讨、探究中掌握知识，消化理解课程内容，激发学生的探索和批判精神，体现人本主义（课堂以学生为主）与建构主义（主动探索发现创新）在教学过程中的有机结合。

具体到民事诉讼法学课程上，结合培养目标和教学目标，我们更倾向于采用实践指向的研究性教学方法，毕竟任何法学教学都是以世俗为导向的。主要方法有以下几种。

1.互质法

虽然三大诉讼法对程序规则都有明确的规定，但是对于法律中没有明确规定的，却是司法实践中的难题。所以，课程以法条梳理为手段，针对民事诉讼程序规则中的不明确之处，组织学生进行讨论、互质。例如，《民事诉讼法学》总结了若干法律规定不明确的地方，并以此展开讨论。

投资者以交易所审核创设权证违规为由而提起的民事侵权之诉，是否具有可诉性?

解除权在诉讼程序上表现为形成之诉,当事人没有提出诉请的,人民法院能否径行裁判?

当事人基于同一份债权转让合同、同一法律关系而向同一债务人提起诉讼,是否涉及合并审理?

多个债务纠纷的债权人、债务人均相同,债权债务性质亦相同,且均属于同一法院管辖范围,仅债务担保人不同的,是否可以合并审理?

连带责任之诉中,原告基于其诉讼利益的判断而选择其中某些主体为被告,是否违反法律规定?

当事人主张的法律关系性质与人民法院认定不一致的,是否可以径行对当事人未予主张的法律关系作出裁判?

原告提出两项诉求分属不同性质的法律关系,有权请求法院对两个不同性质的法律关系分别作出认定吗?

双方当事人协议可向各自住所地人民法院起诉的约定,实质是选择原告住所地法院管辖,这样的协议管辖是否有效?

法院受理案件有多个被告,案件进入实体审理阶段后,即使辖区内被告不是案件的适格被告,人民法院裁定驳回对该被告起诉的,并不影响案件实体审理,是否需要移送管辖?

如何判断基于同一纠纷而提起的两次起诉属于重复起诉?

已经人民法院生效判决认定的事实,当事人就该事实再行提起诉讼,法院应依如何处理?

2.案例研析

案例研析是课堂教学中的重要手段,但对案例的要求特别高,要求是真实的未经处理的案例,以培养学生面对真实案例时对法律事实的认定与对法律适用的分析,同时,要求学生用专业语言把观点恰当表达出来。

授课教师从法院收集有代表性的案例,由学生按分析、写作要求对案例中的实体问题、程序问题进行详细解析后进行小组汇报。

除此之外,还有模拟法庭、辩论赛等形式。

（六）设计完整教学环节

每个教学单元都包括课前准备、课中研学、课后巩固三大核心环节。

1.课前准备

该环节主要是进行学生学习需要分析。学习需要就是学习者目前的学习状况与期望到达的学习水平之间的差距。这一部分工作通过线上平台的"课前导学""学习任务单"及"慕课单元"来完成。学生通过"课前导学""学习任务单"明白学习任务，通过观看"播客单元"进行自主学习，并通过"预习报告"或系统中的回帖功能进行反馈。

通过学生反馈，重点分析以下问题：一是学生预习难度大、需要研讨的重点问题是什么；二是确定解决该问题的有效途径；三是调整教学设计以解决问题。同时，笔者会把需重点讲解的问题（以掌握法律规定为目的）、深入讨论的主题（以提高法学理论素养为目的）、课程案例（以提高实务能力为目的）在线上平台予以公告。

2.课中研学

课中研学是让学生在前期导学的基础上，带着问题回到传统课堂，教师对理论知识进行系统的梳理和轮廓勾画。在这个环节中，会根据教学内容的差异安排不同的教学活动，如案例分析、课堂讨论、模拟法庭、旁观庭审、基于项目的小组协作学习及研究成果汇报、答疑解惑等。

3.课后巩固

课后巩固仍然以线上平台为依托实施，给学生布置在线作业、单元测试、话题讨论、线上答疑等，以此反馈评价并完善答疑库、试题库的建设。

（七）构建过程性评价

为克服以往课程评价标准不明确、评价缺少"人性化"及评价"发展性"不足等缺陷，民事诉讼法学课程主要从评价依据、评价主体、评价内容等要素来构建其课程评价指标。

1.评价依据

评价依据包含学习的全过程，既包括期末的试卷考核，也包括线上学习表现、课堂学习参与等。

2.评价主体

评价主体包括老师和学生，如在基于项目的小组协作学习及研究成果汇报等教学活动中，开展同伴互评，成绩按一定权重计入课程总分，这样的激励机制容易唤起学生的学习自觉性与积极性，提升学业成就感。

3.评价内容

评价的内容包括线上线下两部分。线上考核根据线上平台记录的数据，如学习时长、学习进度、发贴次数、在线作业及单元测试成绩等数据；线下部分则主要参考学生在出勤、课堂活跃度、小组研讨与汇报等方面的表现。

结合产出导向法浅谈中外合作办学情景式英语教学

——以中国海洋大学法学院与美国亚利桑那大学罗杰斯法学院中外法合作办学项目为例

王 宁

摘要 近年来，中外合作办学成了一个热门话题，各大院校中外合作办学项目也如雨后春笋般涌现。英语教学是中外合作办学项目的一个重要环节。本文将以中国海洋大学法学院中外法项目为例，探讨基于产出导向法（Production-oriented Approach，以下简称POA）的大学英语教学模式在实现涉外法学人才培养目标中的作用，并阐述POA在法学涉外人才培养过程中遇到的挑战和变通。

关键词 中外合作办学 产出导向法 驱动 促成 关键能力

一、关于产出导向法（POA）

产出导向法的理论体系（文秋芳，2015）构建于2015年，其三大教学理念之一的"学用一体说"针对的是大学外语教学中出现的"学用分离""哑巴英语"的弊端，主张输入性学习（听、读）和产出性运用（说、写、译）紧密结合，让学生能够真正用学到的英语知识完成产出任务（文秋芳，2015）。该理论体系的核心为三大教学假设：输出驱动假设、输入促成假设和选择性学习假设（文秋芳，2015）。输出驱动假设主张完成产出任务可为学生的语言学习提供驱动力，同时也是语言学习的目标；输入促成假设提出，在输出驱动的条件下，教师适时提供能促成产出的恰当的输入材料，能让学生取得更好的学习效果（文秋芳，2015）。

产出导向法的教学流程分三个环节：驱动、促成和评价。在驱动阶段，教师设计具有认知挑战性的交际场景，刺激学生产生学习欲望，同时说明教学目标和产出任务；在促成阶段，教师提供适当的输入材料，引导学生对其进行选择和加工，促进学生完成产出任务；在评价环节，师生共同就学生提交的产出成果进行有针对性的评价（文秋芳，2015）。

产出导向法肯定了教师在课堂组织中的主导地位，可有效避免不恰当的"以学生为中心"的教学理念而使得教师作用边缘化、课堂学习效率低下；同时，该教学法也给予学生自主选材、学以致用的机会，让学生既能够独立操练语言技能，又能获得同学和老师的针对性反馈。

二、产出导向法在中外合作办学培养涉外法律人才中的应用

本文研究的重点在于如何以POA理论为指导促进中外合作办学项目的英语教学效果，从而实现项目培养目标——培养高端涉外法律人才。本文将以中国海洋大学与美国亚利桑那大学法学中外合作办学项目本科一年级英语教学为例，对POA理论在课堂教学中的应用进行说明。

（一）项目背景

中国海洋大学与美国亚利桑那大学于2015年联合设立了法学专业本科阶段合作办学项目，项目由中外教师联合授课，可采用"4+0"或"2+2"的模式，即学生可在中国海洋大学完成全部的本科学习课程，亦可在大三前往美国亚利桑那大学完成后面的学习，选择"4+0"模式的学生在学习美国法律课程时由全职外国教师进行全英文授课。学生入校时即可获得双学籍，在完成本科阶段学习后即可取得双方学位。

在英语课程的设置上，学生在大一时必修《基础英语—听说读写Ⅰ》与《基础英语—听说读写Ⅱ》，由专职的中国教师负责教授。大二起全部英文课程由外教教授。

（二）培养目标

项目以教授中美两国的法律制度为特色，旨在培养一批通晓国内、国际

两种法律体系并能熟练使用英语的高端涉外法律人才。

培养高端涉外法律人才的目标对综合语言能力提出了较高要求，这包括阅读专业法律文献的能力、用流利的英文展开辩论的能力、撰写英文法律报告的能力等。结合项目后面两年专业课全部由外教教授的安排，提升项目学生的口语和听力能力是当务之急。因此，本项目培养的是"全能人才"，而非"单项冠军"（文秋芳，2018）。此外，本项目中的许多学生日后会选择出国留学，项目语言能力的培养需包括生存语言能力和学术语言能力两个方面，前者重点关注生活场景下的英语能力，后者则侧重其学术英语能力。

（三）POA在项目本科一年级英语课堂中的应用

目前，针对POA的研究大多集中在某一具体环节的设计上，如针对促成环节（张文娟，2015）和评价环节（孙曙光，2020）的研究，抑或聚焦某一教学单项的研究，如写作（张荔，2020）和阅读（刘晓娟，2020）等，而针对听说读写及综合能力培养等全方位POA实践的研究尚有不足。笔者力求在全教学环节实践POA，探究POA的教学效果和有待改进之处。

笔者为本项目的英语教师，负责本科一年级英语课程的教学。该项目现共有120名学生，采用小班制教学，每班不超过20个学生。笔者将以项目教材：North Star 4：Listening and Speaking 中的第八单元为例进行实践流程的分析。North Star系列教材为培生集团出品的原版教材，以听和说为重点，共有8个单元，每单元各围绕一个主题展开。选择这本教材是因为其符合本科一年级的教学重点，但需要说明的是，教材并不是课堂教学的主线，教师应发挥教学中的主导作用，而无须严格遵循教材流程。

1. 教学目标的设定

第8单元的主题是电子游戏。教学目标包括交际和语言双重目标（张文娟，2015）。

交际目标关注的是如何让学生用英语实现产出目的，笔者将其细分为生存能力和学术能力的培养，后者需结合项目专业背景展开。在本单元结束后，学生应能够做到以下几点：①就游戏相关主题展开非正式的交流；②辨清阅读中的作者观点与读者（学生本人）观点；③就游戏相关案件形成和表达自己的观点（思辨能力）。

语言目标关注的是语言本身，同样可分为生活口语表达和学术语言表达，学生应能够做到以下几点：①掌握与本单元主题相关的词汇短语；②掌握相关法律术语；③进一步加强长难句分析的能力。

2.教学流程

为实现上述教学目标，笔者设计了如下的教学环节，项目教学以单元为单位，每个单元教学时间为两周8个课时。

1）第一周1~2课时

（1）驱动场景的设计。教师通过时下较流行的游戏提起学生兴趣，引入单元主题并迅速进入驱动场景：假设你正在填写一项关于游戏的大学生调查问卷，内容包括以下方面：①每天玩游戏的时间；②玩何种类型的游戏；③描述你最喜欢的游戏；④为什么喜欢这个游戏；⑤如果你不喜欢玩游戏，请分享原因。学生以3~4人的小组为单位展开20分钟的讨论，期间教师以"巡场"的方式参与每一组的讨论，了解学生观点并记录下学生有困难的地方和有代表性的错误。教师在这一环节主要充当"观察员"的角色，不要在讨论环节回答问题或纠正错误。

笔者认为，作为单元初始的第一个驱动场景，该场景难度较低，适于引入，主要锻炼的是学生的生存语言能力，避免当场纠正学生的错误可以更好地创造口语表达的"饥饿感"并减轻学生的产出压力。

（2）促成。驱动环节结束后即进入促成环节。促成环节的第一部分是教师将记录的内容投影到公屏上，就个别同学遇到的困难或错误的地方请全班同学帮助解决，之后教师再给予不同版本的正确说法，包括简单词汇描述的版本、用句子加以解释的版本和最佳版本，学生需将学到的内容记录到积累本上。这一部分主要是针对语言能力的促成；随后，教师就学生讨论的思路进行点评，与学生共同探讨总结可能的思路，这一部分主要针对的是思辨能力的促成。

促成环节的第二部分主要针对学生对于游戏这一话题缺乏了解的情况。教师为学生播放教材第8单元的听力材料1，内容是关于游戏产业的现状，学生听音频练习康奈尔笔记（Cornell Note）。笔者使用的康奈尔笔记对原版康奈尔笔记进行了改造。在练习康奈尔笔记时，学生需将关键信息分不同意群记录在主栏内，然后在左栏提炼每个意群的中心思想，最后在笔记下方总结通篇大意。学生完成笔记后两人一组互相总结听到的内容，之后可酌情请1~2名学生与全班同学分享大意，并由教师给出即时点评。这种方法能避免学生养成只听关键词的习惯，并能利用听到的信息锻炼口头表达能力，做到输入（听）与输出（说）相结合，符合POA中输出驱动和输入促成假设的理念。同时，听力材料本身也为学生补充了相关背景知识。

促成环节的第三部分关注的是语言能力的输入。在进行听力练习时，学生必然会遇到生词或未听懂的内容。教材上提供了听力材料1的文本，教师首先请学生自行通读文章，再根据选择性学习假设（文秋芳，2015），由教师选取相关词汇或长难句讲解，并接受学生提问。针对文化能力的培养目标，在讲解词汇时，教师要不断向学生强调"以英文学英文"的理念，时刻提示学生了解词汇隐含意（Connotation）的重要性。例如，在驱动场景下，有学生尝试推介某游戏并用到了"cheap"这个词。根据交际的情境，教师知道学生想要表达的是性价比高（value for money）这一观点，而朗文词典中对"cheap"的英文释义则为"low in price and quality"，因此"cheap"本身带有"品质差"的隐含意。学生只用简单的中文记单词，反而限制了产出的质量。因此，"以英文学英文"是笔者极力传播的理念，即希望学生阅读词汇的英文释义，将词汇放在交际场景（如例句）中记忆，而非建立一个中英对照的词汇表。

以上是第一周第一次课（两个课时）的主要课堂内容。

（3）评价。课程的评价分为即时和延时两种（文秋芳，2015）。即时评价的方式前文已有所描述，对于延时评价笔者主要采取了作业和测试两种形式。

第一次课的作业是要求学生听写听力材料2，内容有关游戏成瘾问题。听写是一种"精听"练习方法，学生需逐句听音频并逐字记下所听内容，反复播放音频，直到确实无法听出新的内容为止。听力的练习需将康奈尔笔记和听写结合起来：前者关注的是讲话的中心思想和逻辑结构，即"是否听懂"；后者关注的是学生对每一个词的辨识能力，锻炼的是学生在英文连读情况下拆分和听辨每一个词和细节的能力，即"是否听到全部细节"。学生完成作业后上传至学校线上平台Blackboard系统，由教师进行打分评价。

另一项作业是要求学生阅读教师提供的与单元主题相关的阅读材料，学生将在第7~8课时进行阅读测试。阅读材料一般不来源于教材，需要教师根据单元主题和培养目标进行挑选。项目学生的专业课需阅读大量的法律案件等文献，这些文献中长难句居多、内容对思维挑战极大，且动辄可达20~30页的篇幅。考虑到专业特点，教师在大一选择阅读材料时要帮助学生逐渐适应长难文献的阅读。本单元教师选取了《经济学人》杂志中关于视频游戏的一篇特别报道，篇幅达10页，约8000字。距离阅读测试还有近两周的时间，学生可自由安排课下时间完成阅读任务。

延时评价中的测试包括针对前一堂所学内容的课前小测以敦促学生课下及时复习从而实现复习性产出（文秋芳，2015）。

2）第一周3~4课时

第二次课同样遵循上述三个环节，教师加入了对作业反馈，并提供了新的输入内容。

（1）评价。第二次课首先以评价环节启动，教师选取上一堂课的教学重点对学生进行课前小测，问题也以产出为导向，主要采用造句、翻译等形式，也会要求学生用英文解释单词（Definition），而非给出中文释义。收到学生的答案后，教师立即对小测答案进行反馈。

（2）促成。结束小测后即进入驱动场景2。第一次课的驱动场景1为生活化场景，第二次课需向学术化场景过渡。教师将学生分成4人一组，分别扮演教育部官员、家长、教师、游戏开发商的角色，从角色立场出发，就"谁应该为学生游戏成瘾负主要责任"展开辩论。通过作业中的听力材料2，学生已经提前获得了一定信息。教师开展观察并把握讨论的时间和节奏，在讨论结束后对学生的语言使用和思路的进行反馈。之后进入促成的第三部分，采用评价和促成的结合，即教师提供听力材料2的录音稿，再次播放音频，学生可对照文本再听一次，随后展开重要语言点的讲授。在口语反馈和讲授新词汇时，教师尽量使用近期学过的单词来讲授新的单词，这样可为学生提供更多的应用场景和用例，通过在不同场景中重复实用词汇的方式加深记忆和活用度。

（3）评价。第二次课的作业为听力材料2听写作业的总结报告，学生需对照录音稿订正听写，并总结未听出的内容和听错的原因，如因为无法分辨连读、词汇生疏或其他原因。错误原因分析是这次作业的重点，旨在促使学生主动思考、总结经验、发现重复性问题，从而培养学生的学习能力。同时，教师给出新的输入内容，即听力材料3，内容有关玩游戏的好处，要求学生们完成听写作业。

由于距离下次上课还有4天的时间，第二次课的作业往往会相应加量，在保证学生不放松学习的同时培养自我管理能力。因此，本次作业还包括对教师挑选的重点词汇进行词汇分析（Vocabulary Analysis），这是大一下学期新加入的作业形式，要求学生用自己的话转述（Paraphrase）词典上的定义，并且不需要囊括词典上的所有内容。选取哪些内容放入词汇分析中、这一词汇可与哪些其他词汇进行联系、介词搭配和短语、它有怎样的特殊用法和隐含意等，这些才是词汇分析的重点。教师需在课堂上给出案例和作业反馈，纠正学生照搬字典的错误学习方式，使学生对词意进行思考，这是一种个性化的作业。例如，英语基础很好的学生已十分熟悉"significant"作为"重要"这一意思的用法，因而在词汇分析时完全可以不分析"重要"这个意思。学生完成作业后上传至Blackboard平台，由教师根据每个学生的具体情况进行评判。

3）第一周第5~6课时

第三次课的教学依然先从课堂小测开始，随后进入驱动场景3，在前两次的基础上完成向学术场景的过渡。

（1）学术化驱动场景。第一次课时教师提供给学生的阅读材料中涉及一个案例：1999年美国科罗拉多州两名高中生因受游戏Doom的影响持枪杀害了13名学生，事后，受害者家属对游戏开发商提起了诉讼。学生被要求3人一组，分别扮演法官、受害者家属和游戏开发商的角色，在法官主导下陈述各方观点，最终法官需根据双方陈述做出判决。

学生经历了前几轮的输入已对相关词汇和思路有了一定的了解，进入学术化场景后，教师的反馈重点应放在学术语言的应用上，从而实现该话题的学用一体。此外，掌控讨论时间和节奏的任务交给了扮演法官的学生。

（2）促成。教师照例解决学生的问题，进行即时评价，随后向学生们展示上次听写作业（听力材料3）的录音稿，学生自评反思后由教师进行语言点的讲授。

（3）评价。本次作业主要是对听力材料3的总结报告，由于下一次课为阅读测试和单元测试，学生还需利用课下时间展开复习。

4）第二周第7~8课时

这是单元结束前的最后一次课，教师在第7课时进行单元测试和阅读测试。单元测试时长15分钟，主要包括词汇、句子和简答等输入及输出能力的考察；阅读测试主要针对第一次课中教师提供的阅读材料，题型以阐述观点和判断正误题为主。收齐考卷后，教师在第8课时对试题进行讲解。阅读的教学重点在于长难句的分析和观点的剖析，教师选择有代表性的长难句带领学生进行分析，结合试题剖析作者观点。在做判断正误题时，学生被要求根据文章判断某一论断是否正确，有"正确""错误""文字未涉及"三个选项。此类题型错误率较高，因为学生往往无法区分哪些是作者的观点，哪些是读者即学生自己的推断，因此观点的剖析也是讲授过程中的重点。

3. 教学总结及反思

由上述教学流程的概述可以看出，笔者将驱动、促成和评价三个步骤应用在了教学的各个环节中，小到每堂课中某一教学活动的组织，大到整个单元教学内容的整合，这三个步骤都可以得到统一的应用，而不是一定要按照传统的听、说、读、写来区分。由于项目培养的是"全能人才"，而本科一年级的教学还是以听说为主，因此大一下学期会开始加入阅读的内容，每两周完成一篇与单元主题相关的长篇学术性文章的阅读，帮助学生掌握阅读长难句和梳理文章结构的方法。由于大二开始有外教开设专门的写作课，大一时教师并未在写作上花太多的时间，只是开设了两个写作项目，教学的重点在于启发思路。

教学安排力图发挥教师的主导作用，除了POA的基本假设和理念外，本课程特别强调学习方法的传授，要求学生避免用中文思维学英文，尽可能减少中式英语的使用。

三、应用POA场景设计所面临的挑战及建议

尽管POA在上述实践中发挥了有效的理论指导作用，但笔者还是遇到了一些挑战，在此一并加以说明、提出建议，以期在一定程度上促进POA理论的发展完善。

（一）输出驱动的压力

POA的输出驱动假设认为，学生在尝试完成产出任务时能清楚认识到自身语言能力的不足，从而增强学习的紧迫感（文秋芳，2015），然而许多学生因为英语基础较弱且不适应新的教学模式而产生了巨大的心理压力，甚至有想要放弃的情绪，这时过分强调输出恐怕会造成不好的效果。因此，笔者认为，教师在实践POA时应首先为学生树立起学习英语的信心。对于口语基础相对薄弱的学生，在实际教学过程中，可考虑先实施"输入促成"环节，再开展"输出驱动"环节。其原因是，口语较弱的同学在没有输入练习作为铺垫的情况下，面对产出任务时较易产生畏惧心理和畏难情绪，反而不利于在后续的学习中建立自信。同时，在驱动环节，教师应多鼓励学生，而非立刻给出纠正性的反馈。

1.赋予学生绝对的安全感

教师应使学生相信课堂环境是绝对安全的，即无论学生犯了何种语言错误、思路如何偏离，都不会被轻易评判，更不会被嘲笑。同时，项目在新生入学时就根据开学摸底测试和口语录音等方式进行分班，教师按照学生入学时的英语水平将其分为3个班，每个班的学生英语能力相近，这样就不会因为自身英语能力的差距而拒绝开口讲话。为敦促学生积极参与课堂活动，教师设定了占期末总成绩15%的课堂参与分，要求一学期至少主动发言15次，

可以是回答教师提出的问题或分享自己的观点，也可以是主动向教师提出问题，一次主动发言计一分，以15分为上限。虽然以分数论英雄的方式并不是笔者的初衷，但实践证明这确实是十分有效的激励方式。

2. 迂回描述（Circumlocution）

在获得安全感后，学生逐渐敢于开口讲话，但很多时候却因为输入不足而无话可说。这时，教师需要不断告诉学生，只要掌握了2000个左右的词汇就能满足绝大多数表达需求，即帮助学生树立起词汇的信心，让学生相信自己的词汇是够用的。为此，笔者引入了迂回描述的方法。

所谓迂回描述（Circumlocution），朗文英语词典中的释义为"the practice of using too many words to express an idea, instead of saying it directly"，虽然看似含有贬义，但在教学中，笔者意指在学生遇到不会表达的内容时通过用短句子、例子或更多的词语来描述或解释的方式绕过本不会表达的内容。例如，如果学生想要说"茄子"这个词，但不知道"eggplant"这个单词，可以通过迂回描述将其解释为"a purple vegetable with a curved shape"。教师在听到这种描述时应对学生进行鼓励，并随后给出正确的说法以促成正确的产出。这也是前文提到教师在口语反馈时应给出不同版本的正确说法的原因。

笔者认为，语言交际能力分为三个层次，学生首先应能使对方明白自己想要表达的意思，满足与人交流的基本需求，然后才是使用恰当词汇和地道说法，最后要培养文化意识，实现无障碍的交际沟通。本项目中本科一年级教学的主要任务是使学生适应新的教学环境和模式，以第一和第二层次为主，教师在反馈时无须事无巨细地对学生进行纠正，这样并不利于学生树立信心。

（二）差异化教学

POA理论的教学对象是《欧洲语言共同参考框架》中达到A2及以上水平的学生。本项目学生均符合该标准，但整个学生群体的差异性过大，虽有分班，但在实践过程中很难保证3个班级教学内容的一致性。虽然POA倡导个性化教学，但三个班级参加同样的期末考试，难易程度难以平衡。

为此，笔者在1班进行全英文授课，在2班只在讲解重点时用中文重复，而3班则要多加注意，即时调整中文比例。此外，教师在课堂上还会布置具有一定难度的选做作业，学生可根据自己的时间和兴趣选做，选择不做的同学至少也可以思考一下思路和答案。

（三）促成与驱动间隔过长

目前，已有不少研究提供了在大学课堂实践POA的案例，然而许多课程将驱动与促成活动分在两次课进行，或将驱动放在课下完成（邱林，2020），笔者尝试这样实践后发现，这种分配方式使得学习的时间线过分拉长，大部分学生并没有那么高的自制力，下课后他们在课堂上形成的"饥饿感"很快便会消失，尤其对于尚未养成自主学习习惯的本科一年级学生而言，完全依赖于课下促成的方式，其效果并不尽人意。

笔者认为，更有效的方式是当堂解决学生的问题，使其得到即时的、个性化的反馈。当然，要根据学生课上反应展开临时促成环节的设计对教师提出了较高的要求，但教师通常可以根据自身的经验和对学生的了解，提前预判学生在产出时可能出现的问题，从而提前设计促成环节，对于无法当堂解决的问题可以再进行课下的补充。

（四）评价方式

在实践过程中，笔者发现不少学生缺乏学习的动力和自制力，课堂驱动场景的设计虽能在一定程度上营造"饥饿感"并提起学生兴趣，但正如前文所述，这种感觉往往持续时间不够长。此外，英语的学习势必要有足够的输入，这必然要建立在记忆活动的基础上。如何通过有效的评价方式激励学生，是笔者在实践中遇到的一个挑战。

经过多种不同方式的尝试，笔者发现，评价的量化非常重要。学生往往非常在意成绩，分数似乎在学校环境下充当着货币的角色。笔者因此将所有的促成活动进行精细量化，并大幅调整成绩构成的方式。传统的英语教学主要以一次期末考试的成绩衡量学生的学习情况，而一次考试很可能无法恰当地衡量POA期望发展的能力（Rod Ellis，2017）。因此，笔者设定期末考试只占总成绩的30%，能力的培养要依靠日常的练习而非最后的突击。

四、结论

实践表明，在中外合作办学涉外法学人才的培养（大一年级英语教学）中运用产出导向法可较好地实现教学目标，使学生的听说能力显著提高，帮助学生掌握学习英语的正确理念，并树立敢于自我表达的信心。然而，在涉外法学人才的培养中，产出导向法的实施遇到了一些挑战，需要做出相应改进。具体而言，对于口语基础较薄弱的学生，教师在教学中应赋予学生绝对的安全感，鼓励其使用迂回描述法，以缓解输出驱动带来的压力和畏难情绪。同时，针对不同英语水平的学生，教师应尽可能采用差异化教学的方法，使每个学生都能取得进步。另外，教师还应控制输出驱动和输入促成的时间间隔，避免间隔过长导致学生学习动力下降；教师还应灵活选择带有思辨性质的话题和学习材料，鼓励学生从多角度进行批判性思考；在课程评价环节，教师应设法使学生将学习重心放在日常积累而非考前突击。就能力培养而言，教师应着力培养学生的自主学习能力，引导学生形成正确的学习方法和良好的学习习惯，帮助学生树立跨文化交际意识和文化自信。

第二章

涉外法治人才培养的课程内容优化

中外合作办学法学专业证据法学课程
教学改革研究

吕泽华　　孟翔宇

摘要　《法学类专业教学质量国家标准》的更新及对涉外法治人才培养需求的增加要求各高校法学院系就证据法学教学进行一系列有针对性的改革。对于中外合作办学法学专业而言，教师应当把握当前证据法学教学在内容上缺乏统一课程体系、在教学方法上缺乏宏观方法论的指导、在评价标准上较为单一等特点，在此基础上，教师应明确中外合作办学法学专业在证据法学教学上重视课堂思政、兼顾理论与实践教学、面向优秀涉外法治人才培养要求等独特目标，结合自身的教学经验，对证据法学的教学内容和教学方法进行一系列的改革和创新。

关键词　证据法学教学　中外合作办学　建构主义教学理论

一、引言

2018年《法学类专业教学质量国家标准》（以下简称《标准》）将证据法学正式列入法学类专业核心课程。自此，证据法学成为中国各高校法学院系本科阶段需要开设的其他专业必修课之一。为此，各高校的法学院系根据人才培养需要，结合自身办学特色，针对证据法学课程教学开展了一系列的改革。[1]就开设中外合作办学法学专业的高校而言，在国际社会形势云波诡谲

---

[1]刘坤轮.证据法学发展里程碑：法学专业核心课程地位的确立[J].证据科学，2020，28（1）：46–58.

的背景下，依据自身教育资源上的优势和办学特色，面向高质量涉外法治人才的培养需要，有针对性地开展证据法学课程创新、改革，具有重要意义。

二、当前我国证据法学教学的基本模式特点分析

（一）教学内容上：并无统一课程内容体系，内容范式呈现多样性特征

虽然证据法学已经成为我国法学专业的核心课程之一，但相较于民法、刑法等专业必修课程，证据法学尚未形成统一的课程内容体系。目前，国内各高校法学院系本科阶段开设的证据法学课程，既有以中国刑事证据法为主要授课内容的讲解类型，也有以证据法学学者的专著或教材为主要授课内容的讲解类型。除此之外，还有少数院校基于自身优势，在本科阶段便开设了具有比较形式的证据法学课程。总的来说，现阶段国内各高校开设的证据法学课程在教学内容上总体呈现出了多样性的特征，究其原因，一方面，虽然证据法学已经成为我国法学领域中的一门重要学科，但是至今尚未形成能够得到普遍认同的证据法学理论体系。有学者通过收集、比较1996年3月至2017年12月期间出版的129本证据法学教材后发现，目前我国证据法学理论体系的总体框架存在显著差异：对于相同的理论范畴，不同的证据法学教材却放在不同的理论体系中进行论述；即便在相同的理论体系结构中，不同的证据法学教材在研究内容方面也大相径庭。[①]多元的证据法学理论体系为教师提供了多样化的授课内容选择，使得各高校的证据法学教学内容呈现出差异化的特征。另一方面，由于国内各高校法学院系的自身定位、办学特色和办学条件参差不齐，加之《标准》鼓励各高校根据自身的定位和办学特色进行授课教学，各院校会结合自身特点，设计不同的证据法学教学内容。总之，证据法学学科的自身特点及规范性文件的规定促使我国证据法学教学形成了课程内容体系多样、教学内容范式多元的特征。

[①]王超.中国刑事证据法学研究的回顾与转型升级[J].法学评论，2019，37（3）：72-89.

（二）教学方法上：教学方法丰富多元，但宏观上缺乏有效方法论指导

在我国证据法学教学发展的初期，教学方法较为单一。教师在讲授证据法学的知识时多采取传统的"填鸭式"教学方法，即在教学过程中主要由教师单向地向学生输出知识和信息。尽管此种教学方式在帮助学生形成知识理论体系上具有一定的积极作用，但仍难逃知识传递过于依赖教师、忽视学生实际操作能力之窠臼。[①]就证据法学这门实践性较强的课程而言，仅以此种方法开展教学是远远不够的。随着我国证据法学学科的不断发展进步，其教学方法也进行了多次改革。得益于对先进教学理念、教学方式的学习，以及教学硬件水平的不断提升，目前，我国的证据法学在教学方法上形成了多样化的态势。在理论知识的教学过程中，除了传统的"传递—接收式"教学方法外，教师与学生、学生与学生间的双向互动也更加频繁；在实践操作方面，案例教学、模拟法庭、诊所法律教育、教学见习实习等实践性教学方法的应用为学生创造了将理论知识应用于实践的机会。总的来说，多元丰富的教学方法能够使教学双方在进行教学活动时兼顾传统理论教学与实践操作，更好地实现教学目标。

尽管当前我国绝大部分高校在开设证据法学课程时，授课教师能够运用多种教学方法进行教学，但各类教学方法自身的局限性并没有因多种教学方法的结合而消除。例如，大多数高校在开设证据法学课程时，会采用模拟法庭教学法作为教学方法之一，但模拟法庭教学法"缺乏实践中真实案件的突发性、随机性、复杂性，因而很难唤起学生积极、主动的思考"[②]的弊端并没有因其在证据法学教学过程中与其他教学方法并用而消失。事实上，大部分高校在证据法学教学的过程中，只是做到了教学方法数量上的多元，并未做到在各种方法之间酌盈剂虚，也未能实现相辅相成的效果。笔者认为，在运用多种教学方法进行课程教学时，缺少宏观方法论的指导是各类教学方法未能实现有机结合、发挥最大作用的重要原因。可以预见，找寻科学的方法论

---

① 杨惠芳. 从中西对比看我国高校教学方法与教学手段的改革[J]. 教育探索，2003（8）：71-73.

② 姚莉，显森. 建构主义视角：证据法教学模式改革研究[J]. 国家教育行政学院学报，2010（4）：68-72.

并从宏观层面上指导各类教学方法的运用，是未来证据法学教育教学改革探索的重要方向之一。

（三）教学评价上：证据法学教学评价标准单一，评价标准亟待优化

课堂教学评价是课堂教学质量提升和课堂教学深化改革的关键环节，是教育评价系统的重要组成部分和研究重点之一。[①]长期以来，我国法学课堂教学的评价标准主要受到"以教为中心的课堂教学评价观"的影响，体现出较强的工具理性特征。[②]以证据法学课程为例，我国的证据法学教学评价模式主要为老师对学生进行评价，绝大部分高校仍以学期末考试成绩的高低作为教学效果优劣的主要评价标准。受此种评价标准的引导，学生在学习过程中也容易重记忆而轻理解、重理论而轻实践，难以真正通过课堂教学实现证据法学的教学目标。总之，现有的评价标准既不能全面、准确地反映学生的学习效果，亦不能对学生的证据法学学习形成良好的激励和导向。因此，我国证据法学教学评价模式和评价方法需进一步优化。

三、中外合作办学在证据法学教学上的目标

自改革开放初期中外合作办学事业正式启航以来，经过数十年的发展，中外合作办学在丰富教育供给、优化人才培养、促进人才改革等方面取得了积极成效。在当前的时代背景下，中外合作办学更是担负着服务国家现代化建设、推动教育国际化的历史使命。[③]在法学领域，在"加强涉外法治人才建设，统筹推进国内法治和涉外法治，运用法治方式维护国家和人民利益成为建设中国特色社会主义法治体系的重要工作"[④]的背景下，各高校法学类中外

---

① 刘志军，徐彬.我国课堂教学评价研究40年：回顾与展望[J].课程.教材.教法，2018，38（7）：12-20.

② 林龙河，贺玉麟.中小学课堂教学评价的理论与方法[J].江西教育科研，1988（5）：26-30+34.

③ 张舒，凌鹊.中外合作办学政策变迁历程、演进逻辑与发展理路[J].上海师范大学学报（哲学社会科学版），2022，51（3）：119-125.

④ 坚持走中国特色社会主义法治道路，更好推进中国特色社会主义法治体系建设[J].理论导报，2022（02）：30.

合作办学专业应该立足专业特色，担负起培养涉外法治人才的重任。因此，本科阶段中外合作办学在证据法学上的教学目标，既要包含证据法学教学的共性目标，也要体现法学中外合作办学的优势，发挥其培养涉外法治人才的重要作用。

（一）本科阶段中外合作办学在证据法学教学上的共性目标

所谓"证据法学教学的共性目标"，是指普通法学专业和中外合作办学法学专业开设证据法学课程均应实现的目标。在最新版的《标准》中，关于法学专业培养目标的表述是："培养要坚持立德树人、德法兼修，适应建设中国特色社会主义法治体系，建设社会主义法治国家的实际需要。培养德才兼备，具有扎实的专业理论基础和熟练的职业技能、合理的知识结构，具备依法执政、科学立法、依法行政、公正司法、高效高质量法律服务能力与创新创业能力，熟悉和坚持中国特色社会主义法治体系的复合型、应用型、创新型法治人才及后备力量。"就这一培养目标而言，除了第一层面的整体目标取向外，第二层面则是理论、知识、技能及能力的要求，而证据法学所起到的作用则是分担这些目标的实现功能，即通过培养学生的证据法学理论、知识和技能，为复合型、应用型、创新型人才的培养目标实现奠定基础。[1]参照《标准》中的表述，本科阶段证据法学教学的共性目标应包含如下内容。

1.坚持"课程思政"理念，培养德法兼修的法治人才

"坚持建设德才兼备的高素质法治工作队伍"是习近平法治思想的核心要义之一，也是高校开展法学教育应该遵循的行动指南。近些年，国家推出了课程思政的教育教学理念，即在开展课程教学的过程中兼顾思政教育，推动课程教学与思政教育同向同行、协同育人。[2]证据法学的核心要素是事实与证据，学科本身强调对真实与善良的追求，这与社会主义核心价值体系中的内容是高度契合的，也为思政教育融入证据法学的授课过程提供了便利。例如，在讲授证据概念、证据形式、证据规则等内容时，教师可以结合我国实

①刘坤轮.证据法学发展里程碑：法学专业核心课程地位的确立[J].证据科学，2020，28（01）：46-58.

②张继钢.证据法学教学改革的"四个面向"[J].长春教育学院学报，2021，37（5）：59-63.

际，强调建设法治国家的重要性，讲述我国建设社会主义证据法律制度历史的进步历程。以此为基础，让学生在学习专业知识、专业技能的同时，也能够春风化雨、润物无声般地接受思政教育。①

2.重视理论教学，夯实证据法学专业知识基础

拥有扎实的专业理论基础是当代优秀法治人才应当具备的素质。在理论层面，通过本科阶段证据法学课程的学习，学生应掌握关于证据法学的基本理论知识，即本科阶段证据法学教学在理论层面上的目标应当是为复合型、应用型、创新型本科法学专业人才的培养提供基础理论的支撑，使学生掌握的证据法学理论知识能既够满足其进一步深入研究的需要，又能解决一般司法实践中出现的问题。为了实现上述目标，各高校开设证据法学课程时应该合理设计课程内容，使课上所授理论知识既能满足目标需要，又能与硕士、博士阶段的课程内容形成层次上的差异。

3.重视实践教育教学，强调专业性、实践性培养

证据法学是一门实践性很强的学科。长期以来，我国的证据法学课程一定程度上偏重理论教学，忽视实践教学，这往往导致学生在经过一学期的学习后不能较为熟练地掌握职业技能，不能满足复合型、应用型、创新型法治人才的培养要求。一般认为，证据法学的实践教育教学应该面向两个主要方面。一是面向国家统一法律职业资格考试的要求开展教育教学。通过法律职业资格考试获取法律职业资格是法科学生从事法律职业、进行法律实务的前提条件和基本要求。近年来，证据法学在法律职业资格考试中所占的比重逐年增加，教师在证据法学的教学过程中应当适当地增加对法律职业资格考试中证据法学部分内容的讲解。二是面向解决司法实践中的具体问题开展教学。具体而言，教师在平时的教学过程中应当讲授实务中解决有关证据问题的方法和技巧，并运用模拟法庭教学法等教学方法，为学生模拟真实的情景，锻炼其应用所学知识解决问题的能力。

---

①时显群.法学专业"课程思政"教学改革探索[J].学校党建与思想教育，2020（4）：59-60.

（二）本科阶段中外合作办学在证据法教学上的特性目标

所谓"证据法教学的特性目标"是指中外合作办学法学专业通过开设证据法课程，在实现证据法学教学的共性目标的同时，实现在人才培养和科研教学方面实现的特有目标。中外合作办学制度自诞生起，就承担着培养国家紧缺型人才的任务。[①]在涉外法治人才紧缺的大背景下，法学类中外合作办学项目应当通过课堂教学这一重要手段，培养优秀的涉外法治人才。就证据法学而言，教师应当通过讲授中、外的证据法律规则、证据制度等有关知识，训练学生的专业英语沟通能力，使学生掌握中外证据法的基本理论和实务技巧，为高端涉外法治人才的培养提供支撑。在科研教学方面，教师在讲授课程的同时，可以充分借助中外合作办学学校的资源，从法律规范和前沿理论两个角度进行横向比较研究，以期获得独特的研究成果，为我国的证据法事业发展做出贡献。此外，教师还可以在已有教学资料的基础上，加以汇编整理，形成通识性的比较证据法学基本规范知识体系，从而满足有志于证据法学学习的人士的需求。

四、证据法学教学的教学实践经验总结

教师对已有教学实践进行及时总结，鉴往知来，积累教学经验，对之后教学活动的开展具有重要意义。

（一）明确学生主体地位，充分提升学生课程参与感

明确学生在教学过程中的主体地位，提升学生在学习过程中的参与感，能够起到事半功倍的效果。基于过往的教学实践经验，教师对学生课程主体地位的明确及学生课程参与感的提升不能仅局限于课堂教学阶段，更应该重视课前阶段和课后阶段的重要作用。具体而言，在课前阶段，教师可以通过提前发布与课上所授内容相关问题的方式，鼓励学生有针对性地开展课前预习。对于学生的预习成果，教师可以通过让学生回答课前问题的方式进行检

---

①张舒，凌鹊.中外合作办学政策变迁历程、演进逻辑与发展理路[J].上海师范大学学报（哲学社会科学版），2022，51（3）：119-125.

验。对预习效果较好的同学，教师可以采取增加平时成绩等手段予以激励，从而调动学生参与的积极性。在上课过程中，教师应与学生保持互动，尽可能给予学生讨论思考的时间和表达观点的机会，引导学生通过自己的思考解决问题，形成相对完整的知识体系。在课后，教师可以布置与授课内容有关的长期任务，鼓励学生自发组成小组，协作解决问题。学生的任务完成情况可以与其平时成绩直接挂钩。实践表明，此种方式能够培养学生在课下自主学习的能力，激励学生把功夫下在平时，避免临近期末考试时"临时抱佛脚"。总而言之，通过课前、课中、课后的合理安排，学生在教学过程中的主体地位得到凸显，学生的课程参与感和学习积极性也得到提升，有助于课程教学目标的实现。

（二）面向法律职业资格考试开展教学，将理论教学与法考教学有机融合

前已论及，在证据法学课程的授课过程中，适当地就法律职业资格考试中证据法学部分的内容进行讲解，对学生专业性、实践性的培养具有重要意义。但如何在课时安排有限的情况下兼顾理论教学和法律职业资格考试内容的教学，需要教师进行合理的安排与设计。根据笔者过往的教学经验，在课上运用案例讲解知识点时，教师可以使用法律职业资格考试主观题考试中与证据法学及相关学科有关的案例，训练学生运用所学理论知识解决法考题目的能力。在课下，教师可以搜集、整理、练习历年法律职业资格考试中有关证据法学及关联学科的题目，将其作为平时作业，并在最后的期末考试中加入这些题目作为考题。通过上述方式，教师既能将宝贵的课上时间用于理论知识和法律规范的讲授，避免证据法学课堂成为"法考培训班"；又能通过分数的激励，调动学生在课下主动学习法律职业资格考试内容的积极性，实现理论教学和法考教学的有机融合。

（三）鼓励学生之间互相评价，加强学生之间学习上的交流

在评价方法方面，适当增加学生之间的互相评价，既能避免将全部评价工作都交予教师，减轻教师的负担；又能增加学生在学习上的交流，使其相互之间取长补短，共同进步。在过往的教学经历中，笔者曾整理了历年关于证据法学的法考真题并将其作为平时作业布置给了各个学习小组。临近期末

时，各小组之间需要将整理完成的内容互相分享，并互相打分评价，打分评价的结果为学生本学期课程的平时成绩。通过此种方式，学生享受到了合作学习的益处。同时，小组作业的完成情况与平时成绩挂钩也在一定程度上保证了平时作业的质量，有效避免了个别学生的"不劳而获"。

五、证据法学教学的创新性

在分析当前我国证据法学教学的基本特点、明确中外合作办学在证据法学教学的目标后，结合已有的实践教学经验，为了更好地针对中外合作办学法学专业的具体情况开展教学活动，应该在教学内容及教学方法方面对传统的证据法教学进行一定程度上的创新。

（一）证据法学教学内容上的创新

传统的本科阶段开设的证据法学课程一般以国内学者的专著、教材作为授课的主要内容，然而国内学者的专著、教材虽然数量众多，却囿于作者研究背景的单一性，极易在内容和体系上千篇一律，蹈常袭故。[1]根据笔者的构想，在教学内容上，中外合作办学法学专业的证据法学教师可以以证据法学学科内容体系范畴为线，对各国证据法相关规范进行横向比较，并将证据法学内容体系中的系统性规范比较研究成果作为重点内容着重讲解。具体而言，其讲解内容应包含以下几个主要方面：一是从比较视角对世界主要法域证据法立法模式进行讲解。例如，在授课过程中针对英美国家的统一证据法典立法模式与大陆法系国家的混合式证据法立法模式的特点进行讲解分析，并引导学生思考我国证据立法模式应采何法。二是从比较视角对证据法的基本原则进行讲解。通过对世界上主要的几个法治发达国家的证据立法基本原则进行讲授，让学生从规范层面了解各国证据法学基本原则的发展势态及其发展趋势。三是从比较视角对不同国家的证据资格标准进行讲解。例如，教师可从不同法域证据的法律定义、证据资格的判断标准等为视角切入，带领学生对比分析各国证据法规范在证据法学逻辑范畴的原点问题上规律特点。

---

[1]张晓亮，李麒.我国刑事证据法学教材体系评介[J].法学教育研究，2015，12（1）：310.

四是从比较视角对证据规则的内容进行讲解。在讲授不同国家证据立法中各类证据规则体系的基础上，引导学生思考如何为我国证据立法发展提供借鉴。五是从比较视角对证明标准、证明责任等内容进行讲解。教师可以带领学生在比较各国证据法上关于诸如"内心确信""排除合理怀疑"等证明标准及在提出证据责任、说服责任、客观证明责任、主观证明责任等不同的证明责任体系的基础上，引发学生思考我国证据法立法在上述问题上的发展方向。

此种教学内容上的创新与传统的证据法学教学内容相比，能够让学生对各国证据立法模式、证据规则体系及司法证明等内容有更深入的了解，拓展其学习证据法学内容体系和具体规范制度的广度和深度。除此之外，授课教师还可以基于教学内容，结合学生的学习情况，打造外国证据法规范分析比较研究的教程，以期为法学院本硕博外国证据法的通识性教学提供助力。

（二）证据法学教学方法上的创新

前已论及，宏观层面缺少有效方法论的指导，导致多种教学方法无法实现有机结合，难以在证据法学教学的过程中发挥最大效用。笔者认为，宏观上以建构主义教学论为指导，运用多种教学方式开展证据法学教学，对于改进传统的证据法学教学方法、提高教学质量，更好地培育高质量的涉外法治人才都具有重要意义。所谓建构主义教学论，是由瑞士心理学家皮亚杰于20世纪70年代率先提出的，经过多年发展演化不断成形的认知学习理论。[①]该理论认为，教学过程是学习者在教师帮助下，在原有知识经验背景、社会历史文化背景、动机及情感等多方面因素综合作用下主动建构意义的过程，即学生在教学过程中是教学认知的主体，是知识的主动建构者，教师则扮演着帮助学生利用其经验和智慧构建新知识的角色，学习情境对于新知识的构建和形成具有重要作用。[②]具体到证据法学课程的教学过程中，教师应该充分尊重学生的主体地位。在理论知识的教学层面，教师应当准确把握教学过程的主体观，充分利用各种教学信息资源，在与学生互动、交流的过程中帮助

---

① 张亚娟.建构主义教学理论综述[J].教育现代化，2018，5（12）：171-172.
② 薛国凤，王亚晖.当代西方建构主义教学理论评析[J].高等教育研究，2003（1）：96.

学生实现知识体系的有效建构；在实践技能的教学层面，教师在运用模拟法庭、诊所法律教育等教学手段开展教学时，应该通过选择实务中真实发生的案例，邀请法官、检察官、律师等实务人员参与课堂教学等方式，尽可能地模拟真实的情境，最大限度发挥情境对于知识形成的重要作用。

（三）证据法学教学评价标准上的创新

证据法学教学评价标准的内涵主要包含两方面。一方面是静态的教学评价标准，即证据法学教学评价标准本身；另一方面是动态的教学评价标准，即评价主体参照评价标准对评价对象进行评价的过程。若想从根本上创新证据法学的教学评价标准，更好地实现证据法学的教学目标，应当对评价主体、评价对象和评价标准的内容进行优化和革新。具体而言，在评价主体上，应当尝试建立以授课教师为主、学生和教学督导共同参与的多元评价主体体系。这种多元评价主体体系的建立一方面能帮助授课教师从多个角度对课程的教学效果进行准确评价，另一方面也能帮助授课教师多渠道获取信息、得到建议，以更好地提升其教学水平。在评价对象上，授课教师应该摒弃传统的、将学生的成绩作为唯一评价对象的评价方式。证据法学教学的评价对象除了学生的考试成绩，还应该包括学生的学习态度、情感、价值观等体现综合学力的内容。在评价标准的具体内容上，相较于传统的单一评价标准，优化后的评价标准应具备较为明确的评价目的，兼顾对教师与学生双方的评价，注重师生双方的共同进步与共同发展。

中外合作办学知识产权法教学
内容衔接问题研究

马晓莉　　王徐蕾

摘要　对于中外合作办学法学专业来说，由于中外所属法系、教学方式等的不同，中外法教学内容的有效衔接成为需要认真思考的问题。本文以中国东部某大学知识产权法中外教学为例，通过分析、梳理中外合作办学教学内容衔接的现状与问题、教学内容衔接的必要性，从指导思想、衔接原则、衔接形式、衔接渠道和衔接实施五个方面提出加强中外合作办学教学内容衔接的五位并举模式。

关键词　中外合作办学　知识产权法　衔接

2003年9月开始实施的《中华人民共和国中外合作办学条例实施办法》极大地规范和推动了中外合作办学事业在我国的发展。中外合作办学成为我国高等教育发展迈向国际化的新模式，成为高等院校培养国际化人才、搭建高质量学科建设和管理体制机制改革创新的重要平台。2022年7月，教育部表示将继续支持以中外办学等方式解决出国学习困难的问题。

具体到法学专业的中外合作办学，其核心是通过吸收、借鉴国外优秀的教育方法、教学理念，培养高素质的、具有国际视野的专业法律人才。

某东部高校与美国某大学联合举办法学本科双学位合作办学项目，教学质量得到学校、学生家长和用人单位的一致好评，育人效果持续提升。但同时也还存在一些问题和不足。其中，中外法律教学内容的衔接问题就是非常值得思考和探索的。本文就中外合作办学知识产权法教学的衔接问题进行研究，以期对问题的解决有所裨益。

一、中外合作办学知识产权法教学内容衔接的现状与问题

通过中外知识产权法律教学内容的衔接问题调查问卷和个别访谈，可将中外合作办学知识产权法律教学内容衔接的现状和问题表现概括为以下三个方面。

（一）学生对外国知识产权法课程的满意程度较好

关于"你对外国知识产权法课程的满意程度"，问卷结果显示有19.61%的学生选择"非常满意"，49.02%的学生为"满意"，有17.56%的学生为"一般"，只有5.88%的学生为"不满意"，7.84%的学生为"很不满意"，满意程度达到68.63%。对于"通过学习外国知识产权法课的收获"的多选题中，排名前三位的分别为了解了国外知识产权法的典型案例、增加了知识产权法的具体知识、增强了知识产权法律英语的理解驾驭能力，分别为82.35%、74.51%、58.82%，均超过了50%。另有49.02%的学生选择了"激发了学习知识产权法的兴趣"，选择"形成了体系化的知识产权法认知"的学生最少，是43.14%。

个别访谈中有学生指出，外国知识产权法在实务方面比重会更大，用判例进行课程导入，对相关法条的分析相对较少。

（二）对知识产权法的整体掌握情况一般

关于"你对知识产权法的整体掌握情况"，问卷结果显示只有1.96%的学生是"非常好"，35.29%的学生为"好"，有52.94%的学生为"一般"，另有5.88%的学生为"不好"，3.92%的学生为"很不好"。因此，学生对知识产权法的总体掌握情况为"一般"。分解来看，学生对著作权法、商标法的掌握程度要高于专利法，"非常好"和"好"的选项中，著作权法为44.1%，商标法为43.14%，专利法只有31.37%，但是也都没有超过半数。

（三）对知识产权法的基本原理和中国的制度不清楚

关于学习外国知识产权法课遇到的最大问题，"对知识产权法的基本原理以及中国的知识产权法律制度规定不清楚"排在第一位，为82.35%；其次

是"内容分散、不全面，难以形成对于知识产权法系统化的认知"，为45.1%。关于"你对中国知识产权法的了解情况"，有62.75%的学生选择了一般，不了解的占29.14%，只有3.92%的学生选择"了解"和"非常了解"。而对于"你是否希望了解中国的知识产权法律"，有86.28%的学生选择了"非常希望"和"希望"，占比很高。

二、中外知识产权法教学内容衔接的必要性分析

中外知识产权法教学内容衔接的必要性可以概括为三个方面。

（一）是知识产权法课程自身特殊性的内在要求

在整个法学课程体系中，知识产权法具有较为明显的特殊性。与其他民法相关课程，特别是物权法相比较，知识产权法的不同在于其客体具有非物质性，这是它的本质特征，另外还具有典型的地域性。

以一台获得专利权的新型打印机为例，这台看得见摸得着的"新型打印机"并不是专利权的客体，而是物权的客体，它是物质的。而专利权的客体不是这台作为物质存在的打印机，而是如何制造出该新型打印机的技术方案，该技术方案是非物质的。对于知识产权客体非物质性的透彻理解，是学生学好知识产权法的基础。

另外，知识产权法还具有地域性。知识的本质是信息[1]，而信息是自由的，其不具有固有的财产的特征，而是通过法律的拟定让其同时具备了财产所应具有的稀缺性、排他性和可转让性，才成为了法律意义上的财产。根据一个国家的知识产权法获得的知识产权只在本国范围内有效，在其他国家将得不到相应的保护。仍以上述新型打印机专利为例，依据中国专利法在中国申请并被授权的专利，只能在中国境内得到保护。如果该新型打印机没有申请美国专利，那么将得不到美国专利法的保护。尽管有专利合作条约（PCT）这种国际条约，但也只是简化了申请人的申请程序，到最后仍将转入国内法审查阶段，并没有一个通行于世界的国际专利法。

---

[1]王迁.知识产权法教程[M].北京：中国人民大学出版社，2021.

（二）是国外知识产权法案例式教学方式的必要补充

调查问卷和个别访谈均显示，国外知识产权法的学习主要是通过案例教学来完成的。外教老师会提前给学生发布案例，学生课前阅读案例，课堂上讨论学习。案例教学法是古希腊哲学家苏格拉底首先提出的，该教学法的特点是教师以案例为主线开展教学，组织学生围绕案例展开启发性、探究性学习，在讨论、辨析中理解法律规则和解决策略。其优点有以下几个方面：一是灵活多样，能够提升学生学习的兴趣，学生也很喜欢这种学习方式；二是在具体的案例情境中推理，能加深对案件的理解；三是基于解决问题的讨论分析，能提升学生分析问题和解决问题的实践能力；四是有助于教学相长，在师生互动中提升认识。

但是其缺点也是明显的。主要体现在以下几个方面。

第一，案例教学基于案例进行分析，往往在体系化上存在不足。知识产权法学自身的特殊性更加需要学生对知识产权法形成体系化的认知，以帮助学生"走出庐山，从而识庐山的真面目"，避免出现"罗素的鸡的问题"。在体系化认识方面，被访谈学生表示，教学内容上是通过案例的形式推导出法条，但是案例过于分散，没有进行系统性的整合，导致大家在理解上比较困难。

第二，案例教学法以案例为载体进行学习，对必要知识点的涵盖有限。案例教学的特点是课程内容由若干案例集合而成，这些案例数量有限，涉及的知识产权法律知识点有限，很难涵盖较为完整的必要知识点。访谈中有学生表示，外国知识产权法在实务方面的比重会更大，讲课时用判例进行导入，对相关法条分析相对少。在国外知识产权法课上更多的是对个案进行分析。这样的教学方式能关注到细节，但对知识产权法的总体框架，诸如立法目的、立法逻辑之类的掌握相对较少。

比较而言，这些缺点正是中国知识产权法学教学的优点所在，能够在一定程度上进行互补。

（三）是对中外合作办学法学专业教学内容衔接现实需求的回应

每年普通法学本科生的知识产权法学课堂上都会有不少中外法学班的学

生去旁听课程。另外，旨在面向全校其他专业的学生开设的知识产权法通识课，也常有中外法学班的学生选修，随堂学习。

在对中外法学班的外国知识产权法修课学生进行访谈的过程中，有学生表示，由于课时量比较少以及语言上的问题，很难对知识产权法的内容进行全面学习，因此要"蹭"法学的课或者选修知识产权法全校通识课。有学生表示，由于讲授时间比较少，外教一节课会给多个案例，尽管在案例开头部分提供了具体的法律条文，但外国知识产权法条文对中国学生来讲难以理解，缺乏具体的解释，在理解上存在问题。

还有学生表示，外国知识产权法的学习缺少对最新案例的讨论，不太利于把握知识产权法的最新动向和前沿问题。已有的讨论案例虽然经典，但是相对陈旧，有的案例甚至可以追溯到70年甚至上百年前，难以运用到现在的互联网产业中。同学们对于自己感兴趣的问题如"知识付费"、抖音视频剪辑、表情包的著作权侵权问题、名创优品售卖的商品是否涉及侵权等现实问题比较困惑，认为很难用自己所学的知识进行解决。

对兼修外国知识产权法和中国知识产权法通识课程的学生进行访谈后发现，学生对中外知识产权法的学习做了详细比对，把商标法、版权法和商业秘密法的概念、分类和具体运用及适用的类别进行了比较，有融会贯通的感觉。

访谈中不少学生表示，对中国知识产权法的知识很感兴趣，在研究生方向的选择上都把知识产权法作为第一方向，因此就更有了对中国知识产权法进行学习的愿望和需求。

三、中外合作办学知识产权法教学内容衔接的完善建议

对于中外合作办学知识产权法教学内容衔接的完善，可充分考虑学生的倾向性意见，并结合知识产权法学习的规律进行探索。

（一）调查问卷中展现出来的学生的倾向性意见

中外知识产权法律教学内容的衔接问题问卷调查结果显示了如下几个方面的问题。

1.关于"中外知识产权法律教学内容衔接的有效方式"

对于中外知识产权法律教学内容衔接的有效方式，排名第一的是与国外知识产权法授课内容同步的中国知识产权法PPT、微视频，占90.2%；其次是提供与中国知识产权法有关的辅助教材、著作、论文，占82.35%；之后是组织模拟法庭实战演练和组建知识产权法兴趣小组，申请科研专项经费，分别占33.33%和31.37%。

2.关于专业知识产权法中文教师进行组织、指导、答疑的必要性问题

对于"为实现中外知识产权法律教学内容的有效衔接，你认是否有必要有专业知识产权法中文教师进行组织、指导、答疑等工作"的问题，中外法学生认为"非常有必要的"和"有必要"的分别为33.33%和39.22%，总计72.55%，认为一般的占19.61%，认为没必要的只占7.84%。

3.关于有效的中外知识产权法律教学内容衔接的信息发布渠道

关于有效的中外知识产权法律教学内容衔接的信息发布渠道，学生的首选是微信群和QQ群，为39.2%，这是得益于群发消息的高效和便捷性；其次是清华在线平台、BB平台等公共平台，为29.1%，说明学生对线上资源平台还是比较认可的；微信公众号推送也占了23.53%；而公共邮箱、百度网盘占比较低，分别为1.96%和5.88%。

4.关于中外知识产权法律教学内容衔接的导向问题

关于中外知识产权法律教学内容衔接的导向问题，有52.94%的学生选择了"立足中国知识产权法律的现实，以知识点的学习为导向"，21.57%的学生认为"以感兴趣的专题研讨为导向，在研讨中深化认识"。另有17.65%的学生选择"立足实践教学，以案例分析为导向"。选择"立足了解社会，以实践基地观摩为导向"和"立足法律适用，以组织模拟法庭为导向"的学生比较少，总共只有3.92%。

（二）结论：五位并举加强中外合作办学知识产权法教学内容的衔接

根据知识产权法课程学习的规律，结合调查问卷中展现出来的学生的倾向性意见，可从五个方面来加强中外合作办学知识产权法教学内容的衔接。

第一，在指导思想上，以学生为中心，立足于学生建构系统化的中外知

识产权法律知识体系，培养理论联系实际解决问题的实践能力和分析研究问题的科研能力，注重知识产权法课程思政，建构知识产权创新思维，提升知识产权运用和保护意识。

第二，在衔接原则上，以外国知识产权法的学习为主线，辅之以中国知识产权法的学习。外国知识产权法的学习以课堂教学、案例教学为主，涵盖外国知识产权法的主要内容；中国知识产权法的学习以课外学习为主，以知识点的学习为导向，配套外国知识产权法的对应内容，重点着眼于知识产权法的体系化理解、知识产权特有规则的释明，知识产权课程思政的浸润，作为外国知识产权法学习的必要补充。

第三，在衔接形式上，以与外国知识产权法授课内容同步的中国知识产权法多媒体课件和短视频为主，以提供参考教材、著作、论文为辅。其中，多媒体课件和短视频以知识点为单位，以短小宜学、每个视频不超过15分钟为特点。例如，可建设学堂在线慕课，按照外国知识产权法的专题顺序进行课程设置，包括知识点的内容、分布、排列、组合等。应当注意的是，虽然知识点是以碎片化的短视频方式呈现，但是碎片化不等于杂乱化，需要注意各视频间的内在逻辑关系，是以碎片化短视频为表现形式，实际上是具有内在主线的、体系化的短视频集合。

第四，在衔接渠道上，通过微信群或者雨课堂向学生推送发布。成立面向中外法学班修读外国知识产权法学生的微信群或者是建立雨课堂班级，作为中国知识产权法相关信息材料的发送场。学堂在线慕课内容按照外国知识产权法课程的教学进度进行发布，之后推送到班级微信群或者雨课堂班级，方便学生随时随地根据需求进行学习。

第五，在衔接实施上，以知识产权法专业教师联合本科生小助教的形式进行。知识产权法专业教师负责对应外国知识产权法的课程设置，规划中国知识产权法的知识点体系，并录制视频或选择、编制图文资料、配套案例等。同时，在中美法学班的选课学生里选拔本科生小助教，本科生小助教采取个人报名和教师选拔双向选择的形式。小助教的工作主要有三：一是及时将外国知识产权法课程进度告知中国知识产权法专业教师；二是将中国教师确定的中外知识产权衔接配套资料推送给选课学生；三是将选课学生在外国知识产权法学习过程中出现的较为普遍的疑难问题反馈中国教师，对此进行必要的补充资料推送，以协助学生答疑解惑。

中外合作办学在推动高等教育改革、推进国际化发展、拓宽人才培养途径、满足人民多样化优质教育需求等方面发挥了积极作用，做出了显著贡献。[1]在我国推动构建人类命运共同体的大背景下，高素质涉外法治人才的培养尤为迫切。中外合作办学在新时期承载了新使命，因此，高校应肩负责任、抓住机会，在实际办学中不断创新、融合，加强中外教学内容的衔接，提升教学质量，促进学生的全面发展。

---

[1]林梦泉，张瑾，王剑波等.笔谈：中外合作办学高质量发展的制度保障研究[J].现代大学教育，2022，38（5）：35–57.

社科法学理论融入中美班法理
课程的教学研究

王博阳　闫申

摘要　当代中国法理学是由"法教义学"与"社科法学"等不同知识偏好的法理学进路共同构成，这种知识格局也应体现在法理学的课程体系和教学内容之中。中国海洋大学法学本科中美班作为全国首个与美国高校联合举办的中外合作项目，应及时回应世界范围内法学研究和教学发展趋势，将社科法学理论融入中美班法理学课程教学过程，在课程内容、教学方法、教材编写和考核方式等环节上实现创新，以便更有效地对接美方国际化知识体系，并践行中美合作项目"科教融合"的培养思路。

关键词　社科法学　法理学　课程设置　培养路径　科教融合

法律和社会科学研究起源于美国的几次法律交叉学科运动，都以"Law and XXX"为名，诸如法律和经济学（Law and Economics）、法律和社会学（Law and Sociology）、法律和金融（Law and Finance）、法律和文学（Law and Literature）、法律和公共政策（Law and Public Policy）、法律和认知科学（Law and Cognitive Science）等。在国内法学界，这些法律交叉学科被统称为法律和社会科学（Law and Social Sciences），即以社会科学的方法（尤其是经济学方法和社会学方法）研究法律问题的学术流派，有时简称为社科法学，以区别于传统的法教义学。当代中国法理学的历史是由不同知识偏好的法理学者共同塑造的，因此不会有唯一正确的法理学定义和知识体系，这不仅体现在法理学的课程体系和教学系统上，也体现在法理学的研究中。近十年来，社科法学的研究兴起，并且与法教义学形成鼎立之势。[①]因此，借鉴欧美法学教育的有益经验，在中美班教学中引入社科法学理论研究成果和美国普遍使用的方法论教材，能够强化本科生的法律思维训练，扩展学生的理论与实践视野，以便有效衔接美方的国际化知识体系，践行中美合作项目"科教融合"的培养思路。

一、研究缘起与历史沿革

（一）法律和社会科学交叉学科研究是世界范围内法学研究发展的趋势

法学的历史虽在中西各国均可追溯久远，但随着近代研究型大学在欧美的兴起，法学作为独立学术领域的地位开始受到质疑、挑战并最终遭到颠覆。以美国为例，自19世纪末开始，随着社会转型的加剧，包括联邦最高法院著名大法官霍姆斯在内的一批有远见的法律人意识到，以教条分析和封闭式逻辑推导为中心的法学研究无法回答、甚至常常回避真实世界中法律制度需要处理的各类错综复杂的社会经济问题。二战前，美国的法律现实主义学者已经开始尝试向法学研究中引入心理学、政治学、社会学和制度经济学等同期发展较快的学科的视角。自19世纪60年代开始，新古典经济学和新制度经济学的发展给美国法学界带来全面的范式转换，经济学思想及其分析框架被波斯纳等学者引入法学研究的各个部门领域之中，成为美国法学界最有影响力的一股学术力量。法律经济学运动深刻地改变了美国法学的整体面貌，彻底打破了传统法律人试图维持的法学研究的封闭体系和独立性。即使是对经济分析的思路和方法常常抱有批评和异议的其他社会科学学科，如社会学、政治学、心理学、人类学，很大程度上也受益于经济学对传统法教义学堡垒的摧毁，并借助经济分析开拓的全新交叉学科路径而大举介入法学的研究。

过去20年间，法与社会科学的交叉研究在美国法学界和法律院校中已

---

①侯猛.当代中国法理学的变化与反思——一个局内人的知识社会学观察[J].北京航空航天大学学报（社会科学版），2019，32（1）：9-14+22.

经成为毫无疑问的主流，在排名前20名的法学院任教的学者大多都有交叉学科背景，越来越多的人甚至同时拥有法学和另一项社会科学学科（经济学、政治学、社会学等）两个领域的博士学位。近年来美国法学界引证率最高的学者，如桑斯坦、小波斯纳等人几乎所有作品都自觉运用交叉学科方法，而纯粹使用传统法律方法梳理法律规则的论文，目前已经很难在一流的学术刊物上发表。法学研究中使用实证调查方法、经验统计方法、实验方法甚至计算机模拟方法的尝试，也都在受到越来越多的关注。虽然出于职业教育的定位，美国法学院的课程教学总体上都保留了基本的法律教义内容，但越是一流的法学院，在基本教学中运用交叉学科方法的越多，与受限于师资和学生素质的普通法学院之间的差距越来越大。而从美国实务界来看，无论是法院、政府部门还是律师事务所当中，都有越来越多的有识之士认识到，当今世界快速变化的社会经济技术环境，要求高水平法律人才必须具有复合型的知识结构及运用多种视角综合分析法律问题的能力。只会照本宣科的法官和律师或许仍能处理简单纠纷，但无法进入职业群体中具有更大影响力的上层位置。

与美国相比，虽然西欧各国法学研究和社会科学研究的传统都十分深厚，但由于二战期间人才流失严重，社会科学整体存在学科发展断裂，加上法学界的哲学人文传统较深，法教义学的基础较坚实，导致现代社会科学对西欧法学界的直接影响有限。随着美国法律和社会科学研究的影响在世界范围内的扩大，欧陆法学界在20世纪八九十年代也开始逐渐引入经济分析和其他交叉学科方法。德国、荷兰、法国等欧洲法学研究实力较强的国家陆续出现了以交叉学科为特色的研究机构和研究项目，并与美国学界展开了大量合作。目前来看，虽然法与社会科学在欧陆学界的发展尚未达到其在美国的影响力，但也已经具备了相当规模。如今在美国顶尖院校中能看到不少在美国学习、研究法律和社会科学的欧洲学者，可以预计将来这批学者回到欧洲，会进一步充实欧陆系统内的学科实力。

亚洲范围内，日本和我国台湾地区早年以欧洲大陆特别是德国为模本，对法教义学大加推崇，形成了较为稳固的学术力量，虽然其为法律学术界的成长奠定了良好的基础，但在很大程度上也限制了学术创新和教学发展。目前来看，法律和社会科学的发展受到法学界和社会科学界人才实力的限制，传统的法律社会学方法尚能见到，对经济分析的重视却明显不足。新加坡等国在引进欧美前沿学术方面具备语言优势，但法学学者的学科背景总体上相对单一，其学科定位也受地理区位的限制，缺乏追求世界影响的视野。如果中国学界和教育界能够抓住目前的机遇，大力推动法律和社会科学交叉研究方法在中国的普及和应用，至少在影响力方面是非常有可能较快超越亚洲同行的。

（二）法律和社会科学交叉学科研究是中国法学未来发展的方向

中国法学研究在改革开放后重新恢复，并且随着国家法制建设的推进获得了迅速发展。法学院校遍地开花，包括专业期刊、研究机构、学术会议在内的多层次学术平台体系也基本建立完成。我国法学界从20世纪70年代以来将自身定位在大陆法系传统之中，以帮助国家尽快建立健全法制建设，将完善立法体系定为学术研究的主要目标，采取了"教义引进"为主的学术策略。在过去的20余年间，我国直接或间接通过日本等国学者的著述，集中引入欧洲大陆法的法律教义理论和方法论作品，并以欧陆、日本的立法实践作为参考对我国立法建言献策。这类学术模式对我国法治的早期建设及法学教学与研究的重建和发展做出了重要的贡献，而在法教义学发展的过程中成长起来的学者也是目前中国法学界的骨干和中坚力量。

和传统的法律教义学相比，法律和社会科学交叉研究在中国的发展时间较短，但势头强劲。虽然20世纪80年代沈宗灵等法理学界的老前辈已经通过译介等方式向中国法学界介绍了法律经济学等学科在美国的发展，但直到20世纪90年代中后期，通过以朱苏力为代表的少数留美学者的介绍、实践和推广，当代意义上的法律和社会科学交叉研究才真正开始在中国得到关注。[①]此后，交叉学科研究迅速引起年轻学者和学生的极大兴趣并获得广泛欢迎，国内也逐渐形成了关注和从事"社科法学"研究的学术群体。

①沈宗灵.现代西方法理学[M].北京：北京大学出版社，1992.

总体来看，中国法教义学的发展在当前已经面临瓶颈。一方面，国家法律法规体系在立法机关与法教义学学者的共同推动下经历了"从无到有、从有到繁"的过程，法律制度在条文建设的意义上已经初具规模，法教义学研究的基本历史任务在很大程度上已经完成。而对于法治发展面临的各种深层社会经济矛盾，仅靠以条文设计为导向的研究，不但不可能解决问题，甚至往往无法准确地发现问题。只有通过社会科学的方法，深入并切实地认识矛盾的所在，以社会科学的综合性分析全面考虑各类因素对问题解决可能产生的影响，并将法律作为实现公共政策的一种但不是唯一有效的工具加以运用，法律学者才能够在国家治理的整体性工程中找到自己的位置，做出自己的贡献。另一方面，从学术作品自身看，传统法教义学研究视野相对狭窄，方法过于单一，论证缺乏深度，创新空间不足，不但已经落后于国际学术的发展潮流，而且在国内法学界也越来越不能吸引优秀的年轻学者。目前，法学界较为活跃的中青年学者通常在20世纪90年代以后接受法学教育，大多受到当时在国内兴起的社科法学理论的影响，其中更年轻的一批学者基于较强的外语能力及在国外留学的背景，对法律和社会科学的前沿学术发展具有较好的理解和把握，已经开始积极尝试将有关方法运用到中国法律问题的研究中来。国内核心期刊中发表的社科法学论文数量呈增长势头，并且已经开始突破早期过于集中于法理学领域的情况，逐渐介入了部门法问题的讨论。从长远来看，法与社会科学作为一种研究思路和角度，其在中国学界应该会像美国学界的情况一样，最终全面进入部门法研究，以其在创新性和实用性两个方面的优势取代法教义学的主导地位。①

从学校教学方面来看，法律经济学、法律社会学等课程在国内一流法学院中已有较长的开设历史和稳定的师资配备。相比于枯燥单调的纯粹教义学课程，也更受学生欢迎，能够激发学生学习兴趣。近年来已经有少数院校建立了法律和社会科学交叉学科的专门研究教学机构，其中不但有北京大学、浙江大学这样的传统法学强校，也包括上海交通大学这样后起之秀。一些国

---

① 苏力.中国法学研究格局中的社科法学[J].法商研究，2014，31（5）：58.

内知名法学院近年来到欧美等国出访时，都尝试在法律和社会科学的平台上与国外顶尖学校开展合作，并且着眼于引进相关领域在国外学习的人才。可以预见，国内社科法学的研究群体在未来将呈现持续增长态势。

（三）社科法学理论融入中美班本科生法理课程教学的可行性分析

目前，学院理论法学已经拥有一支高素质的法律经济学研究团队，该团队以中国海洋大学繁荣工程特聘教授桑本谦为学术带头人，团队成员的知识结构全面、视野开阔，具有很强的学术创新能力，并成为国内研究社科法学的重要力量。从当前国际学术发展的趋势来看，法律和社会科学的研究与传统法教义学相比，越来越强调学者之间的合作，并在此基础之上完成高难度、大规模的研究课题。研究中心的建制将有助于相关资源的进一步协调和整合，使学者之间的交流合作实现制度化，也便于理顺内外部关系。在进一步联合其他院校科研力量的条件下，该中心将发展成为一个以法律交叉学科作为基础研究、围绕中国现实法律问题开展相关应用研究的跨学科、跨院系的学术型兼智库型研究机构；借鉴西方法律交叉学科的理论资源和研究方法，聚焦中国本土法律问题；打破传统的学科界限，打破院系和学校界限，采取"以问题为中心"的研究视角，在自主研究的基础上，整合多种学术资源，实现协同创新。同时，研究中心平台的建立，可以在学术上作为加强法学与管理学、政治学、社会学、经济学等学科专业交流的纽带，并在教育教学上起到创新和引领作用。

借助这一学术平台继续引进国内外高层次人才，促进学院的迅速发展，抓住法学研究的学术转型期，实现后发优势，不断提高中国海洋大学法学学科在主流法学界的学术地位和影响力。在推动法学研究的方法升级和范式转变，为法学研究寻求社会科学的支撑之外，做到国内领先，追踪国际前沿，尝试探索新型的法律教育模式，拓展课程结构的内容和视野，建设服务于"法律和社会科学"理论研究和社会实践的人才培养基地，推动产、学、研相结合的人才培养机制的建设，培养一批视野开阔、求真务实、知识结构合理，具有较强协调能力、创造力和实践能力的本科生、硕士生和博士生。该平台成果目前主要应用于法学学科建设特别是研究生的培养及教学实践当中。法学各专业全部研究生均至少选修了一门法律和社会科学交叉学科课程群中的课程，迄今历届研究生总人数超过300人。此外，通过法理和社会科学学术共同体的相互交流，本成果的核心要素已经开始逐步辐射到国内其他拥有相关师资和学科的高校，并在其学科建设及教学中产生一定影响。鉴于法理团队在高水平前沿研究成果的教学转化及以科研为核心创设教学科研一体化的研究生培养模式上有较强突破性和创新性，其思路和创设模式有很好的实效性、示范性，因此，有条件也有必要在本科教育教学尤其是复合型人才培养中进行推广使用。

二、课程设置与创新

法理学课程主要为法学专业的学生介绍法学研究中常用的若干初步和基础性社会科学理论知识和分析工具，主要涉及经济学、社会学、心理学等领域。法学的研究对象是真实世界中的人类行为与制度，因此任何严肃、负责任的法科学生都至少需要尝试运用法条教义以外的有关社会事实的社会科学知识和方法。法律人学习、了解社会科学知识不是为了使自身成为经济学家、社会学家或心理学家并在相关领域中做出贡献，而是为了借助交叉学科的视野加深自身对法律问题的理解、拓展对制度和政策实践的认知。本课程尤其希望能够启发、培养学生形成广泛、多元的智识兴趣，避免因对"法律专业特性""法律人思维"之类说法的某些狭隘理解而时常出现的思维和视野部门化、封闭化的问题。

（一）中美班融入社科理论的法理学课程设置

在课程内容方面。首先，在知识构成方面，本课程以理论教学为主，主要涉及法理学教科书中关于"法的本体论""法律与XX关系"及"法律运行论"等三个板块的内容设计，主要目的在于启发、培养学生形成广泛、多元的智识兴趣，改变学生对于法理学课程的固有认识。例如，课程设计将事前事后分析、效率理念、边际分析、单一所有人理论、最小成本防范者、管理成本、代理问题等社会科学中经典的行为动因理论融入关于"法的本体论"的章节讲述，试图在不破坏教材既有课程体例和内容框架的基础上，讲授触及部分理论和法律制度的底层逻辑。其次，在能力构成方面，本课程为学生准备了大量的阅读材料，其中不乏大量的英文阅读材料，不仅能锻炼学生阅读长篇外文学术论文的能力，还能帮助他们提前适应美方课程的文献阅读强度。除此之外，为了提高学生的英文文献检索能力，本课程还将专门安排法律数据库培训讲座。预计在课程结束后，学生可熟练使用Westlaw、Heinonline、北大法宝等中外文献数据库。最后，在科教融合方面，学生可具备应用其他社会科学理论独立分析法学问题的视角与能力。

在教学方法方面。课程的设计思路以专题的形式开展，教学内容分为教师授课与学生自修两部分，其中以主讲老师授课为主，学生自修为辅，讲述内容占课程的70%，自修内容占30%。在课程教学过程中，知识和能力并重，除了教师课堂专题讲授外，学生需按要求在课前完成指定文献阅读，并对文章所涉及的问题作初步思考。在课后根据教师提供的核心基础文献进行扩展文献检索，完成独立研究课题计划的写作。首先，在课堂讲授方面，任课老师积极引入美国法学院所采取的案例教学法，在抽象的理论中加入具体的典型案例，形成了一套成熟的理论与案例结合的教学方法，通过叙述、解释、推论来传递信息、传授知识、阐明方法，用以点带面的方式引导学生分析和认识相关问题。其次，在读书指导方面，教师指导学生通过阅读教科书及教辅书籍获得知识，培养学生的自学能力，提高学生通过网络和数据库检索学术资源的自主学习能力。课程通过以前沿文献为线索的教学方法，将教师讲授、学生课下阅读和课堂讨论紧密联系。这一教学方法是国内外高水平大学培养文科生自主学习能力最为通行也最为有效的教学方法，有助于促使法学专业学生形成独立搜集信息、分析思考问题的习惯，改变传统法学教育过度依赖灌输和填鸭式教学的弊病，同时也可避免一些讨论性教学模式中常见的无的放矢、缺乏结构性和纪律性的问题。

在信息化教学手段的运用方面。第一，课程专门设立专业课程群，充分利用信息技术发展所带来的优势，上传相关学习资料。学生可以充分利用课余时间和碎片时间进行学习，打破了学习的空间局限，实现任何场所随想随学。教师上传的学习资料内容有深有浅，可供不同层次的学生学习，充分实现了差异化教学目标的实施。第二，运用Blackboard等教学平台与资源。教师将在课程平台上发布课堂讨论问题及与课程学习相关的资料，提升学生的学习兴趣，激励学生成长。在平台上，课程还采取讲授与答疑相结合的教学方法，既可以定期对学生提出的问题进行集中答疑，又以线上线下相结合的方式进行个别答疑。第三，充分利用学校图书馆中文和英文期刊数据库资源，如北大法宝、Westlaw、JSTOR等，要求学生自行从期刊数据库检索获取课程相关阅读文献的电子版，培养、提高学生通过网络和数据库检索学术资源的综合能力。

在教材与参考文献的选用方面。除教育部规定的《法理学》用书外，本课程结合中美合作办学特点，选取Ward Farnsworth教授的 *The Legal Analyst: A Toolkit For Thinking About The Law* 作为教辅书。这本书汇集了各类用于思考法律问题的方法，是美国各大法学院设置的法学导论或法律方法课程的常用教材。常规看来，法学院的学生需要学习两类东西，第一类是大量的法律规则，第二类是思考法律问题的方法，例如，囚徒困境、规则与标准、外部性、后见之明等理论。尽管第二类所涉及的方法在整个社科领域看来都是一些经典的分析框架，但掌握这些方法后，法科学生可以更深刻地分析各种法律问题，或者说，看问题的深度将大大提升。但这里也存在一个问题，法学院的课程不会系统讲授这些分析方法，而是按照部门法分类来安排培养大纲。尽管这些方法和思想对于分析法律问题非常重要，但是广泛使用它们的却是法学院之外的经济学家、政治学家与认知心理学家，因此有必要在法理学尤其是中美班课程设置中融入这些社科分析方法，使法理学的教学回归到实用主义的初衷上。除了官方教材和教辅书之外，课程还建立了参考文献目录，涵盖国内外关于经济学、社会学、政治学、心理学视角解读法律与理论法学的经典论文，使学生能够接触到前沿法学理论研究成果，更好地对接本科三、四年级的美方课程。

在结课方式与考核要求方面。本课程的期末考试内容不需要学生死记硬背，而是借鉴美国法学院实行的simple answer考试方法，题目为任课老师原创的4~5道简答题，能较为准确地检测出学生对课程内容的理解和运用情况。

阅卷结束后，任课老师会结合学生的答题情况给出详细的试卷评析，加深学生对所学知识的理解。除期末考试外，为更加合理、有效地检验学生的学习效果，本课程将强化过程考核要求，在期中让学生完成一份6000~8000字的研究计划书。学生需结合课程讲授所涉及的理论知识，提出一个自身希望研究的中国语境下的实际法律制度问题，并就此问题撰写研究计划书。计划书需描述该问题的制度和社会背景及其研究意义，并结合其所选论题对有关的至少15篇中英文主要研究文献进行综述和总结。在此基础上，研究计划书还应包含一个完整的论文提纲，简要描述学生计划就论题撰写的研究论文将会包括的主要内容，以此锻炼并考察学生的实际问题分析能力、文献检索阅读能力和学术写作能力。

（二）中美班法理学课程设计的创新之处

本课程尝试突破国内传统法理学课程的讲授内容和模式，以满足国家法治建设对于高端复合型人才的需求为长期目标，形成具有开创性、能够有效解决既往培养模式中痼疾的本科生培养模式为近期目标，通过交叉学科基本理论和基本方法的教学和训练，为学生创造实时接触前沿学术动态的条件，提升本科生整体的学术视野、科研水平和问题解决能力。本课程希望让学生对什么是法学理论、如何运用法学理论有正确的认识，尽可能地使授课学生具备应用其他社会科学理论独立分析法学问题的视角与能力，改善以往过度强调法律逻辑自洽等内部视角的课程体系设置，以提高法理学授课内容本身的多元性和实用性，并希望启发有志于进行学术研究的学生形成广泛、多元的智识兴趣，自觉开展相关研究。

本项目有以下三个创新点。首先，将科研与教学有机结合，达到了科研即是教学、教学直通科研的效果，将国内外法学理论研究中最前沿的法律和社会科学研究领域的成果有效地与本科法理教学相衔接甚至耦合，提升研究生教学的层次和高度，同时满足国内对人才培养的潜在需要。其次，依托综合性研究机构（中国海洋大学法律和社会科学研究中心）的研究平台和课题运行，形成了层次分明、运转有效的教学团队，为中美班学生提供了根据自己的爱好选择不同科研角色的机会，形成有效组织本科生参与科研的培养模式，为学生提供交叉学科的培养和对外交流的机会。再次，课程内容能有效提高本科生在理论上发现问题、解决问题的能力，形成培养交叉性专长人才的研究生培养模式，为理论与实务部门培养具有开阔视野、创新思维和问题解决能力的高端人才，切实有效地满足国家的相关需求。

目前，研究成果的受益学生主要是中美班选修法理学课程的学生，预计未来将逐步覆盖全部法学专业的学生，并与我院高年级法理学课程和研究生法理学教学思路和方法形成有效衔接。本课题通过未来若干年的建设，将进一步完善课程内容，形成稳定的教学内容定期更新和教学效果反馈体系，探索基于多人讲授、学者对话等形式的新型课堂模式，探索课堂教学与前沿讲座系列相结合的整体教学手段。课程考核和评价标准也将进一步细化，预计通过三轮以上的教学实践和经验，适时与兄弟院校合作编写融入社科理论的《法理学》教材及配套《课程阅读文献汇编》一部，供本院和其他教学单位参考使用。在课程教学的实践过程中，也试图总结分析以下关键问题：①既有法理学教材基础知识与社科法学前沿理论的有效衔接；②既有法理学教材基础知识与功能性单元讲授的讲授比例；③课程教学设计与教案编写；④具体展开配套互动教学的形式设计；⑤学生接受程度和实际效果的实证调研工作等。

三、相关教学反思

本课程在教学实践中，尚存在不少问题，有待于从多方面改善和探索。

首先，在课程安排方面。鉴于中方与美方的教学安排，课题组建议将法理学放在中方课程本科二年级下学期开设，这可以使法理学与部门法课程形成有效衔接。事实上，民法、刑法和诉讼法是一切法律的基础，公司法实际是代理关系和合同法的特定化，消费者保护法实际是侵权法在近代的发展。此外，侵权法与刑法在因果关系、客体、主体的认定上有很多相似之处，甚至在法律经济学看来，两者是底层逻辑是相通的。①因此，只有对民法、刑

---

①大卫·弗里德曼.经济学语境下的法律规则[M].杨欣欣，译.北京：法律出版社，2004.

法、诉讼法等部门法的法律运作均有所了解并发现其中的问题时，学生才能形成对理论的追求。如按照目前将法理学设置在本科第一学年的安排，则实际上是将法理学定性成一门法律入门课，受限于学生的背景知识，教师只能讲授一些法律的基本概念，如此，理论课程根本无法深入。①因此，我国目前的法理学教学一般拆分为两个部分，一是《法学绪论》或《法理学I》，作为入门课放在本科一年级；另一部分为《法理学II》，放在本科三四年级作为选修课。这种安排，一方面是与民法、刑法和诉讼法等部门法的教学安排相匹配，另一方面也能够起到对法理学进行兴趣分流的作用。②但按照目前中美班的总学时分配，拆分课程显然并不合适，所以推迟法理学的出场顺序是合理的替代性选择。更何况，目前中美班的法理学课程还兼有法律职业伦理的教学内容，学生未学法学核心制度而先学职业操守，教学效果也必然欠佳。

其次，在教学班次和课时数方面。学生人数过多会减少师生互动，导致教学质量下降，建议开展小班教学和讨论教学，使教师有更多的精力、条件和客观依据，增加过程性评分在考核总分中的比重。建议建立课程的竞争机制，取消选课人数上限，将市场选择纳入任课教师授课质量的评价体系。这不仅可以为校方克服代理问题，也可以防止单名教师"垄断"教学市场。学校应激励教师之间的良性竞争，促使其不断更新相关教学内容，提升教学质量。在教学课时方面，随着法学的发展，狭义的法理学教科书内容越来越多，广义的法理学则包括比较法、立法学、法律社会学、中国法律思想史和西方法律思想史等相关内容，在有限的教学课时数下，仅能着重讲授"法的本体论"和"法的运行论"的相关内容，而无法充分展开对"法的价值论"的讲授。除此之外，拟增加阅读材料来补充教科书的知识不足。

再次，在课程建设方面。法理学在职业共同体内部的印象通常是一门略显"鸡肋"的课程，传统的法理学教学与法律制度内容、法律实践都相去甚远，这使得法理学处于"食之无味、弃之可惜"的尴尬境地。目前要求使用

---

① 苏力.法学本科教育的研究和思考[J]. 比较法研究，1996（2）：145–167.

② 侯猛.当代中国法理学的变化与反思——一个局内人的知识社会学观察[J]. 北京航空航天大学学报（社会科学版），2019，32（1）：9–14+22.

的《法理学》教材受大陆法系影响较大，试图形而上地概括不同法律部门的共性，进而形成一本逻辑自洽、包罗万象且注重思辨的法理学教科书，但其忽略了法学理论之所以重要，并非因其抽象性，而是因为其能够在疑难案件的裁判中提供更多制度性工具的现实需求。需要将因"上不着天"（最新的学术发展）又"下不着地"（社会法律实践）而缺乏理论活力的法理学，直接延伸到转型期中国面临的各种社会问题中。①因此，在知识的体系与内容上，传统教材无法有效地与课程体系相衔接，从而忽略了现实问题本身的复杂性，导致教材不能很好地服务于教学安排。法理学的教学内容需要与现实问题、社会生活相联系，需要形而下地描述人类的行为逻辑与偏好，为规制人们的外部行为提供更为系统性的方法集合。法理学教学更应倡导使用与教义学相对的社科法学方法来提升法律解释力，在触及不太符合常规的疑难案件或社会问题时，可以提供一些外部启示。长远来看，部门法的发展更可能从这类教义学的研究中获益，这才是法理学还可能存在的根本原因——社会公用而不是理论圆融。②因此，与法理学课程相配套的教参和案例集的编写工作需要提上日程。

最后，在外部支持方面。建议加强学校"青年教师导师制"的实施力度，发挥老教师的"传、帮、带"作用，根据每位青年教师的具体情况，拟订培养计划，为他们聘任思想作风好、学术水平高、教学经验丰富的教师担任指导教师。笔者在首次教学过程中，就曾受益于学校和学院的这种"导师制"传统。此外，国内一流法学院校在疫情期间，已借助于信息技术和日趋成熟的线上授课软件，进行了不少跨院系的联合授课尝试，不仅收到了不错的反响，还增加了院校的知名度。鉴于此，建议学院大力开展对外交流，课程组教师积极参加国内外的学术交流，通过观摩、研讨、培训、联合授课等方式提升教研水平，增加新式授课的可能性。目前，其存在的不足主要是课程建设获得的客观支持条件有限，如教材建设和案例库建设方面缺乏专项经

①苏力.法律人参与公共讨论的一个尝试——评《理论法学的迷雾：以轰动案例为素材》[J].中国法律评论，2014（02）：201-203.

②桑本谦.理论法学的迷雾[M].北京：法律出版社，2015.

费支持，与课程建设有关的校外学习交流活动的经费不足，需要持续性引入后续经费渠道。

四、结语

本项目来源于中美合作办学的教学实践，同时又顺应了在美国法学界和法律院校中法律与社会科学的交叉研究已成主流，而国内社科法学的研究群体在未来将呈现持续增长的趋势。课程设计结合了美国和兄弟院校的课程设置经验，针对中美合作办学项目的课程特点和培养目标，对法理学课程融入更多社科法学元素进行了尝试性的探索，并向国外同类课程的水准看齐。法律和社会科学交叉研究在中国的发展时间和教义学相比较短，但势头强劲，是中国法学研究最有望形成具有国际影响力和学术贡献的研究路径之一。培养熟悉相关前沿理论知识并掌握新型研究方法的后备人才，既是实现该领域研究在中国持续发展的根本保障，也是全面提升中国法学教育品质的必然需求。另外，这也有赖于其他部门法对于社科方法的普及程度，试图让更多学生深入掌握交叉研究的最好办法是使其看到应用这些方法解决不同制度问题的可能。换句话说，只有不同科目的老师同步用不同部门法的制度实例讲解这些社科理论和方法，学生们才会了解这些方法本身的重要性。①

①沃德·法恩斯沃思.高手：解决法律问题的31种思维技巧[M].北京：法律出版社，2019.

对本科环境法学课程知识体系的思考

刘卫先

摘要 目前，不同学者主编或撰写的环境法学本科教材的知识体系和内容都不一致，这就给环境法本科教学实践带来了一定的困难。同时，在环境法学本科课程教学实践中，不同的学校，甚至是同一学校中不同的授课老师，对环境法学知识体系的理解和认识也存在差别，进而导致环境法学课程教学大纲的编撰和教学内容的选择存在随意性与碎片化的问题，不利于学生系统、完整地学习和掌握环境法知识。我国环境法学知识体系的既有理论方案都或多或少存在一定的问题。基于此，建议以环境损害作为环境法学理论体系的逻辑起点，以环境损害的类型化为依据，将环境法学知识体系的核心内容分为放累性环境损害应对法、取竭性环境损害应对法和扰乱性环境损害应对法三大模块，进而构建本科环境法学课程知识体系。

关键词 环境法 知识体系 放累性环境损害 取竭性环境损害 扰乱性环境损害

一、引言

从国内外现有的环境法学本科教材来看，各版本之间存在巨大的差异，不同学者主编或撰写的环境法学本科教材的知识体系和内容都不一致。例如，詹姆斯·萨尔兹曼和巴顿·汤普森两位美国学者撰写的《美国环境法（第四版）》将环境法学的内容分为"总论、污染、自然资源和环境影响报告"四个部分；交告尚史、臼杵知史、前田阳一和黑川哲志四位日本学者撰写的《日本环境法概论》ze将环境法的内容分为"自然保护、废弃物再利用、大气污染、原子能利用、环境法基本原则、环境保护主体、环境保全手段和环境纷争解决"八章内容。我国学者主编和撰写的环境法教材的内容也存在巨大差异。例如，韩德培主编的《环境保护法教程（第八版）》将环境法学的内容分为"总论、自然资源保护法、污染防治法、法律责任和国际环境法"五个部分；汪劲撰写的《环境法学（第四版）》虽然也将环境法的内容分为"总论、污染控制法、自然保护法、环境责任法和国际环境法"五个部分，但内容与韩德培主编的环境法教材的内容差异非常大。蔡守秋主编的《环境资源法教程》将环境法的内容分为"总论、污染防治法、自然资源法、生态建设法、环境责任法和国际环境法"六个部分；吕忠梅撰写的《环境法学》将环境法的内容分为"环境法基本范畴和中国环境法各论"两个部分；徐祥民主编的《环境与资源保护法学（第二版）》将环境法的内容分为"总论、环境事务法和环境手段法"三个部分。所有这些具有代表性的本科环境法教材，不仅在环境法学内容体系化方面存在差异，而且对一致认同的环境法内容模块的具体内容也存在理论分歧。例如，学者基本上都认为环境法总论中应当包括环境法的"基本原则"和"基本制度"模块，但是，环境法的基本原则究竟有哪些，环境法的基本制度又有哪些，不同的教材之间并没有一致的认识和表述。

　　这就给环境法本科教学实践带来了一定的困难，同时，在环境法学课程教学实践中，不同的学校，甚至是同一学校不同的授课老师，对环境法学知识体系的理解和认识也存在差别，进而导致环境法学课程教学大纲的编撰和教学内容的选择存在随意性与碎片化的问题，不利于学生系统、完整地学习和掌握环境法知识。具体到教师的教学内容体系，差异就更大了。授课教师不应该根据自己对环境法学知识体系内容的熟悉与不熟悉来拟订教学大纲和选择教学内容，这样不利于本科生对环境法学体系框架和基础知识的掌握。

二、我国环境法学知识体系化的现有方案及其不足

　　早在20世纪80年代，环境法的体系问题就已经成为我国环境法学界关注

的核心问题之一。①伴随着我国环境法治的发展，环境法的体系化，从早期的环境法体系建构②到近年来的环境法法典化③，一直都是我国环境法学者所关注的重要问题，环境法学者也在自觉与不自觉地研究和构建自己心目中理想的环境法学理论体系。综观我国环境法学者提出的环境法学体系建构的现有理论方案，具有代表性的观点主要有以下几种。

第一，两块论。即环境法学体系总体上可分为环境基本法和具体环境法，而具体环境法又可分为环境事务法和环境手段法，当然环境事务法和环境手段法还可以进一步分成若干子系统。④环境基本法实际上就是环境法总论或总则部分，除此之外，环境法体系的主要内容可以分为环境事务法和环境手段法两个支系统。还有部分两块论学者认为环境法体系除总论和国际环境法外，应由污染防治法和自然资源保护法两部分组成，其中自然资源保护法包括土地资源保护法、水资源保护与水土保持法、森林资源保护法、草原资源保护法、渔业资源保护法、矿产资源保护法、野生动植物资源保护法和特殊区域环境保护法。⑤

第二，三块论。即环境法学体系除总论和国际环境法外，主要包括污染控制法、自然保护法和环境责任法三部分；污染控制法除了包括我国现有的污染防治法内容外，还包括循环经济促进法和清洁生产促进法内容；自然保护法主要包括自然保护地法、野生动物保护法和自然资源法中的自然保护法内容；环境责任法主要包括环境损害救济法、环境公益诉讼法和环境犯罪制裁法。⑥也有三块论学者将前述"自然保护法"的内容改为"自然资源保护法"，将现有的自然资源保护相关法律、自然保护地法律、水土保持和防沙治沙法律及节约能源法、可再生能源法、保护城乡环境和农业环境的法律纳

---

①陈研明.全国环境法体系学术讨论会综述[J].武汉大学学报（社会科学版），1987（2）：124-125.

②曹叠云.我国环境保护法体系若干问题探讨[J].环境科学与技术，1986（2）：52-54+48.

③张梓太.论我国环境法法典化的基本路径与模式[J].现代法学，2008（4）：27-35.

④徐祥民，巩固.关于环境法体系问题的几点思考[J].法学论坛，2009，24（2）：21-28.

⑤金瑞林.环境法学[M].北京：北京大学出版社，2002.

⑥汪劲.环境法学（第四版）[M].北京：北京大学出版社，2018.

入其中。[①]

第三，四块论。即环境法学体系除总论和国际环境法外，主要包括污染防治法、自然资源法、生态保护法和环境责任法四部分内容，其中污染防治法包括现有的污染防治单行法，自然资源法包括水法、土地法、矿产资源法、森林法、草原法、海洋资源法和渔业法，生态保护法包括野生动物保护法、野生植物保护法、自然保护区法、自然遗迹与人文遗迹保护法、水土保持法、防沙治沙法、防洪法、抗震法、城乡规划建设法。[②]

第四，五块论。即环境法学体系除环境保护基本法外，主要包括综合性环境与资源保护法、污染防治法、自然资源保护法、自然保护法或生态保护法，应对不确定环境风险法五部分内容，其中综合性环境保护法包括环境影响评价法、循环经济促进法、清洁生产促进法、环境保护税法等，应对不确定环境风险法包括气候变化、生物多样性、核安全等法律。[③]有学者从编撰环境法典的视角出发，认为我国环境法体系除总则外还应包括污染防治法、自然资源法、生态保护法、区域自然人文环境养护法、环境资源综合管理与调控法五部分内容。[④]

第五，七块论。即环境法学体系除环境基本法外，还应包括环境污染防治法、自然资源保护法、生态保护法、资源循环利用法、能源与节能减排法、防灾减灾法、环境损害责任法七部分内容，其中环境影响评价法属于环境基本法内容。[⑤]

综观上述几种观点我们不难发现，我国环境法学者虽然对环境法学理论体系的构成仍然存在较大分歧，但也不乏一些基本共识，如各观点普遍认为环境基本法作为环境与资源保护共性法律制度和原则的规定，是环境法学理论体系中不可或缺的一个组成部分。并且，污染防治法和环境法律责任作为

①韩德培.环境保护法教程（第八版）[M].北京：法律出版社，2018.

②蔡守秋.环境资源法教程[M].高等教育出版社，北京：2004.

③李艳芳.论生态文明建设与环境法的独立部门法地位[J].清华法学，2018，12（5）：36-50.

④张梓太.论我国环境法法典化的基本路径与模式[J].现代法学，2008（4）：27-35.

⑤黄锡生，史玉成.中国环境法律体系的架构与完善[J].当代法学，2014，28（1）：120-128.

环境法体系的内容也为学界所普遍接受，只是不同观点对这两部分内容在环境法学体系中所处的位置存在不同认识，这种不同认识进而也影响环境法学体系的架构。此外，国际环境法被部分学者视为环境法学体系的一个独立组成部分，但由于国际环境法的独立性及环境法学体系主要是基于国内环境法而建构形成，尽管国际环境法可以作为环境法学知识的一部分内容，但不宜作为环境法体系的一个独立组成部分。

通过分析，我们也不难发现我国环境法学体系构建的各种既有理论方案都存在其自身的不足，概其要者如下。

第一，两块论中的环境事务法和环境手段法划分，表面上看没有逻辑问题，但是，环境事务法的内容是由各种环境手段构成的，如环境手段法中的环境许可、环境监测等都是污染防治法的核心内容，抽离了环境手段的环境事务法必将成为一个空壳，而离开了环境事务法的环境手段法也将失去归属与边界。同时，环境事务法所包括的环境污染防治法、自然资源保护法、生态保护法、环境退化防治法四个分支之间划分标准既不明确也不统一，具有与其他观点同样的不足。此外，两块论中的污染防治法和自然资源保护法的划分，实际上是我国传统环境法体系两分法的延续[1]，不仅无法涵盖全部的环境与资源保护法律法规，而且其划分标准也不甚明了。我国环境法学研究的传统一般都约定俗成地将环境法分为污染防治法和自然资源保护法两大部分，至于为何这样划分，则没有太多解释。一般认为，因为环境法的调整对象为污染防治关系和生态环境保护关系，进而决定环境法体系包括污染防治法和生态环境保护法（自然资源保护法）两个亚系统。[2]但这种解释难以让人信服，将环境法的调整对象分为污染防治关系和生态环境保护关系本身就具有不可靠性，而且将自然资源保护与生态环境保护做等同替换也不恰当。

第二，三块论中的污染防治法、自然保护法（或自然资源保护法）和环境责任法划分实际上等同于两块论，即把环境法体系分为污染防治法和自然

---

[1]金瑞林，汪劲.20世纪环境法学研究评述[M].北京：北京大学出版社，2003.

[2]金瑞林，汪劲.20世纪环境法学研究评述[M].北京：北京大学出版社，2003.

保护法（或自然资源保护法），因此该观点也具有两块论的缺陷，而且在不同的两块论学者眼里，自然保护法（或自然资源保护法）所含的内容也不一致，存在较大差异。

第三，四块论将环境法体系分为污染防治法、自然资源法和生态保护法三部分内容，将两块论中自然资源法的部分内容移出单独组成生态保护法，而这三块内容也被我国大多数环境法学者认为是我国环境法体系不可缺少的三个部分，如五块论和七块论的学者所主张的那样。但是，自然资源与生态的区分不甚明了，且自然资源保护措施和生态保护措施也具有一定的重叠性，所以部分三块论学者直接将自然资源保护和生态保护合并称为自然生态保护。

第四，五块论实际上是在四块论所主张的污染防治法、自然资源保护法和生态保护法三部分内容的基础上，加入了综合性环境与资源保护法和应对不确定环境风险法，或者加入了区域自然人文环境养护法和环境资源综合管理与调控法，从而构成环境法体系的五个主要部分。但是，前者的综合性环境与资源保护法内容与环境基本法（总则）的内容难以区分，应对不确定环境风险法的内容也与污染防治法、生态保护法的内容无法完全分开；后者的区域自然人文环境养护法与生态保护法的内容无法区分，环境资源综合管理与调控法和总则的内容也无法割裂。

第五，七块论是在污染防治法、自然资源保护法和生态保护法这三部分内容的基础上加上资源循环利用法、能源与节能减排法、防灾减灾法、环境损害责任法构成的，但这七个部分的划分标准不得而知，模糊不清。环境损害责任法与环境基本法难以区分，资源循环利用法和节能减排法与污染防治法、自然资源保护法的内容都有交叉，防灾减灾法并不纯粹是环境保护内容，其中有关环境保护的内容与生态保护法的内容难以区分。

所以，从表面上看，我国环境法学体系构建的各种理论方案之间的分歧主要集中于对具体环境保护法律如何进行类型化，进而应当将其分成几个组成部分。但这种分歧的更深层次的原因在于，目前学界对环境法本质的认识模糊不清，而且对具体环境保护法律类型化的标准不统一。对环境法本质的认识直接影响人们对环境法范围的划定，也影响人们采取何种标准对划入环境法范围的相关法律进行分类。例如，绝大多数学者都将自然资源法划入环境法，但也有少数学者认为只有自然资源法中的关于自然资源保护的规定才属于环境法，其他内容不属于环境法；有学者将城乡规划法、农业法划入环境法，也有学者将防洪法、抗震法划入环境法，但大多数学者不这样认为；有学者认为循环经济促进法和清洁生产促进法属于污染防治法，也有学者认为其属于综合性环境保护法或另一个独立的组成部分；有学者认为节约能源、生物多样性保护属于自然资源保护法，也有学者认为其属于应对不确定环境风险法或者另外成立一个独立组成部分。环境法作为一个新兴的部门法，仍处于不断发展的过程中，随着环境问题暴露得越来越清楚全面，应对和解决新型环境问题的法律法规也会增加，人们对环境法的认识也会越来越接近其本质，所以，对我国环境法体系的建构既要立足于环境法的本质，涵盖现有的环境法律法规，也要具有超前意识和预见能力，为国家环境立法规划提供指导[①]，并且要采取合适的标准将环境法律法规进行类型化，最终实现体系化的目标。

三、完善我国环境法学知识体系的思路

经过几十年的发展，我国环境法已经形成了以宪法规范为核心，以综合性环境保护法和环境单行法为主体，以环境标准、行政法规、部门规章、地方性法规为补充的立法体系，进而形成了应对环境问题的众多法律规范和制度集群。在此基础上构建我国环境法的理论体系，主要任务是对我国现行的环境法律规范进行类型化重整，既要为现有的环境问题所对应的法律规范在该理论体系中"安排"合适的位置，也要为将来可能出现的环境问题及其对应的法律制度在该体系中"预留"适当的位置。笔者建议从环境问题入手，通过环境问题的类型化将环境法的理论体系分为若干分支体系，进而实现环境法学理论体系的构建。环境法作为环境问题应对之法，其理论体系也是由

---

① 金瑞林.环境法学[M].北京：北京大学出版社，2002.

应对环境问题的法律规范构成。因此，环境法律规范的类型化应当从环境问题本身的类型化入手。

由于环境问题是一种具象的事实，形态多样，千差万别，无法在法律上对其进行精确地把握。因此，在对环境问题进行类型化之前，必须对其做进一步抽象的本质性认识，使其成为一个具有涵摄性的抽象法律概念。环境法学者认为环境问题主要是人为活动引起的次生环境问题，并将其分为环境污染和环境破坏，但其本质就是环境品质或功能发生了不能满足人的利用需要的不利变化，即"环境损害"。①所以，环境损害可以成为环境法所应对之环境问题的本质概括，环境法实际上就是应对环境损害之法。基于分类标准的一致性和类型化逻辑的周延性，根据原因行为的性质，可以将环境损害分为放累性环境损害、取竭性环境损害和扰乱性环境损害。与环境损害的类型相对应，环境法的外部体系可以分为三部分，即放累性环境损害防治法、取竭性环境损害防治法和扰乱性环境损害防治法。

1.放累性环境损害防治法

放累性环境损害是指因人为排放某种物质或能量，致使环境品质恶化，环境服务功能下降，不能满足人之利用需要的一种环境状态。认定放累性环境损害的关键在于该环境损害是由人的排放行为所致，一般情况下是由人为排放的物质经过环境累积而造成损害后果，也可以是不经累积而造成损害后果。放累性环境损害防治法就是应对和解决放累性环境损害的环境法律规范的集合。因为环境污染和地球表面气温的升高属于典型的放累性环境损害，所以，我国目前已经存在的污染防治法和将来可能制定的应对气候变化法应当纳入放累性环境损害应对法的范围。将应对气候变化法纳入放累性环境损害防治法支系统不仅体现了地球表面气温升高的放累性本质，而且避免了污染防治法在温室气体排放控制方面的尴尬处境②，可以发挥对温室气体进行控制的法律制度体系优势，有利于我国碳达峰碳

①徐祥民，刘卫先.环境损害：环境法学的逻辑起点[J]. 现代法学，2010，32（4）：41-49.
②在现实中，由于二氧化碳等温室气体不属于有害气体，进而不被视为大气污染物质，自然也就不属于《大气污染防治法》的控制对象。

中和目标的实现。此外，《循环经济促进法》和《清洁生产促进法》主要是通过循环利用和清洁生产减少向环境排放无用物质，减轻环境负担，实际上也属于控制放累行为、预防放累后果的措施，也应当纳入放累性环境损害防治法的范围。目前，放累性环境损害防治法支系统研究的主要任务应当包括两个方面：一是对我国现有的相关法律法规进行梳理、总结、概括，归纳其共性，完善各具体领域的规定，形成层次分明、逻辑合理的规范体系，实现污染防治法、应对气候变化法、清洁生产促进法及循环经济促进法之间的有效衔接；二是从放累性环境损害防治法的体系性出发，设计应对气候变化的特殊制度和规则体系，填补应对气候变化的相关法律的空白。

2.取竭性环境损害防治法

取竭性环境损害是指因人的过度索取而导致利用对象的损害乃至枯竭，进而无法满足人的可持续利用需求。与放累性环境损害的原因行为相反，取竭性环境损害是因人们将自然要素据为己有、过度索取，最终导致索取对象的枯竭，是"因取致竭"的环境损害。在现实中，人们索取的对象一般都是对人有用、可以转化成财富的自然要素，也即自然资源。因此，取竭性环境损害的现实表现就是自然资源破坏乃至枯竭问题，该问题也是我国环境法学者一致认为需要进行法律控制的环境问题。取竭性环境损害防治法支系统就是应对取竭性环境损害之法律规范的集合，一方面通过限制人的索取行为，另一方面通过养护作为索取对象的自然资源，同时寻找可替代物质，以实现索取对象的可持续利用。目前，我国已经有《土地管理法》《森林法》《草原法》《水法》《矿产资源法》《野生动物保护法》《野生植物保护条例》《海域使用管理法》《渔业法》《海岛保护法》等自然资源单行法，但这些法律并非都是自然资源保护法，因此，不能将我国现行的自然资源单行法直接全部纳入取竭性环境损害防治法支系统，而应当将其中旨在实现自然资源可持续利用的法律规范纳入取竭性环境损害防治法支系统，主要包括三种类型的法律规范：一是直接对人的开发利用行为进行限制性规制的法律规范；二是直接对作为开发利用对象的自然资源进行保护、养护、修复，以增强其供给能力的法律规范；三是为前述两种行为提供辅助性支持的法律规范，如调查、统计、监测、鼓励相关研究等。

此外，能源也属于自然资源的一种，能源的短缺与枯竭也属于人类社会需要应对和解决的重要环境问题。但是，与自然资源单行法一样，我国目前的能源单行法，如《煤炭法》《电力法》《可再生能源法》《节约能源法》等，其内容并不都是为了实现能源的可持续利用。因此，现行能源单行法中有关能源节约利用的法律规范和促进可再生能源开发利用的法律规范应当被纳入取竭性环境损害防治法支系统，以实现能源的可持续性，应对和解决能源短缺乃至枯竭问题。

目前，取竭性环境损害防治法支系统研究的主要任务在于对我国现行自然资源和能源领域之单行法律法规的相关法律规范进行提取、归纳、整合，构建更高层次的类型化法律制度，实现对取竭性环境损害应对法律规范的系统化整合。

3.扰乱性环境损害防治法

扰乱性环境损害是指因排放和索取以外的开发利用行为导致的环境损害，换言之，扰乱性环境损害既不是排放而累积的后果，也不是索取而枯竭的对象，而是人为扰乱活动的后果。这里的人为扰乱活动可以将排放行为排除在外，但应当包括索取行为，即索取行为既可以造成索取对象的枯竭，也可能同时扰乱索取对象之外的生态环境。因此，取竭性环境损害和扰乱性环境损害具有一定的关联性，可以由同一索取行为所致。尽管如此，二者的区别还是很明显的。导致取竭性环境损害的索取行为损害的是索取对象，后果是对索取对象过度利用乃至使其枯竭；而导致扰乱性环境损害的索取行为侵扰的对象不是索取对象，而是索取对象之外的生态环境，其后果是造成索取对象之外的生态环境的功能紊乱。例如，捕鱼行为是一种典型的索取行为，其所造成的取竭性环境损害为渔业资源的枯竭，但其所造成的扰乱性环境损害为水生态系统紊乱；采伐林木是一种典型的索取行为，其所造成的取竭性环境损害是森林资源的减少乃至枯竭，但其所造成的扰乱性环境损害可能是水土流失和土地荒漠化。此外，扰乱性环境损害除了可以由索取行为导致外，还可以由大量的非索取性开发利用行为所致。在现实中，比较常见的扰乱性环境损害有土地沙漠化、水土流失、原生自然环境的退化、海洋自然岸线的退化等。所以，扰乱性环境损害是与放累性环境损害、取竭性环境损害并列的第三种类型的环境损害。

扰乱性环境损害防治法是由应对扰乱性环境损害之法律规范组成的集合体。目前，我国应对扰乱性环境损害的单行法律法规主要集中在土地沙漠化防治、水土流失防治、外来物种入侵防治和原生自然生态系统的维护等领域，如《防沙治沙法》《水土保持法》《外来物种管理条例》《自然保护区条例》及正在制定中的《国家公园法》和《自然保护地法》等。另外，随着新的扰乱性环境损害的进一步暴露，将来还可能制定新的规范性法律文件来应对。因此，扰乱性环境损害防治法支系统应当将这些规范性法律文件进行整合，归纳和提炼其共性，充实和完善应对各种具体之扰乱性环境损害的特殊性制度规范。

法律史教学中的域外游记

颜丽媛

摘要 域外游记是晚清中国人记述海外旅行活动的一种主要文学体裁，包括日记、诗歌等形式。近代早期出国的晚清中国知识分子通过游记记录欧洲各国、美国、日本等地的风土人情，其中涉及相关法律制度、思想、文化等内容。根据不同法学部门兼顾游历区域，域外游记大致可分为关涉出使人员的游记、五大臣考察日记、游学日本的纪行三个主题，这些既是法律史的研究对象，也是法律史的教学素材。

关键词 域外游记 宪政改革 出洋考察

晚清国人域外游记作为跨文化的旅行文学本身即具有现代性、流动性及全球性的特征。关于晚清国人域外游记的整理工作也已初具规模，最具代表性的是19世纪90年代王锡祺所编纂的《小方壶斋舆地丛钞》，20世纪80年代钟叔河主编的《走向世界丛书》，南开大学中国社会史研究中心2016年出版的《近代域外游记丛刊》，上海古籍出版社先后于2002年、2004年专门出版的日本游记系列《晚清东游日记汇编》等共计上百种域外游记。晚清中国域外游记的书写主体有中央政府派出的出使大臣、驻外使领、公费留学生等群体，也有地方政府资助的中层官员、开明士绅等人物，更有自费筹款出国的流亡知识分子、青年学生，他们所撰写的书籍系统呈现了洋务派、维新派、革命派等主流派别的观点。近代早期中国知识分子在上述域外游记中阐发的有关公法外交、预备立宪、法律改革等内容评述既是法律史的研究对象，也是法律史的教学素材。

一、公法外交：出使人员的游记

近代中国早期特别使节团、驻外使领等出使人员游历考察西方国家的主要目的是筹办夷务或者洋务以开展外交活动。晚清时中国开始区分"有约国"与"无约国"，凡是与中国缔结条约的国家被称为"有约国"，而没有与中国建立条约外交关系的国家被称为"无约国"。由于缔约国之间由于存在条约关系，在诸多外交事务上需要依据"万国公法"（国际法）行事。为了更好地运用国际法开展"公法外交"①，中国开启了实地深入学习欧洲各国、美国等"有约国"法政状况的历程。与之相对应，域外游记也生动呈现了与中国较早建立条约外交关系的国家的法政状况。

清政府在光绪元年正式派出驻外使领之前，在"同治中兴"时期曾有过三次主要的外交使团活动，即1866年的斌椿使团、1868年的蒲安臣使团、1870年的崇厚使团。使团成员最早用游记形式记录了出使欧洲各国、美国及沿途各国家地区法政状况。最具代表性的是以同文馆学生身份参加斌椿使团、作为翻译加入蒲安臣使团、后又跟随崇厚出使的张德彝②的《航海述奇》《航海再述奇》《三述奇/随使法国记》及官员志刚的《初使泰西记》。

同治时期是中外由战争转入和平的关键时期，清政府甚至联合英法等国镇压了太平天国运动。英美两国还热心帮助晚清中国使团出使他国，1866年的斌椿使团由当时担任大清海关总税务司的英国人赫德（1911）陪同，1868年的蒲安臣使团任命美国即将卸任的驻华大使蒲安臣为大清办理各国中外交涉事务大臣。此时整个欧洲处于"形成于19世纪初拿破仑一世战败、终结于20世纪初第一次世界大战"的维也纳体系中。德国、英国、法国、俄国四国作为欧洲强国，分别实行的实权君主、虚位君主、共和制及沙皇制度给当时

---

① 林学忠.从万国公法到公法外交：晚清国际法的传入、诠释与应用[M].上海：上海古籍出版社，2009.

② 张德彝（1847—1919）共有八部海外游记：《航海述奇》（1866）、《再述奇/欧美环游记》（1868）、《三述奇/随使法国记》（1870—1872）、《四述奇/随使英俄记》（1876）、《五述奇/随使德国记》（1887—1890）、《六述奇/再使英伦记》（1896–1900）、《七述奇》（1901）、《八述奇/使殴回忆录》（1902—1906）。

游历考察欧洲的中国出使人员留下了深刻的印象。

随后，总理各国事务衙门（总理衙门/总署）派出的驻外使领成为考察书写所在国家及地区的法政状况以开展外交的主要群体。1901年清政府改总理各国事务衙门为外务部（1912年改为外交部），班列六部之首，专门处理一切对外交涉事务，继续对外派驻使领馆工作人员。光绪元年以来的驻外使领群体对于近代中国的法律变革发挥了重要作用①，他们留下了一批游记（日记），内容翔实、真切，准确反映了当时中国政治精英在内忧外患的情况下重新认识中国、发现世界的心路历程。例如，著名的驻外使节郭嵩焘的《伦敦与巴黎日记/使西纪程》（1877），薛福成的《出使四国日记》（1890），曾纪泽的《使西日记/出使英法德俄国日记》（1897），等等。

与官方游记相呼应，戊戌失败后流亡海外的康有为、梁启超及留学生、外交使节夫人等人物留下了内容丰富的私人游记。例如，维新派领袖康有为的《欧洲十一国游记》（1904—1907），为保皇党筹款而游历美国的梁启超的《新大陆游记》（1903），首位留学美国耶鲁大学的中国人容闳的《西学东渐记》，中国首部女性出国游记《癸卯旅行记》，等等。这些游记内容涉及晚清中国的国际法地位，也讨论了海外留学生、华工、华商及华人的条约保护。

二、预备立宪：五大臣考察日记

如果说同治年间中国的外交使团与早期的驻外使领关注的是如何在国际法层面上与"有约国"交往的问题，那么在经历了1895年《马关条约》、1900年《辛丑条约》及1905年日俄战争之后，清政府开始关注宪政问题，内忧外患的清政府认为宪政或者预备立宪是打开时局的一把钥匙。1905年清政府派出由五位大臣组成的专门考察各国宪政的政治考察团，史称"五大臣出洋考察"。最终出使的五大臣是镇国公载泽、户部侍郎戴鸿慈、湖南巡抚端方、

---

①祖金玉. 走向世界的宝贵创获：驻外使节与晚清社会变革研究[M]. 天津：南开大学出版社，2012.

山东布政使尚其亨、顺天府丞李盛铎，他们历时半年出使欧洲各国、美国、日本等国家。载泽的《考察政治日记》（1906）、戴鸿慈的《出使九国日记》（1905）等著作专门评述各国的法政状况。

随着出洋考察人员的回归，清末主要的宪法性文件也逐步成形。这些宪法性文件主要包括：光绪三十四年八月初一日颁布的《钦定宪法大纲》及《九年预备立宪逐年筹备事宜清单》；宣统三年九月十三日颁布的《宪法重大信条十九条》。与此同时，流亡欧洲的维新派领袖康有为在《欧洲十一国游记/列国游记》一书中坚持君主立宪的主张，与革命派主张的总统共和制展开论战，极力推崇德国的强权君主制度。①但是，对于清政府而言，英国宪政不切实际，不能仿效，因为它是建立在传统基础上而没有把一切集编成典；德国（普鲁士）的宪法虽已集编成典，但仅在帝国议会审核通过后便施行，是强加于皇帝的；只有日本的宪法，既已清清楚楚地集编成典，又绝不侵犯皇室特权。经过一再比较，清政府最终仿效日本宪法的形式建立君主立宪制国家，以明治宪法为蓝本制定《钦定宪法大纲》（1908）。

整体而言，洋务派以中体西用为原则，注重工业、兵器、军备等西方器物、科技层面上的物质文化考察。随着甲午战争的失败，洋务运动宣告破产，后从中派生出的改良派开始聚焦于西方列强背后的制度、思想方面的考察。与此相对应，维新派希望能够将中国由帝制变为君主立宪。20世纪初洋务派、改良派、维新派在立宪问题上达成一致，进而又形成了立宪派。就近代早期中国的整个时代背景而言，中国走向世界最主要的目的是在积极开展全方位外交活动的同时，寻求救国图强的良方。这良方落实到清朝最后十年就是要"预备立宪""变法修律"，最终实现民主法治、自由平等。

三、法律改革：游学日本的纪行

关于日本明治维新后的法政改革成果，清政府在甲午战争爆发之前与之后的态度截然不同。实地考察日本的中国人由于各自的政治立场不同所接触

---

①章永乐.万国竞争：康有为与维也纳体系的衰变[M].北京：商务印书馆，2017.

的日本人阶层不同，在游记中呈现出更加丰富的论说。甲午战争之后，更多的中国青年学生来到日本留学，为深入了解日本的法政改革及晚清中国人评介日本法政改革的态度演变提供了绝佳视角。

日本在汉唐时期与中国交往最为紧密，也曾是明朝的属国，清朝虽然继承了明朝的朝贡体系及其属国，但日本却是一个例外。当时的日本已经开始实行锁国政策，与清朝并没有建立朝贡关系。明治时期的日本开放海禁后开始与清朝交流，并通过国际法与中国建立了条约外交。1871年9月13日即同治十年七月二十九、明治四年七月二十九日，中日签订了《修好条规》与《通商章程：海关税则》，正式建交并互派使臣。中国第一位外驻日本的公使何如璋著有《使东述略》（1870—1880），随何如璋一同出访并后来继任公使的黄遵宪著有《日本杂事诗》（1881）与《日本国志》（1887），这两本书更是影响深远。

甲午战争之前中国人游历日本的游记主要包括罗森的《日本日记》（1854）、李筱圃的《日本游记》（1880）、傅云龙的《游历日本馀纪》（1887）、顾厚焜的《日本新政考》（1887）、黄庆澄的《东游日记》（1893）。这些游记对于日本明治维新后的一些法政改革大都还持有观望、保留与怀疑的态度。甲午战争之后中国游历日本的游记[①]主要包括但焘的《海外丛稿》（1902）、金保福的《扶桑考察笔记》（1904）、段献增的《三岛雪鸿》（《东邻观政日记摘录稿》）（1905）、刘瑞璘的《东游考政录》（1905）、涂福田的《东瀛见知录》（1906）、王仪通的《调查日本裁判监狱报告书》（1906）、熙桢的《调查东瀛监狱记》（1906）、舒鸿仪的《东瀛警察笔记》（1906）、雷廷寿的《日本警察调查提纲》（1906）、赵咏清的《东游纪略》（1907）、刘庭春等的《日本各政治机关参观详记》（1907）、刘梫的《蛉洲游记》（1908）、王三让的《游东日记》（1908），贺纶夔的《钝斋东游日记》（1909）。这些游记更注重法政方面的考察，对于日本明治维新的成就予以充分肯定。

---

① 王宝平. 晚清东游日记汇编·日本政法考察记[M]. 上海：上海古籍出版社，2002.

晚清的法律改革与日本法学家有着密切的联系。①日本法学家冈田朝太郎从1906年到1915年在中国任修订法律馆顾问，京师法律学堂的总教习，京师大学堂、京师法政学堂的刑法教授，帮助清政府制定刑法草案。冈田草案曾引起激烈争论，到1911年1月颁布时已经被修正了五次。但是，1912年后冈田朝太郎的《大清刑律》（新刑律）的主体，仍保留在中华民国时期的刑法中。日本法学家松冈义正在1906年来到中国，帮助筹备现代民法，其指导编纂的《大清民律草案》于1910年完成。该部草案依据西方法律理论及日本、德国的民法，某些部分忽略了中国社会的传统、习俗及过去的法律。清政府还聘请日本法学家志田钾太郎参与中国现代商法的修撰，志田钾太郎的《商律草案》被认为是一切后来编纂者不可忽视的参考资料。这些日本法学家在法学相关专业领域的著述也被大量翻译为中文并广为流传。

清末中国借鉴日本法律进行了轰轰烈烈的变法修律改革，后由于辛亥革命而停止，相应地，出游日本考察法政改革的高潮也渐渐恢复平静。但是，这些改革成果及历史经验在中华民国的法律变革中仍然发挥着重要作用。

四、余论：中西之外的全球法史

除欧洲各国、美国及日本之外，晚清中国人也开始游历东南亚（下南洋），探访巴西、墨西哥、古巴、巴拿马等新兴拉丁美洲国家，研究俄土战争中的中亚地区等。晚清中国人已经在西方中心地带之外，警惕中国彻底沦为列强殖民地的危机，积极了解相关国家的独立改革运动。晚清时中国与新兴拉丁美洲国家建立了平等的条约关系，制定了《大清国籍条例》（1908），更有力地保护了在外华人的各项权益。

域外游记的重要意义不反在于借游记了解世界各国真实的法政状况，还在于考察晚清中国人初次面对世界各国异于中国的法政状况时的自主反应。这种自主反应可以帮助我们设身处地地理解晚清中国并起到见微知著的作用。知识精英在域外游历中自主寻找他们认为对中国的发展有借鉴、指导意

---

①任达.新政革命与日本—中国，1898–1912[M].李仲贤，译.南京：江苏人民出版社，1998.

义的法学知识并将其本土化实践。这些涉及法律知识的游记文本可以在法律与文学的跨学科研究背景下作为法律史教学的重要素材使用。

第三章
中外法课程案例式教学实践探析

智能时代刑事诉讼法学案例
教学革新研究

潘　侠　程晓敏

摘要　案例教学在法学教学中必不可少，我国法学案例教学已有探索但仍有不足，致使案例教学的价值难以彰显。智能时代，法学教育与"互联网+"等信息资源相结合，必将对案例教学产生深刻影响。我们有必要顺应时代发展，重塑案例教学的教学思想，运用大数据筛选典型案例，借助"翻转课堂"、智慧平台等打造"沉浸式"案例教学课堂体验等方面探索刑事诉讼法学案例教学的新路径。

关键词　案例教学　智能时代　法学教育

一、引言

我国教育部将案例教学定义为"以学生为中心，以案例为基础，通过呈现案例情境，将理论与实践紧密结合，引导学生发现问题、分析问题、解决问题，从而掌握理论、形成观点、提高能力的一种教学方式"。2015年中央全面深化改革领导小组在《关于完善国家统一法律职业资格制度的意见》中明确提出，要"着重考查法治思维和法治能力，以案例分析等检验考生在法律适用和事实认定方面的法治实践水平"。2018年《关于坚持德法兼修实施卓越法治人才教育培养计划2.0的意见》同样要求"强化法学实践教育，做强一流法学专业"。法学案例教学最大的优点在于能够培养学生的批判性思维和创造性思维，提高法学生的法律职业能力。然而，目前案例教学在刑事诉讼法学课程中的运用情况并不如人意。在我国的刑事诉讼法学教育中，案例教学并未提炼出固定的可复制的模式，一度出现了将"举例解释"与"案例教学"相混淆的现象，以致它的存在变得可有可无。因此，有必要明晰案例教学在刑事诉讼法学教学中的定位，协调好理论教学与案例教学的关系，在此基础上探寻案例教学在刑事诉讼法学教育中的革新路径。

二、案例教学在刑事诉讼学法学教学中的重要价值

案例教学运用一定的分析原理，通过对典型案例进行分析从而启发学生思维，将抽象的法律原理转化为具体的法律知识，能够有效帮助学生正确理解法律规则的运用。[①]在刑事诉讼法学的教学过程中，一项重要的教学任务就是教授学生在司法实践中如何进行程序操作。刑事诉讼法学的学习看似简单，但如果不接触具体案例就无法产生直观的认识，只有借助对典型案例的分析和讨论，才能对刑事诉讼的程序设置和行为规范有更深刻具体的理解和把握。

（一）案例教学适用于刑事诉讼法学习的必要性

第一，刑事诉讼法属程序法一类，相对于实体法来说应用性更强。在刑事诉讼法教学中融入案例教学，不仅有利于学生更好地了解其程序价值，更能帮助学生建立一套完整的逻辑思维方法。在我国，程序法的定义是，"程序法是规定保证实体权利与义务、职责与职权得以实现的方式和手段的法律"。这表明了刑事诉讼法具有很强的实践性，在学习刑事诉讼法的过程中，学生需要投入更多的精力学习刑事诉讼法的法律法规如何应用。由于案例教学的素材来源于真实案例，这些既具有真实性又具有操作性的案例，可以帮助学生在讨论案例的过程中，了解刑事诉讼法的具体规定如何适用，理解其程序价值，也可以使学生建立完整的逻辑思维方法。

第二，法律职业资格考试考查的内容越来越以案例为主。在法学教育中，运用案例教学的方式更符合法考考查内容的导向。此外，案例教学教学

[①]刘作凌.高校本科法学课程案例教学的思考与运用——以"刑事诉讼法"课程为例[J].当代教育理论与实践，2021，13（3）：73-77.

也能帮助学生提升法律职业能力，增强其实践能力，为今后成为合格的法律职业者奠定基础。针对我校中外合作办学项目的学生来说，不管未来选择在国内考研还是出国攻读硕士，法考都是必过的一关。在《关于完善国家统一法律职业资格考试制度的意见》中我们可以明确看到，法考将以案例形式的考查为主。将案例教学融入日常课堂教学中，可以提高学生分析案例的能力，提前适应法考的考查方式，更加从容地应对法考。

第三，在刑事诉讼法相关理念的发展过程中，程序正义和刑事一体化都要求培养实体法和程序法并重的法学人才，这就对法学教育与案例教学相融合提出了更高的要求。随着程序正义理念的不断发展，现代司法越来越将程序正义同实体正义放在相同的地位上。在办理具体案件时，法律工作者需要同时具备实体法知识及程序法知识，这就使得传统的"填鸭式"教学不再适应现状。在案例教学中，一个案例往往存在许多个争议点，需要同时运用实体法和程序法来解决，这就使得学生可以同时重视实体法和程序法的学习，使其知识体系更加全面系统，促进其程序法和实体法的思维、理念能够有机融合，成为符合现代司法实践要求的法学人才。

（二）智能时代案例教学相较于传统教学的核心优势

在倡导培养应用型、复合型人才的大背景下，法学教育不仅要传授知识，还要担负起培养掌握各种法律技能、胜任实际法律工作的"法律人"的重任。因此，在当前的法学教育中，"实践性"和"应用性"都不可忽视。

首先，案例教学相较于传统的教学方式来说，更能贴近生活实际，并且在与大数据结合之后，能大大减轻教师筛选案例和追踪最新法律规范的负担。在刑事诉讼法的教学中，运用大量的案例进行教学是培养建立学生法律思维、使学生在学习中"知其然又知其所以然"的重要方式。在传统的刑事诉讼法教学中，教师往往需要花费大量的时间查找合适的案例并提炼其中的核心问题。事实上，在实际教学中，如此寻找的案例往往零散而脱离实际，同时，教师还需要时常追踪新的法律法规。而在智能时代，大数据为此提供了新的可能性。运用大数据建立相关案例库并对海量案例进行精准定位和筛选、通过大数据实时跟进最新的案例及相关法律法规的变化，使教师有更多时间和精力去提炼案例中的核心问题，而不是对案例进行整理及更新法律法规。

其次，相较于传统教学模式，智能时代下的案例教学使学生能够全身心地接触真实案例，将自身所学的理论知识在真实案件中充分运用，以提高实践能力。在传统教学模式中，由于班级人数众多及课程时间不够，教师运用案例进行教学往往只停留在叙述案例的层面，使学生只了解到案例的表面，并未真正理解案例的前因后果，也不知道应用何种程序及如何使用证据等深层次内容。长此以往，学生并不能全面参与案例教学，教师也无法真正发挥案例教学的作用。而在智能时代，学生可以在互联网平台进行实时讨论，也可以组成团队进行角色扮演，从案例的证据入手，使用自身所学的理论知识，完整地演绎解决案件的过程。这不仅有利于教师开展个性化教学，还能加强学生的实践能力，使学生成为课堂的主人。

再次，对于法学人才的培养，不能仅仅停留在理论知识的学习上，更要在真实的案件中使其感受公平正义的理念。根据《关于坚持德法兼修实施卓越法治人才教育培养计划2.0的意见》，现代法学教育不仅要培养具备扎实专业知识的法律人才，更要培养德法兼修的法治人才。由于传统教学模式中存在诸多缺陷，学生无法真正融入案例去体会当事人、法官、律师、检察官在办理案件中的立场及观点。运用智慧平台，学生可以通过角色扮演，接触法律事务的真实场景，了解案件相关人员在具体案件中的立场，体会法律的公平正义在现实生活中的体现。理解一个正确的判决给社会带来的积极影响以及一个有失公允的判决给社会带来的消极影响，进一步了解相关人员在案件中应该如何遵守职业操守，从而在潜移默化中培养法治精神，担负起法律人对社会的责任。

三、当前我国在智能时代实施案例教学的探索与困境

（一）智能时代下案例教学法的初步探索

2020年由于新型冠状病毒肺炎疫情暴发，使得网络远程教学迅速崛起，很多高校开始建立自己的网络远程教学平台，例如，清华大学建立了"学堂

在线"平台，吸引了许多同学参与；上海交通大学设置了"好大学在线"教学平台；大量的实用化产品如腾讯会议、学习通、雨课堂等都投入使用。这些教学平台对传统的教学方式产生了强烈的冲击。"互联网+"的教学方式运用于法学案例教学的最明显之处在于，教师可以通过网络视频案例的方式引导学生学习，具体做法主要有通过中国裁判文书网、北大法宝等媒介资源查找案例；在理论教学的过程中，穿插庭审直播片段或者真实案例，辅助学生理解相关的法律法规。这种新模式大大改变了传统教学枯燥的状况，学生也乐于谈论相关案例，使得整体教学质量有了很大的提高。

除此之外，许多法学院校将案例教学改革的重点放到了法学实践教学中，目前许多国内知名的法学院校都建立了网上实践教学平台，并且各具特色。例如，中南财经大学建立了角色模拟实验平台，其特色在于为学生提供了作为法律人可能从事的法律实务的全方位的实验空间，包括立法、执法、诉讼、非诉四个模块。立法模块主要是针对宪法修改和法律法规的修订；执法模块包括行政行为的主要环节，如处罚、许可、复议等；诉讼模块则包含民事、刑事、行政三大诉讼领域；非诉模块有针对律师函、法律意见书、合同的练习。学生通过在线角色的体验，接触法律实务案例，锻炼各种实践能力。①再如北京大学与中国政法大学对传统的实践课程进行整合，形成了环环相扣的线上虚拟实践教学平台，平台可以将学生随机分组进行"云互动"，学生分别以律师、当事人、法官、检察官等角色进行提问、谈判、辩论、开庭等，学生之间还可以互换角色，体验不同的职业定位和特点。这种"云互动"模式培养了学生倾听、询问、思考、演说等能力，在课堂中，其他老师和学生也可以进入"云互动"进行参与，在课程结束后做出评价。很多情况下，学生对自己的问题不自知，老师和其他同学的课后评价，也能帮助学生检视自己的不足并不断改进。还有一些高校建立了实践课程APP，可以在手机客户端进行操作，方便高效。这些实践平台都可以帮助学生在真实案例中

---

① 冯瑞琳，王至宇，周子璇."互联网+"高校法学实践教学平台的建设与应用[J].河北工程大学学报（社会科学版），2021，38（4）：117-122.

体验法律人的执业过程，有利于学生相互促进、自我成长。

（二）当前高校案例教学的探索实践剖析

1.课堂仍以传统教学模式为主，"举例解释"等同于"案例教学"的情况较普遍

在现代网络远程教学迅速发展的今天，许多法学院校虽然建立了专属的互联网授课平台，但还是难以摆脱以"教师为中心"的传统教学模式；虽然实现了法学教育与智能平台的结合，但是还是难逃"老师讲，学生听"的困境。同时，这种传统教学模式指导下的案例教学大多也呈现出教师讲述案例、分析案例，学生听案例的现象，这无疑是将"案例教学"等同于"举例解释"。在这类课堂中，教师使用的案例素材是真实案件还是虚构出来的，对学生的学习效果来说都毫无差别。学生并没有从案例出发，一步步体会如何利用证据、采用何种程序，也没有机会相关法律工作者的立场及观点。课堂并没有实现从传统教学模式到案例教学模式的华丽转身，案例教学也就沦为了传统教学模式改革的粉饰。

2.教学团队的积极性不足

在传统的教学模式中，教师需要做到的是在课前积极备课，课堂上向学生讲授理论知识，并进行课后考核。但是，目前许多高校已经将法学教育的重点转向法学实践教学，这就对高校法学教师提出了更高的要求，例如，运用角色模拟实验平台进行教学，教师不仅需要筛选案例、追踪最新的相关法律法规，花费大量的时间和精力去提炼案例中的核心问题，还需要在课前为学生分配角色和任务，并且为了能达到更好的教学效果，教师还需要联系其他班的老师和学生对"云课堂"进行观摩，并进行课后评价。此外，教师还要协调理论教学与案例教学的讲授，使其能相互衔接，这些都需要教师在课下做大量的工作。不仅如此，许多教师因习惯于传统的教学模式，对于使用新兴的互联网平台教学存在为难情绪，加之平台操作较为复杂，需要对教师进行课下演示及培训。这些问题都使得教师团队对案例教学的积极性不高，重视程度低。除此之外，运用新兴的智能科技进行教学对于教师是一种挑战，由于很多法学专业教师的计算机水平和知识水平有限，无法很好地将法

学知识与互联网技术相融合，这就使得整个教学缺乏一定的合理性，甚至还会出现反作用。

3.课时不足导致理论教学与案例教学无法并行

各大高校网上实践教学平台的建立主要是针对案例实践教学的改革，但是正所谓"理论是实践的基础，实践是理论的来源"，理论知识教授也是同样不可忽视的。学生在虚拟平台中，可以全方位地体验民事、刑事、行政诉讼的全过程，甚至也能对律师函、合同的订立等不涉及诉讼过程的模块进行全面练习。然而，虚拟仿真实践教学更需要扎实的理论知识来进行。刑事诉讼法的教学内容中，不仅包括大量的法律原则和复杂的程序，还有许多特别程序。对于只需要学习中国法的学生来说，现有的课时只够学完刑事诉讼法的相关理论，如果在理论教学中再穿插虚拟实践平台的体验，不仅会使理论教学的时间紧张，学生也没有足够的时间全面理解理论知识，也会使案例实践教学过于仓促，无法真正体现效果。对于中外合作办学的学生来说，同时学习中国法和美国法，课时更加紧张，如何在有限的课时中协调理论教学与案例教学是亟待解决的一大难题。

四、智能时代下刑事诉讼法学案例教学革新路径

促进传统教学方式向案例教学方式转变是顺应时代发展，培养满足现代司法所需要的"应用型、复合型"法治人才的关键。案例教学与传统教学方式一样，是一种独立的教学方式，而不是传统课堂的辅助手段。案例教学作为实践教学的重要组成部分，是法学生形成批判性思维的重要途径。同时，当我院在人才培养上已经通过开展中外合作办学项目探索服务于新时代国家战略发展需求的国际化人才时，当中外班学生已了解并适应外国法教学模式并能自主阅读案例积极参与课堂讨论时，有关国内诉讼法教学依然使用传统教学方式，就容易导致学生产生学习国内法的倦怠之惑。除此之外，针对我院只需学习中国法的学生来说，案例教学方式也有助于其法律职业能力的提高。为了使案例教学不流于形式，能够真正体现其教学效果，教师需改变传统的教学思想，探索案例教学改革的革新路径。

智能科技与案例教学相结合在法学教育中的应用，给教师带来了前所未有的挑战。传统的教学方式只需要教师向学生单向传授理论知识，并不需要与学生进行深度沟通。而在案例教学中，首先，教师需要花费大量的时间和精力创建案例库，并筛选合适案例。其次，教师要在众多的在线课程资源中选择优质课程资源以供"翻转课堂"使用，还需要编写有关理论知识检测题。再次，在课上，教师需要运用虚拟实践平台进行个性化教学；课后，教师还要对学生在"云平台"中的表现做出评价，这在无形之中增加了教师的工作量。除此之外，教师还必须关注智慧平台的建设，学习计算机知识，以更好地运用"云平台"进行教学。

随着课堂上教师角色定位的改变，教师的观点不一定能得到学生的全面认同，这就对教师的学术水平和职业素养提出更高的要求。教学成败的关键在于教师，要重视对法学专业教师进行案例教学的培养，提高法学专业教师使用人工智能平台和计算机的水平。同时，为了激发法学专业教师使用案例进行教学的热情，对于花费大量时间和精力进行案例库建设和课下辅导的教师给予一定的绩效奖励，增加案例教学创新成果在职称评聘和岗位聘任中的比重，将案例教学成果加入教学效果的考核。提高教师对案例教学的积极性和自觉性，完善案例教学模式改革中的顶层设计，具体做法有如下几个方面。

（一）重塑案例教学的教学思想，形成统一的中外法学习模式

当前，案例教学法之所以在实际运用中出现各种问题，原因是各方没有完全理解案例教学的内涵与目标，更深层次的原因在于许多教师依然沿用传统的教学理念，认为教师是课堂的掌控者。在这种教学理念的引导下，学生在课堂中缺乏互动和参与，使案例教学无法有效开展。因而，破除传统的教学思想，在新的知识观的支撑下重塑案例教学模式势在必行。新的知识观强调"知识不是由精英式个体通过发现外部世界客观事实并加以整理后得到的具有普遍规律性的内容，而是在人们相互交往关系中，通过集体讨论所达成的共识，所有结成关系的人都应该成为知识的生产者、建构者，且都会在知识运用与发展过程中发挥着不可替代的作用"。依照此理论，我们应该转

变"以教师为中心的"教学理念。在案例教学的课堂中，教师既不是知识的绝对权威，也不是知识的传送者，而是学生学习的引导者，与学生交换意见的参与者。学生作为案例教学模式中的主人，在讨论案例和参与角色扮演的过程中，应自行发现问题、分析问题、解决问题，教师在此过程中作为帮助者进行引导，而不是直接给出解决法律问题的现成答案。综上，案例教学并不仅仅是一种教学方式的变革，还是教学理念和思想的革新。

针对我院的具体情况来说，中外合作办学班的学生在美国法的学习中已养成自主学习并利用案例反哺理论知识的习惯，这有助于教师及学生在国内法的案例教学中改变观念，在国内刑事诉讼法的学习中使用相同的模式进行学习，形成可复制的统一模式。此外，这种模式的形成也为我院普通法学专业案例教学奠定基础。

（二）运用大数据筛选典型案例，实现有针对性的案例教学

当前，中国裁判文书网、北大法宝等媒介汇集了很多现实案例可供学习，面对大量的案例，外加刑事诉讼法教学课时有限，如何选择有价值、合适并且典型的代表案例便成为刑事诉讼法学案例的教学关键和核心。同时，在运用虚拟实践平台进行教学时，课堂中采用的案例不再像传统课堂那样，只需要与当节课讲授的理论知识有关即可。由于平台中的体验不仅包括诉讼程序也包括非诉程序，因此案例库既要包括采用诉讼程序的案例，也要包括一些非诉的案例。此外，在有限的课时中，既要保证每个案例的难易程度适中，又要能够解决典型性问题，并能够体现法律知识之间的关联性和融合性，只靠教师在大量的案例中寻找是不够的，不仅耗费时间精力也容易损伤教师进行案例教学的积极性。在这种情况下，我们就需要大数据的帮助。首先，在课下，教师需要借助互联网创建刑事诉讼法教学的在线案例库，将中国裁判文书网等媒介中有价值的案例进行摘录并分类，并不断更新现有的案例库，为案例教学改革奠定基础。其次，在授课之前，教师应运用大数据检索在已经创建好的案例库中选择合适的案例。需要注意的是，用来教学的案例应是完整的，有前因后果、证据及相关文书等。最后，案例教学的目标不仅仅局限于利用案例使学生理解理论知识，在课后更应该教给学生用大数据

筛选案例的技能，以提高学生将来解决实际问题的能力。

（三）应用"翻转课堂"助力刑事诉讼法理论教学

虽然采用"云互动"等仿真实验教学，能使学生在法律实务的锻炼中迅速提高相关能力，但是，实践教学仍然要以理论知识的学习为基础。面对刑事诉讼法中大量的规则、程序等理论知识，不管是对于我院中外合作办学班的学生还是普通法学专业的学生来说，将理论教学与案例教学同时进行，都存在课时不足的情况。要解决课时不足的问题，"翻转课堂"为其提供了可能性。"翻转课堂"利用网络平台进行教学，使学习不再局限于课堂，学习知识成为"线上作业"，而课堂则成为"线下交流"的场所。在翻转课堂与案例教学相结合的模式下，教师可以提前要求学生利用网上课程资源，如慕课平台进行相关理论知识的学习，并编写测试题检验学生对理论知识的学习情况。此外，教师还可以通过线上平台将案例推送给学生，让学生在线下自主解决问题，在课堂教学时针对案例展开充分的分析讨论。在这样一种教学关系中，教师不再是传授知识的角色，而是去解决学生在学习中遇到的问题。师生关系也被重新定义，学生不再是知识的被动接受者，而真正成为学习的主导者。

除此之外，还可以聘请司法实务界人士担任校外导师。在"云平台"的观摩环节中，教师不仅可以邀请其他学生和老师，也可以邀请校外导师进行指导并做出评价。校外导师可以运用专业的眼光，对学生在虚拟实践中的优缺点进行评价，并提出指导意见。课后，学生可以将现场表达进行回放，更清晰地了解自己的不足之处，并不断改进。

（四）运用智慧平台打造"沉浸式"案例教学课堂体验

保罗·马哈格在《变革法学教育》一书中描述了一个基于模拟训练和基于事务学习的世界，他设计了一个叫作"阿德克洛奇"的虚拟城镇，法律专业的学生可以在虚拟律所中扮演律师的角色，体验真实的案件，有经验的律师则扮演客户或法官。所有的设施都是在线提供，如虚拟办公室、模拟辩护以及文书起草等。

虽然这只是一项处于起步阶段实验，但是对我院案例教学改革实践却有重要指导意义。当下人工智能科技的发展已经使案例教学虚拟化成为可能。在前述案例教学改革所遇到的困境中，之所以出现将"举例解释"等同于"案例教学"的情况，是因为学生并没有真实的体验解决一桩案件完整的流程。如果只有教师陈述案例，案例教学很容易变为举例子，无法体现其实践性。确实，在有限的课堂时间中进行案例教学无法将案例进行原汁原味的展示，但是通过案例教学虚拟化可以缩短学生与实践的距离。例如，借助智慧平台或者虚拟现实技术模拟案件场景，使学生在课堂中分组扮演案件中的当事人、律师、法官及检察官等不同立场的人物，从收集证据开始体验办理案件的过程，站在不同立场与对方进行法庭对抗。这样不仅能增强学生在案例教学中的沉浸感，使其能够感知真实的司法实践，也能避免书本与现实脱节。总之，案例教学既能使中外合作办学班的学生在学习外国法与中国法的过程中保持法律思维的贯通，也能激发普通法学专业的学生在学习时的兴趣，提高其实践能力。

五、结语

长期以来，受到传统"灌输式"教学方法的影响，案例教学在法学教育中的地位一直未被足够重视。如今，不管是法考改革目标的导向，还是法律职业未来的就业条件，都要求以案例统领课程学习。其中，刑事诉讼法的应用型特点和程序价值，更加要求我们应该以案例教学为基础环节。同时，不管是针对我院中外合作办学班的学生还是普通法学专业的学生来说，运用案例进行教学都能使其体会到真实的司法样态，提升其学习法的兴趣，以促使学习过程自然连续。革新案例教学实践路径，改变按部就班的讲授方式，创设刑事诉讼法学案例教学的新模式，让案例教学在依托真实案例的基础上能够真正落地，才能提高学生发现问题、分析问题、解决问题的能力，锻炼学生的法律思维，实现培养应用型、复合型人才的教学目标。

案例式教学实证研究与教学模式探索

程　瑶　曹亚伟

摘要　案例式教学因有利于培养学生的法治思维与实务应用能力而受到各高校法学院的推崇，而概念式教学重记忆轻理解，难以收到较好的教学效果，因而案例式教学在法学教育中起到越来越重要的作用。通过对案例式教学的实证研究探讨案例式教学在实践中所面临的现实困境，通过对案例式教学所处困境进行分析，探索新型教学模式，以培养兼备法学理论知识与法律实践能力的法律人才。

关键词　案例式教学　概念式教学　法治思维　法律实践能力

案例式教学与传统概念式教学的博弈日益激烈，各大高校意识到传统概念式教学侧重于对知识点的记忆而忽视了对法学知识的深入理解，很难培养出兼具法学理论思维与法学实务能力的法治人才。传统概念式教学受限于对法学知识的表面理解，难以将学生所学的法律知识应用于实际案件，造成理论研究与实务应用的脱节。为提高教学质量，各高校纷纷引入了案例式教学方式，但大同小异的做法没有真正发挥出案例教学的应用价值，仅仅讲述案例或结合教材知识在课程中使用案例与概念式教学并无本质区别，只不过是创造了一种"概念式案例教学"的尴尬局面。真正区分案例式教学与概念式教学的实质，将案例式教学与实务研究相结合，应是开展实质意义上的案例式教学的应有之义。

一、案例式教学的界定及优势

（一）案例式教学与概念式教学的界定

概念式教学是由教师对法律渊源、法律概念、法律规定等法学基础理论知识进行概念式介绍或概念式分析的一种教学方式。对于学生来说，这种知识的获取方式较为简单，即使没有经过课堂上的系统学习，只要课下或考前通过系统地背诵书本教材、PPT等内容也能掌握。而学习法律的过程除掌握法律概念外还需了解法律在社会运转中扮演的角色。[①]概念式教学方式只是单向输出法律知识，学生拘泥于课本上的基础理论知识，难以收到良好的教学效果，在面对法律实务时，其所涉及的争议焦点比教材中所呈现出的法学理论知识与法律框架模式复杂得多，学生缺少实务中案件事实的归纳能力及将其所学知识应用于实际案件中的法律适用能力。实务中的案件往往复杂多变，课本中的单一理论模式与实际案例难以契合，如何将理论与实务相结合、培养学生的实务应用能力是传统概念式教学所面临的难题。

20世纪20年代，美国哈佛大学最先提出案例式教学，由教师与学生一起探讨大量案例、判例，从案例或判例中提炼出法律概念与法律规范，将法学理论与典型案例相结合，使学生在参与案例研讨的过程中掌握法学理论知识。案例式教学虽然被各高校推崇并引进，但并未真正摆脱概念式教学的束缚，容易陷入一种"概念式案例教学"的误区。案例式教学不应是抽象的简化案例，也不是表面意义上的将案例引入教学，对案例进行概念式说明，而是要注重案例与理论相结合的方式，在掌握理论知识的基础上应用于真实的案例，在教学过程中注重培养事实归纳能力、法律分析能力与实务应用能力的提升。

为避免陷入"概念式案例教学"的误区，应对案例式教学做出进一步界定。传统概念式教学的课堂上所通用的教学模式注重概念讲解，强调以教师为重心的单向输出，欠缺学生反馈这一双向互动环节。而各高校所引入的案例式教学大多采用课堂案例研讨、小组呈现或模拟法庭等方式。虽然在一定

[①]魏琼.法律教育的起源：兼议对当下中国法律教育改革的启示[J].中国法学，2014（2）：220.

程度上调动了学生参与的积极性，但仍拘泥于法教义学这一层面，并未真正做到与实践相结合，与实际应用仍存在鸿沟。现行的法律实践技能培养模式不论是在人才培养思路还是在实践教学等方面，都还欠缺案例分析学习的系统性。①讨论非参与，理论研究应与实务应用相结合，让学生真正参与到真实案件中去，使学生真正地从法律角度思考问题，培养法律思维与辩证思维。这就要求各高校的法学院与法院、检察院、律师事务所或公司进行联合培养，使学生系统地进行案例分析的学习，将其所学知识应用于实际案件中，在课堂案例研讨与课下实践的过程中锻炼学生的事实归纳能力、法律分析能力与实务应用能力。

（二）案例式教学的优越性

法学作为一门理论基础深厚的学科不仅具有极大的理论价值，还具有极大的应用价值。法学研究的目的在于解决实际问题，实现法的应用价值。概念式教学的重点在于使学生掌握法学理论知识，但却忽视了其应用功能和应用价值。在教师为主导的概念式教学模式中，学生对于法学理论知识的认知流于表面，被动地接受知识，且课后也没有主动将知识应用于实际案例的途径与能力，很难锻炼事实归纳能力和辩证思维能力。中国司法制度包含案例指导制度，指导性案例的效力、制定程序等规范是"划时代的标志"。②社会主义市场经济运行的过程中不可避免地会遇到各种新情况、新问题，这要求我们放眼全球，借鉴国外判例制度的长处。③在参与讨论的案例式教学的过程中，一方面通过大量的案例研讨与判例类比，使学生在案例中提炼出法律基本概念或法律构成要件等知识点，直观地感受基本法学原理、不同法律学说的适用效果；另一方面还可以从真实案件中归纳出客观案件事实，并将案件事实与所学知识融会贯通，使固定的法律知识模型与复杂多变的真实案件相契合，内化于心、外化于行，将理论转化为实践，实现法律的应用价值。

对于教师来说，在案例式教学的过程中，课前类比并筛选案例，课堂上

①张翔.法律实践技能培养与本科法律专业课程的分层设计[J].法学教育研究，2013（8）：276.

②王利明.我国案例指导制度若干问题研究[J].法学，2012（1）：72.

③肖永平.论英美法系国家判例法的查明和适用[J].中国法学，2006（5）：115.

对案例进行讲解，一方面引导学生自主掌握基本法学原理、法律概念和法学学说，另一方面也可以提升教师本身对法学知识的理解，自然也就保障了教学的熟练度与教学质量。对于教师与学生来说，案例式教学的教学效果与教学质量远超于仅对概念进行单一讲解的概念式教学。

案例式教学的模式多样，无论是课堂分组讨论、小组呈现还是课下举行模拟法庭，都对培养学生的法治思维与应用能力起到积极的作用。案例式教学的实质应用也需要学校与法院、检察院、律师事务所的多方合作。法院、检察院及律师事务所可以为学生提供一个实践平台，使学生做到活学活用，在课后积极参与各部门组织的模拟活动，真正实现多方共赢。

二、案例式教学模式的逻辑构成

法学教育的目的在于培养能够解决现实问题、为法学事业添砖加瓦的法治人才，而法治人才的培养来源于理论与实践相结合。案例式教学的过程也是引导学生进行法律适用的过程，为解决某一现实案件，案例式教学侧重于对案件事实进行归纳，针对某一个案件确定应当选择哪些法律规定作为合适的抽象规则，在案件事实归纳的基础上寻找法律基础，即隐藏在案件背后的法学问题。将这些法律规则分解成各个部分或各个要件并将各要件逐一与案件事实做出比较，即将法律规范涵摄于案件本身，最后通过对每一个要件的审查与涵射得出案件结论。

（一）归纳案件事实，寻找法律基础

法教义学的功能在于当争议事实有多个可供选择的法律规则时，其能提供可供检验的、相对稳定的规则选择机制。[1]引导学生进行案例分析的过程中应当特别慎重选择法律规定，因为它直接决定了能否得出正确的法律结论。由于法律秩序的日益复杂及立法机关针对案件所做出的法律解释的数量的日益增多，寻找案例所依托的法律基础、适用正确的法律规定就显得异常重要。在进行案例研讨的过程中，学生应做到熟悉案件事实，类比并归纳出同

---

①许德风.法教义学的应用[J].中外法学，2013（05）：937.

类案件的共同点，找出此类案件背后适用的法律规定。在对案件进行横向与纵向的类比与归纳中选择正确的法律规定作为裁判依据。

（二）拆分法律要件，比对案件事实

一种情况是某个案件可能适用一个一般性的法律条文，但因为存在更加具体的法律规定，这种更加具体的法律规定更符合案件的情况，这就导致上述一般性法律条文不再是正确的法律依据，因为特殊法应优于一般法得到适用。另一种情况是某个法律条文可能初看之下并不适用于某个案件，但实际上却可以起到决定性作用，在这种情况下，仅找到正确的法律条文不能使案件得到解决，因而要紧接着确定法律规定得以适用的前提条件。适用法律实际上是根据法律规范对需判决案件作出处理结论的推理过程。①这就要求教师引导学生找到合适的法律规则并对抽象的规则进行详细分析，将其分解成各个部分或各个要件，再对各个要件选择合适的法律解释方法。通过对各要件进行解释并与具体案件事实进行逐一比较来推导结论，提炼法学概念或法学原理。将现实生活与抽象的规则和定义进行比较，这一步骤可以判断所确定的法律要件是否得到了满足，这种涵摄或归入的过程是培养学生法治思维的重要过程。

（三）法律要件涵摄具体案件得出结论

在界定和比较了法律要件与案件事实之后得出结论并不困难，如果案件的事实情况符合法律要件的定义，说明法律要件得到了满足，所得出的结论是正确的。如果某一法学要件并未涵盖案件的事实情况，即法律要件并未得到全部满足，这也就表明我们的归入过程出现了错误或者是选择了不合适的法律规范，此时便要返回第一步重新选择正确的法律规范进行法律要件与案件事实的比对。对于同类案件，其归入过程也相同，"同案同判"的规则无疑可用以确保法律的稳定性和可预见性。②

这三个步骤不仅是案例式教学的构成要件，也是培养学生法治思维的重

---

①黄伟力.论法律实质推理[J].政治与法律，2000（5）：16.

②黄译敏，张继成.案例指导制度下的法律推理及其规则[J].法学研究，2013（2）：47.

要过程。引一具体案例为例：在北京的一次纺织品展览会上，上海A公司与深圳B公司口头约定由A公司向B公司订购十件纺织机械零配件，后来货物运到上海后，A公司拒绝支付货款，B公司是否有权要求A公司给付货款？

首先通过归纳案件事实可以找到具体案例背后的法律基础，即B公司或许可以通过《中华人民共和国民法典》第六百二十六条第一句①为法律依据要求A公司支付货款。

其次要拆分法律要件并与案件事实逐一比对。要件一：这项请求权是否产生？产生该项请求权的前提条件是在当事人之间存在有效的货物买卖合同，根据《中华人民共和国民法典》第四百七十一条②，当事人可以采取要约、承诺方式订立合同，而本案的事实表明当事人之间已经就零部件的买卖达成一项协议，是以口头形式订立的。根据《中华人民共和国民法典》第四百六十九条③当事人订立合同可以口头形式。就该案而言，既没有具体的法规要求合同采用书面形式，当事人之间也没有做出这样的约定，因此口头合同有效。要件二：此后该请求权是否消灭或者发生变更？该案中不存在这样的情形。要件三：该项请求权是否可以强制执行？根据《中华人民共和国民法典》第五百二十五条④买方在卖方履行合同之前有权拒绝支付货款。本案中B公司已经将零配件运往上海从而履行了其对A公司的合同义务，A公司不再享有抗辩权，所以这项请求权可以强制执行。

最后通过对上述法律要件逐一含射归入具体案情可以得出结论，即B公司

①《中华人民共和国民法典》第六百二十六条规定，买受人应当按照约定的数额和支付方式支付价款。

②《中华人民共和国民法典》第四百七十一条规定，当事人订立合同，可以采取要约、承诺方式或者其他方式。

③《中华人民共和国民法典》第四百六十九条规定，当事人订立合同，可以采用书面形式、口头形式或者其他形式。书面形式是合同书、信件、电报、电传、传真等可以有形地表现所载内容的形式。以电子数据交换、电子邮件等方式能够有形地表现 所载内容，并可以随时调取查用的数据电文，视为书面形式。

④《中华人民共和国民法典》第五百二十五条规定，当事人互负债务，没有先后履行顺 序的，应当同时履行。一方在对方履行之前有权拒绝其履行请求。一方在对方履行债务不符合约定时，有权拒 绝其相应的履行请求。

有权依据《中华人民共和国民法典》第六百二十六条第一句请求A公司支付货款。

案例式教学要求严格按照规定的步骤按部就班地展开，其重点在于确定某个法律条文的所有要件，在确定了所有要件之后，就可以开始归入处理每一个条件了。案例式教学的这三个步骤应当分别适用于某个法律规定的每一个要件，同样对于这个法律规定作为整体也要适用。每一步骤在视觉上和文字上都要清楚明确地加以区分。①

三、案例式教学的具体应用及困境

（一）案例式教学应用中的课程组织流程

当前如何利用案例进行教学并没有一个统一的标准，各高校也采取了不同的授课模式，如教师讲解案例与相对应知识点、教师提供案例供学生分组讨论、教师直接讲解案例中的争议观点、组织学生根据真实案例参与模拟法庭等，不同的授课模式也各有其利弊，但无论是哪种授课模式，案例式教学的课程组织流程应是由教师课前筛选案例，之后将案例发给学生阅读并引导学生自主分析，学生在案例分析的基础上形成案例总结，教师与学生在课堂中重点讨论案件争议，即案件事实是否满足法律条文的全部要件，最后通过这样的课程组织锻炼学生的法治思维与实务能力。

1.案例筛选

法学案例选取工作是整个法学案例教学的基础性工作。②案例选择是案例式教学的首要任务，案例筛选能力也是考验教师教学效果的重要指标，选择合适的案例，在案例式教学中起到举足轻重的作用。事实上，无论是英美普通法学教育，还是大陆法系的概念法学教育，都越来越重视案例在教学中的运用。但筛选案例并没有统一的标准，最新案例、典型案例及最高人民法院发布的指导性案例都是筛选案例的标准之一。案例筛选标准由教师自己把

---

①王晓芳.法律适用方法：合同法案例分析[M].北京：北京中国法制出版社，2012.

②李凌旭.法学案例教学之困境与脱困[J].高教学刊，2021（29）：95.

握。典型案例的教学效果强于非典型案例，典型案例背后往往隐藏着深厚的法律基础理论，但典型案例并非全是最新案例，典型案例有时与社会发展脱节，这就要求教师在选择案例时注意法学理念的更新，根据教学目标对案例进行适当修改，达到最佳的教学效果。

2.学生阅读并分析案例形成案例总结

英美普通法学教育本身即为纯粹的案例教学，通常在未讲述概念之前，直接让学生预先看大量的案例或判例，引导学生对案例进行自主分析，并在分析的基础上形成案例总结。教师在引导学生进行案例分析的过程中要注重与案例背后知识点的结合，不能仅仅是为了解决问题而讲解案例。解决案例中的问题并非完成了教学任务，其最终目的在于通过案例教学引导学生学习并掌握案例背后的知识点，通过对知识点的提炼，锻炼学生解决实际问题的能力。

3.课堂中重点讨论案件争议

争议是解读案件事实满不满足法律条文的全部要件时所产生的不同观点，案例式教学侧重于在课堂中对案件争议点进行讨论。通过对法律要件与具体案件事实进行逐一比对，引导学生从案例中总结提炼基本的法学概念。通过不同案例之间的比较，加深学生对法律在不同情境中适用的理解。

4.锻炼学生的法律适用能力

通过以上的课程组织流程，学生在积极参与案件分析的过程中主动质疑、批判并独立思考，不仅能熟练掌握法律规定，也能将理论知识与实务相结合，锻炼学生将法律规定涵摄于具体案件以解决现实问题的能力。

（二）案例式教学当前所面临困境

由于案例式教学并无统一的标准，在实际应用过程中面临诸多问题。当前开展的各类实践性教学陷入困境的原因在于，素材选择的适宜性、运用方法的恰当性这两方面存在严重偏差。[①]

---

①曹兴权.商法案例教学模式的拓展探索[J].中国大学教学，2009（9）：31.

1.案例选择规则模糊

案例式教学中所选取的案例无具体选择标准，教师在进行案例选择时有时会偏离现实，可能会选择一些现实中并不存在的案件，如一些较为古老、过时的案例或者发生在国外的案例，有些甚至仅根据想象筛选案例。也有一些教师在选择案例时拘泥于经典案例与传统教学模式，不根据现实情况对案例进行更新。这些案例因其时效性或真实性难以被用于解决实际问题，从而也无法通过案例研讨培养学生解决现实问题的能力与法律适用能力。如果在案例选择时未充分考虑学生的实际能力，选择了一些过难或过易的案例，也会使学生不能充分参与到案例分析的过程中去，难以达到良好的教学效果。

2.课堂理论教学与真实案例难以完全契合

教材理论知识呈现出体系化特点，但有些案例内容单一，争议焦点有时仅仅聚焦于个别法律规范，很难做到涵盖大部分理论知识并与其一一对应，案例的价值无法得到最大化利用。有些案件涵盖的理论知识过于广泛甚至跨越法律部门，很难仅根据一种部门法解决。有些教师为保障案例真实性而没有对案例做出适当修改，这与案例式教学的初衷相矛盾。

3.评分机制单一

就评价主体而言，目前主要还是任课教师，主观性较强。[①]单一的评分机制无法保证评分的客观性与公正性。此外，在学生人数较多的情况下，案例式教学多采用小组讨论与小组展示的方式，一个组的成员所得分数基本一致，很难拉开差距。这种情况下有些学生会"浑水摸鱼"，即使没有充分参与案例研讨也能得到一个较好的分数。

4.案例式教学易落入"概念式案例教学陷阱"

案例式教学强调以案例引导学生熟练掌握并灵活运用法学理论知识，但如果未能采取正确的教学模式，案例式教学仍然是披着案例外衣的概念式教学。一些教师在筛选完合适的案例后不会正确引导学生分析案例，而是直接

---

①陆苹.案例教学在法学教学应用中的实证研究——以民事案例教学为例[J].教育观察，2022（5）：83.

将案例所涉及的知识点进行概念式讲解，将解答案例所提出的问题作为教学任务，这种没有对答、互相质疑与辩论的教学方式仅仅是向学生灌输了法学理论，学生被动地接受了法学理论知识，欠缺发现问题、分析问题与解决问题的过程，无法锻炼学生的思辨能力和将法律规范涵摄于具体案件的能力。另外还应注意，分组讨论、小组展示的教学模式很难使每一个学生都参与到案例的研讨过程中，案例式教学的主角应是学生，要充分调动学生解决问题的积极性，适当弱化教师角色，主要发挥引导作用；同时，还应避免小组展示成为一部分学生对另一部分学生的教学。

四、案例式教学新型教学模式探索

（一）以真实案例为基础，以指导性案例为重点选择适宜素材

案例式教学中的案例来源要真实，不能是根据主观想象而编造的案例。不管是单一案例还是组合案例，都必须来源于司法实务，最高人民法院每年都会更新指导型案例，这些案例具有典型性或代表性，对于案例式教学具有指导意义。在选择案例时还要考虑社会热点与法学理念的更新，注重案例的时效性，有些案例过于老旧而无法应对教学需要。

教师在选择案例时要考虑案例背后所涉及的法律问题，尤其是此案例的研究价值与研究意义。例如，某一新型案例难以找到既定理论予以解决，或以既定理论处理该案例会引起实质上的不合理或在逻辑上产生冲突，或某一案例所涉及的时代性问题过去并未存在。这些疑难案例更有学术研究的价值与意义，尤其是在学术界还未有统一观点的情况下让学生发散思维，对不同的观点进行探讨，同时也可以指导学生将这些问题作为研究主题写成论文。

（二）将实际案例与教材知识挂钩

教材知识与实际案例脱节，难以完全契合，教师在进行案例筛选时可以根据教学需要对真实案例适当改编，或同时结合多个真实案例满足教学需求，使案例的应用价值得到最大化地利用。教师应对自身水准有客观认识，

不迷信一切既定理论，善于发现新问题。[①]教师要具有根据教学知识点寻找适当案例并将其概括归纳的能力，有些案件叙述较为复杂，晦涩难懂，会使学生难以对案件进行精准把握，甚至连案件所涉及的法律问题都没有搞懂，更无法对案例做进一步分析。这就要求教师先对案件进行整合归纳，理顺案件所涉及的法律问题并引导学生提炼案件中的基本概念与基本原理。有些案例所涉及的知识点涵盖多个部门法，这就要求教师具有深厚的理论基础及丰富的实践经验，如此才能对案件进行全面讲解，提升教学效果，保证教学质量。

在进行案例式教学时还要结合案例对教材知识点区分难易程度，对容易掌握和理解的知识点可通过引导由学生自主学习掌握，对争议较大的问题或复杂的知识点进行重点讲解与梳理，使实际案例与教材知识进一步融合。

（三）采用多元化评分机制

在课堂教学层面，教师大多数采用小组演示的形式，小组可以选择派代表展示或由小组成员分别展示其负责的部分，教师可根据学生对案件争议焦点的归纳、分析案件的方式、案件的论证过程等多方面因素对小组进行打分。此外应提前制订评分标准，设置相应分值，避免因评分标准过于模糊而导致分数无明显区分的情况。教师还应根据小组成员的表现情况与参与程度，相应增减个人评分。为使评分机制更加客观公正，在各个小组进行课堂展示时可实行各小组间互评和组内个人互评，每一组的课堂得分由教师评分和小组互评得分共同组成。

课后实践教学层面，法院、检察院、律师事务所等实务工作人员可基于每一组的模拟法庭展示情况、理论与实务的结合程度、个人对实际案件的参与度进行评分。

（四）提倡课堂案例式教学与课后实践双轨制教学模式

法学教育不仅要传授法学知识，而且还要担负起培养掌握各类法律技能、胜任实际法律工作的法律人的重任。[②]因案例式教学易陷入概念式教学

---

① 王德政.教学相长：高校法学案例分析课的新授课模式探索[J].中国法学教育研究，2020（3）：84.

② 王泽鉴.法学案例教学模式的探索与创新[J].法学，2013（4）：40.

的陷阱，案例式教学与概念式教学必须做出严格的界定。引入课堂案例教学与课后实践双轨制教学模式可以规避案例式教学流于表面的情况，这也要求各高校法学院与法院、检察院、律师事务所、公司法务部门进行合作，联合培养人才，根据这种教学模式实行双导师制。一方面学校教师在课堂中继续推行案例式教学，培养学生的法治思维与将法律规范涵摄于实际案件的能力；另一方面，法院、检察院或律所中从事实务工作的人员可作为校外导师为学生提供实践机会，学生可在课后参与真实案件的审理过程，将课本所学的理论知识应用于实务。例如，法院、检察院或律师事务所对其所指导的学生以具体案件为单位分组，进行模拟法庭的训练，这样每个学生都可以参与到案件分析的过程中。因每个学生所承担的角色不同，他们可以站在审判者或辩论者的角度将其所学理论知识应用于分析整个案件事实，使法治思维得到锻炼，实现法学理论与法律实务的统一。

五、结论

法学教育正处于变革期，法学教育工作者希望通过提出全新的法学教育模式与教育理念来培养法律专业学生的综合能力。法学教育不仅要注重对法律理论知识的掌握，还要注重对法律实践能力的培养。案例式教学是将理论知识与法律实践相结合的重要桥梁，为发挥案例式教学在法律教育中的积极作用，各高校法学院要注意规避案例式教学的误区并探索新型教学模式，提高案例式教学的教学质量，培养全面发展的法律人才。

传统的概念式教学对于学生理解和掌握法治思维的作用有限，而案例式教学是一种保障教学质量、提升教师授课熟练度，同时可以启发学生思考、培养法治思维的新型授课模式，应鼓励各高校法学院教师将案例式教学模式引入课堂，培养兼具法学理论知识与法律实践能力的人才。同时也要注意开展案例式教学的方式，提倡实行课堂案例式教学与课后实践双轨制教学模式，避免陷入"概念式案例教学"的误区。

在刑法案例教学中引入鉴定式
分析方法的改革路径

贾占旭

摘要 案例教学是我国法学教育实践化改革的方向之一，目前依然存在诸多问题，如案例教学的目标定位存在偏差、理论基础不统一、分析方法体系性不足、保障条件不充分等。鉴定式分析方法体系性、逻辑性强，与刑法教义理论联系紧密。在刑法教学中开展鉴定式案例分析，有助于强化学生对刑法理论的理解，促进法律适用能力和法律思维能力的养成。开展鉴定式案例教学需在课程设置、案例选取、教师能力储备和考核方式等方面完善教学设计。

关键词 案例教学 鉴定式分析方法 实践能力 法律职业

一、刑法案例教学存在的问题

法律要实现对社会生活的规范塑造，最重要的路径便是经由法的适用和个案的判决，从而对生活进行具体而现实的规整，以达到、恢复立法者所设定的应然状态或秩序。[①]因此，法律的终极指向是适用，而能否精准掌握法律适用并准确裁判个案，就成了判断一名法律工作者业务能力的核心标准。为了提升法科学生的法律适用能力，案例教学成为近年来教学改革主推的方向。改革虽有成效，但依然存在些许不足。

第一，案例教学的目标定位存在偏差。刑法是一门实践性较强的学科，

[①]季红明，蒋毅，查云飞.实践指向的法律人教育与案例分析——比较、反思、行动[J].北航法律评论，2015（2）：216.

刑法教义理论的发展归根到底是为了解决实践问题，而理论是否可靠往往也需要借助案例予以验证。因此，在刑法课堂上使用案例进行教学十分普遍。但是，课堂上列举案例通常是用于解释法条或阐明理论，学生分析案例也只是为了理清理论逻辑，不会对案例进行体系性分析。因此，以案教学式的案例教学无法实现提升学生的法律分析适用能力的实践教学目标。

第二，案例分析的理论基础不统一，犯罪论体系存在较大分歧。刑法犯罪论体系一直存在"四要件"和"三阶层"之争，实务界坚持将"四要件"作为案件裁判的分析框架，而理论界及法律资格考试均秉持阶层犯罪论体系。这一争议延伸至实务领域，表现为不同理论下的分析结论经常出现不一致甚至完全相反的情形，理论与实务的差异也给案例教学及学生实践能力的培养制造了障碍。

第三，案例教学分析方法的体系性不足。由于案例教学的核心目标被定位为课堂教学的辅助性工具，教师往往会从所考察的知识点出发，借助案例演示理论的逻辑链条及具体适用。受这一分析模式的影响，学生不论遇到考察具体知识点的小案例，还是综合性考察各部分知识的大案例，通常会以碎片化的方式分析案例涉及的个别知识点，却无法做到整体分析整个案例。这种分析方法，不仅对争议问题的分析不全面，而且容易陷入"只见树木不见森林"的片面化认识，使其论证过程不成体系，缺乏逻辑性。

第四，案例教学的保障条件不充分。相比于理论授课，案例教学需要投入大量的人力物力以保障其顺利运行，与之相关的课程体系建设及运行机制也必不可少。不论是案例素材的选取、编撰，还是对学生案例分析报告的批改，抑或是课堂上案例讨论的组织，都对教师的专业知识能力和投入时间提出了较高要求。这其中，任何环节的缺漏或不当均会导致案例教学的效果大打折扣。而且，在以科研为主要职称评价标准的背景下，教师可能缺乏教学方面的积极性。在教学改革激励机制缺失的情况下，教师仅仅基于教学热情推动案例课程建设显然是不现实的。

案例教学出现上述问题的主要原因在于我国并未将法学教育定位为职业技能教育，由此导致法学教育与法律职业资格考试、法律职业之间的衔接出现问题。由于培养目标定位不明，面向实践的法学职业教育体系没有真正建立起来，法学教育逐渐变成一种以传授法学知识为主，混合着学术教育和职业教育内容的"半职业教育"。①若学习德国，在通过法律职业资格考试后设置职业前见习训练，固然可以解决学生实践能力不足的问题，但改革非一日之功。现阶段更为妥当的方案是通过改革案例教学模式，将鉴定式案例分析方法引入刑法课程体系，在本科阶段强化学生的法律适用能力，这样可以在很大程度上解决学生实践能力不足的问题。

二、鉴定式案例分析方法的具体展开

鉴定式分析既是一种案例分析方法，也是一种法学案例分析的思维模式。②这种思维模式的一个典型特点就是论证前置，这也是与判决式分析方法最大的不同。判决式分析方法会首先宣告结论，之后再补充相应的论证过程。③而鉴定式案例分析相反，会将论证放在前面，将结论置于结尾。鉴定式的分析思路会首先假设案例中可能出现的所有情况，之后遵循"设问—定义—涵摄—结论"的步骤逐一证成或证伪所有可能性，最终得出结论。在刑法的教义体系框架下，鉴定式分析方法可以进一步细化为六个步骤，即"事实单元的划分""参与人员的列出""涉嫌犯罪的检验""犯罪竞合的处理""量刑情节的梳理"及"全案分析的结论"。④

（一）事实单元的划分

简单案例通常只包含一个行为事实，因此不存在事实划分问题。但在面对复杂案例时，就需要对案情中多个行为事实进行拆解分化，再针对各个行为事实展开论证。拆解案情时应采用行为标准，而尽量避免采用行为人标准。所谓行为标准即根据不同行为分解案件事实，行为人标准即以行为人为

---

①赵勇.实践能力培养为中心的法学本科课程体系的构建 [J]. 乐山师范学院学报，2021（10）：94.

②于程远.论鉴定式案例分析方法的本土化价值 [J]. 中国法学教育研究，2021（1）：88.

③埃里克·希尔根多夫.德国大学刑法案例辅导（新生卷）[M].黄笑岩，译.北京：北京大学出版社，2019.

④陈璇.刑法鉴定式案例分析方法导论 [J]. 法学教室，2022（1）：75.

单位组织分析框架。①之所以采用行为标准是因为，刑法建构犯罪论体系是为了解决定罪问题，不论是作为犯、不作为犯、过失犯等基本的犯罪构成，还是预备犯、未遂犯、中止犯、共同犯罪、罪数等特殊的犯罪构成，均是以行为为核心搭建的构成要件框架。因此，以行为标准拆分案件事实能够与犯罪论体系更好地衔接，便于在复杂案件中对行为准确定性。

（二）参与人员的列出

若具体行为事实涉及共同犯罪，需要列明各犯罪参与人后依次分析，具体顺序应当坚持"正犯先于共犯""实行优于教唆""主犯大于从犯"的原则，即在同时存在正犯和教唆犯、帮助犯时，应先分析正犯后分析教唆犯、帮助犯；但在间接正犯中，应当先分析实行犯，后分析教唆犯罪者（间接正犯）；在同样都是正犯或教唆犯、帮助犯的场合，可以根据对犯罪的贡献大小先分析主犯，再分析从犯。采用这一分析顺序的原因是正犯、实行犯、主犯与犯罪事实的关系更为紧密。在共犯从属性原则之下，正犯成立是进一步分析教唆犯、帮助前提和基础；在间接正犯的场合，实行犯是具体实施犯罪行为的人；而只有先确立主犯再确立从犯，才更容易根据贡献度大小进行梯度量刑。

（三）涉嫌犯罪的检验

在每一个事实部分中考察行为人的行为是否成立犯罪是鉴定式分析的核心环节，在这一步中应注意以下几点。

第一，在论证逻辑上，应采用"大前提—小前提—涵摄"的三段论模式。应列明可适用的法律规范，尤其在其一行为可能触犯数罪的情况下，应当逐一分析行为可能构成的罪名。特别是我国刑法分则的罪名体系较为繁杂，各种普通法条、特别法条、法律拟制和注意规定相互交织，竞合关系存在争议的罪名也不在少数。此时，非常考验学生对分则条文熟悉的程度，在梳理可适用规范时要做到不遗不漏。

第二，在论证体系上，应采用"构成要件符合性——违法性——有责性——

---

①陈璇.刑法鉴定式案例分析方法导论[J].法学教室，2022（1）：76.

客观处罚条件"的阶层犯罪论体系对行为是否入罪逐层检验。以阶层犯罪论体系作为审查框架能够减少重复审查，提高论证效率。例如，如果行为在构成要件符合性阶层就排除了犯罪成立，即便同时也属于正当防卫，也不必再论证其是否成立正当防卫，后续的有责性和客观处罚条件也无须再展开讨论，减少不必要的论证和重复论证。

第三，在论证过程中，应采用拆解式方法分析每一个具体问题。由于一个大前提中通常包含多个规范要素，因此在分析案例时需要对大前提规范进行多次拆分，对每个要素都进行一次涵摄分析。只有当各个要素的论证都能够得出符合性结论时，整体论证才得以成立。例如，在论证"打开他人的鸟笼子将鸟放飞是否构成故意毁坏财物罪"时，需要将故意毁坏财物罪这一大前提分解为"毁坏行为""他人财物""财产受损""因果关系""故意"等多个要素。由此，这一构成要件的论证则被分解为打开笼子的行为是否属于毁坏行为？鸟是否属于他人财物？鸟飞走是否属于他人财产受损？鸟飞走是否因打开笼子所致？行为人打开鸟笼子时是否认识到并追求或放任鸟会飞走这一结果？只有分别对上述几个要素进行涵摄分析后，才能得出行为人的行为符合故意毁坏财物罪的结论。除分论罪名外，总论中的单位犯罪、不作为犯罪、过失犯罪、各类阻却犯罪事由及各个特殊犯罪形态的论证，也应对其成立条件采用拆解式分析方法。

第四，在论证深度上，要做到有主有次，详略得当。一个复杂案例中通常同时包含简单争议问题和核心争议问题，此时考验分析者的是能否在众多待证事实中将二者准确区分。对于简单争议问题，其结论显而易见不具争议，因此无须进行多余论证，可以采用宣称式论证方法直接得出结论。但即便省略论证，也需要对可能涉及的单个构成要件要素及其定义进行简单说明，以此作为简短的论证，并将结论置于最后，维持鉴定式的分析结构。[①]对于核心争议问题，就需要对争议焦点逐一剖析，深入论证后才能得出具有

---

①埃里克·希尔根多夫.德国大学刑法案例辅导（新生卷）[M].黄笑岩，译.北京：北京大学出版社，2019.

说服力的结论。通常情况下，核心问题的争议焦点可能存在于大前提、小前提或涵摄中的任一阶段，不同的争议焦点处理方式也各不相同。首先，当争议存在于大前提中时，这意味着条文或规范本身存在漏洞或矛盾，需要借助刑法理论进行解释界定，才能确定大前提的规范内涵。此时，应当将观点争议充分展现出来，明确列明不同观点的内容，通过对各个观点进行评析，最终确定所采纳的观点并给出理由。当然，观点有争议并不一定会影响结论。有些情况下，虽然观点不同，但在具体案情中并不会影响结论的一致性时，就无须过多展开论证。其次，当争议存在于小前提中时，这说明案件事实存疑，无法排除合理怀疑认定待证事实存在，也就无法作出唯一确定的事实判断。此时，应基于无罪推定原则和存疑有利于被告人的原则对小前提做有利于被告人的解释。例如，当无法证明行为与结果之间存在因果关系时应当认定因果关系不存在，当无法证明被告人主观罪过为故意时只能认定其存在过失。再次，涵摄阶段的争议通常表现为论证思路的差异，即对于案件事实能否归入构成要件之中，不同分析者的论证思路和结论可能会不同。涵摄论证并非是简单地将小前提套用到大前提中，而是一种双向交流，是"在事实认定与其法律定性之间来回穿梭观察"，容易出现论证思路和观点的差异。尤其是作为社会个体的分析者不可避免地要受到社会环境、价值取向、家庭背景、理论储备等多种因素的影响，在涵摄推理过程中出现"见仁见智"的结论也十分正常。对此，只要论证逻辑缜密、言之成理即可认可其结论的合理性。

（四）犯罪竞合的处理

一旦行为人可能构成两个以上的犯罪，就需要对罪名进行竞合处理。处理犯罪竞合应遵循完全评价和不遗漏评价的原则，优先适用最能完整、适当评价整体法益侵害事实的罪名。例如，能够适用特殊罪名时就不应认定为普通罪名，能够通过吸收犯、牵连犯完整评价法益侵害事实时就无须认定为数罪。当认定为一罪无法完整评价全部法益侵害事实时，若只有一行为则应按想象竞合处理，若存在数行为则应适用数罪并罚。

（五）量刑事由的提出

在处理完定罪问题后，还应继续分析案例中涉及的全部量刑情节，并给出具体的量刑结论。我国刑法中量刑情节的适用规定较为复杂，应严格根据刑法规定作出判断，不得更改或漏写"应当""可以"及"从轻""减轻""免除"等关键词。

（六）全案分析的结论

在分析报告最后，应对全案中所有行为人的刑事责任进行逐一总结。此外，还可以根据量刑指导意见，对具体罪名的量刑区间，以及受量刑情节影响后的加重、减轻幅度进行归纳梳理，力求全案分析结论的完整。

三、鉴定式案例教学的功效

相比于传统案例教学，鉴定式案例教学具有以下功效。第一，有助于提升学生对刑法理论和实证法规范的体系化理解。从违法性理论到犯罪论框架再到分论罪名的构成要件，我国刑法学者以刑法条文为基础，通过吸收借鉴德日刑法理论，建构了一套逻辑严密的教义体系。但这套教义体系同时也具有抽象、晦涩、繁复的缺点。对于初学者而言，仅仅通过课堂讲授难以真正理解理论知识的内涵及理论内部的相互关联，更遑论适用。而在鉴定式分析中，学生不仅要借助理论分析争议要素，还要严格遵循体系化的分析路径，在协同适用各个理论的同时自然可以强化对刑法教义体系的理解。而且，教义分析的前提规范需要以实定法为基础，在分析过程中学生必然要反复查阅刑法条文、司法解释及其他相关法律条文。通过不断练习和反复适用，能够加深对条文的理解和记忆。学生经过反复训练，能够将案件中每一个法律问题细致地从规则到理论再到个案适用进行梳理，不存在思维在各部分问题之间的跳跃，进而能够形成、内化分析案件的体系性思维。[①]

第二，有助于全面锻炼学生的实践能力和法律思维素养。传统法学教育注重理论讲授，多采用灌输式授课方式向学生传递理论知识，考试内容也以

[①]柳婷婷.案例分析的鉴定式转向[J].法律方法，2022（1）：330.

记忆性题目为主，忽视了学生实践能力和思维能力的锻炼与养成。相比于传统案例教学，鉴定式分析方法并不会给学生任何问题提示，学生需要自己划分争议焦点并自我设问，需要自己寻找适当的法律条文并进行理论阐释以补足大前提的规范含义，需要自己总结归纳案件事实并最终完成涵摄分析。在适用、解释法律并分析案件的过程中，能够锻炼学生的资料搜集能力、理论运用能力、事实归纳能力、文书撰写能力，并最终帮助学生形成以解释适用法律为核心的法律思维能力。①

此外，鉴定式分析方法的推广还有助于形成统一的法律职业共同体。法律职业共同体的形成依赖于统一的法律思维模式，只有在统一的分析框架下，法律人才能形成真正的观点交锋并达成一致。事实上，我国很多在理论界和实务界存在争议的案件通常不是单纯的观点之争，而是分析框架的差异。例如，在王力军收购玉米案中，虽然王力军最终被改判无罪，但实务界却无法也没有采纳理论界提出的"王力军不具有违法性认识"这一出罪事由，这正是源于理论界与实务界的分析框架存在的巨大差异。可以想象，鉴定式分析方法能够在很大程度上减少法律共同体内部的无效沟通，提高法律适用的准确性和客观性。

四、鉴定式案例教学的展开路径

在法学本科阶段开展鉴定式案例教学通常有三种方式，一是在理论课中穿插进行案例训练，二是单独开设案例研习课程，三是两者兼顾并分为初阶训练和高阶训练。不论是何种开展模式，鉴定式案例教学的课程设计均应注意以下几个方面。

第一，在课程设置上，尽可能推动培养方案的改革，在高年级增设刑法案例研习课程，采用小班教学模式，完整系统地讲授鉴定式分析方法，并留给学生充足的时间开展案例研讨、报告撰写和课堂讨论。在不能增设新课的情况下，可以在刑法理论课的教学中通过布置作业、课堂讨论等方式，围绕核心

———————

① 夏昊晗.鉴定式案例研习：德国法学教育皇冠上的明珠[J].人民法治，2018（18）：35.

知识点穿插进行案例分析训练，也能帮助学生很好地掌握鉴定式分析方法。

第二，在案例选取上，根据教学目标的不同，既可以编撰虚拟案例，也可以使用真实案例。首先，虚拟案例更贴合理论知识点，紧紧围绕教学中需要学生理解的知识点设计案件事实，通过以案教学帮助学生理解相关理论。通过设计相对复杂的虚拟案例，要求学生按照分析步骤逐层论证，有助于锻炼学生的体系化和规范化思维，便于学生掌握案例分析方法。其次，真实案例也包括两种类型，一是以法院判决书为材料来源，通过对案情进行提炼和再整理，形成完整的案件事实；二是以相对完整的案件卷宗为材料来源，不对案件事实进行任何处理，由学生自己根据卷宗材料整理证据并归纳案件事实，完成分析报告。前者以掌握理论知识和分析方法为目标，在使用效果上与虚拟案例有相同之处。两者的区别在于，真实案例更贴近生活，尤其是备受社会舆论关注的热点案例，分析中难免会受到刑法教义之外的因素影响，相较而言能够超出纯粹理论和规范范畴，更为真实地处理案件；后者要求学生站在司法者的角度，在纷繁复杂的案件信息中分辨问题的真假、问题的重要程度，因此更考查学生对证据事实的处理能力和发现问题的能力，更贴合司法实践。

第三，在知识储备上，鉴定式案例教学对学生和教师均提出了较高要求。除了要求学生掌握一定程度的刑法理论知识之外，也要求教师具备充足的鉴定式案例教学能力。一方面，教师应能够充分理解阶层犯罪论体系及相关教义理论，才能向学生准确讲授并演示如何运用。另一方面，教师也需要学习并掌握鉴定式案例分析方法，才能正确指导学生撰写分析报告，展开案例讨论。由于鉴定式案例分析尚未在国内引起普遍重视，因此能够掌握这一分析方法的教师仍是少数，这也是目前推广鉴定式案例教学的主要障碍。

第四，在考察方式上，既要注重过程性评价，也要在期末考试中设置针对性题目检验学生的学习效果。鉴定式案例教学作为一门实践性课程或教学方法，只有让学生动起手来才能达到教学目的，而设计合理的评价机制能够在最大程度上激励学生充分投入，保障教学效果。在过程性评价阶段，可以布置数量合理的案例分析作业，在要求学生撰写案例分析报告的同时安排课上案例研讨，围绕争议焦点引导学生自由发言、充分交流。案例分析报告和课上发言均列入平时成绩。在期末考试中，设置相对复杂的案例题目，要求学生使用鉴定式方法分析案例，并从论证框架、论证问题广度、论证理论深度、结论合理性等角度设计打分标准，全面考查学生对理论知识和鉴定式分析方法的掌握程度。此外，在教学过程中，教师还要给予学生充足、及时和全面的反馈改进意见，尤其要指出分析报告中在事实拆分、分析框架、论证角度、涵摄逻辑等方面存在的问题，以便学生不断改进。如果批改作业会带来较为繁重的工作量，还可以安排助教辅助完成部分工作。

五、结语

我国并未将法学本科定位为职业教育[①]，法科生的就业面向也十分宽广，最终走向职业法律人的学生并非多数，这意味着以职业技能培训的方式训练法科生会导致资源的极大浪费。[②]但是，这并不意味着本科阶段就可以忽视学生实践能力的培养。实践能力的训练不仅仅使学生获得了初级职业能力，同时也能够很好地训练学生的资料搜集能力、逻辑思辨能力、理论运用能力和文字表达、语言表达能力，对学生综合素质的提升大有裨益。法科生实践能力的养成需要依赖法学教育理念的革新和实践类课程的系统建设，也需要法学教师主动将更多的时间和精力投入到学生培养上——这是促成实践教学改革的重要推动力。但这背后更需要改革法学教育体制和教师评价机制，只有形成激励教师进行教学改革的有效机制，才能在根本上改变目前法学教育中实践训练缺失的现状。

[①]曾宪义，张文显.法学本科教育属于素质教育——关于我国现阶段法学本科教育之属性和功能的认识[J].法学家，2003（6）：1-7.

[②]章程.继受法域的案例教学：为何而又如何？[J].南大法学，2020（4）：31.

中美合作办学民商事法律案例教学研究

宋春龙　　陈佳宁

摘要　当前中美合作办学民商事法律的教学以讲授规范为主，案例教学的安排较为简单、定位不合理，影响了案例教学的开展及学生对知识的掌握。在中美合作办学框架和培养方案基本定型的前提下，可以民商事法律案例教学为革新方法，通过优化案例和课程的选择与设计、协调师资力量、合理安排考察标准的方式，解决中美合作办学民商事法律教学中存在的问题。

关键词　案例教学　中美合作办学　部门法　课程设计

案例教学是法学教学的一种基本方法，旨在通过案例的讲解、分析，使学生学习法律知识，掌握法学的学习技巧。具体而言，民商事法律案例教学是指通过民事案例的形式教授民事实体法与民事程序法的基本知识，掌握运用民商事法律解决实践问题的基本方法。在中美合作办学中，由于培养方案目标定位于中美法律，故学生的学习需要兼顾国内法与美国法，国内法的学习时间相对美国法而言大大减少。中美合作办学民商事法律的科目被限定为《民法》《合同法》《物权法》及《民事诉讼法》四门，此四门课皆为32课时，总量仅为128课时。在《民法典》颁布后，民事实体法的体系进一步扩容，而《民事诉讼法》也经过不断地扩充，实质内容有明显的增加。加之中美合作办学培养方案具有封闭性，无法以选修课的形式另行学习诸如侵权责任法、家事法、仲裁法、强制执行法等一系列民商事法律内容，导致中美合作办学的学生在民事法的学习效果和学习质量上存在明显弱势。由于学生在大三、大四时专攻以判例、习惯为主的美国法，无法照顾、深化甚至扩充本就欠缺的民商事法律知识，大多数中美法学生对民商事法律的掌握程度远低于普通法学班学生的掌握程度，鲜有中外法学生在保研、考研的科目选择民法或民事诉讼法方向。鉴于此，在中美合作办学基本框架定型、培养方案固化的状态下，以民商事法律案例教学作为革新方法，提升现有民商事法律的教学效率与教学容量，将民事法知识进行"一体化"整合，可在一定程度上提高民商事法律的教学质量。

一、当前中美合作办学民商事法律的教学特点

（一）规范出发型教学为主

中国法与美国法分属大陆法系与英美法系，其在具体的课堂教学中呈现出明显差异。在民商事法律的教学中，无论是民法、商法抑或民事诉讼法，大陆法系强调以规范及理论为出发点的教学方式，总体上以讲述方法为主，案例教学为辅，在案例教学课程中也不排斥演绎法。而美国法则更强调以案例、判例抑或先例为基础的案例分析式教学方式，从法律内外启发与引导学生阐明做出判决的政治与社会背景分析。[1]国内法教学用案例少，美国法教学用案例多。两种教学方式的差异虽可通过中美师资的不同而最大限度地加以弥补，但却给处在法学学习起点的学生增加了接受或适应教学方式的困难。在针对民事实体法的教学中，亦有个别高校试图以大陆法系民法所推崇的鉴定式教学法作为突破点，试图在中美合作办学法学专业的一年级、二年级的中国法教学中，增加鉴定式教学法的应用比重，从而培养中学生对于案例的分析、判断及应用能力。但是，这种案例分析方法仍旧是在系统理解、掌握基本规范的前提下，对民商事法律规范的一次"检验"。这种鉴定式的案例教学方法，需要消耗大量的教学时间，并配备充足的教辅人员。同时，鉴定式的案例教学方法通常以小班教学为益，很难面对大规模的教学对象进行扩展，且往往需要在教学过程中获得及时的、具有针对性的、个性化的反馈。

---

① 范卫红，曾佐玲，黄艳，曾玉莹.国外案例教学法与中国法学教育[J].重庆大学学报，2006（2）：28.

从鉴定式的案例教学法所耗费的思维成本、教学成本和学习成本三个方面来看，这种"高端的教学方法"受制于中美法教学密集且有限的课时，在对待法律规范的学习、理解尚存在困难的情况下，现有教学模式很难直接应用鉴定式案例教学法，只能将其作为讲授规范的补充。①此外，美国法虽强调"案例"在课堂教学中的作用，但其对案例的分析过程、分析路径、分析方法与德、日主导的鉴定式案例教学法风格迥异，大一、大二的学生不但无法在大三、大四的课程学习中获得美国教师的帮助，亦没有任何高年级学习的内在动力。在国内法的教学中，即使是比较成型的鉴定式案例教学方法，亦难以适应现有的中美两国法律的渗透式教学需求。故而，民商事法律的课堂教学被限定在了规范的解析与原理的阐述等宏观、中观的制度层面，未能深入到具体的应用。这种讲授在一些"法律事实"被人们所熟知的场景，如借贷关系、侵权关系、未成年人民事行为能力等内容中尚且会被学生快速理解，但讲解到复杂、拗口的概念，如抗辩权、多数人责任、合同履行地、既判力等与日常生活相距较远的概念时，学生对此的理解就会遇到问题。此时，单纯地讲授"规范"往往只是达到了"讲授"知识点的效果，并未能在学生中构建实在的法律知识或法律理念，也难以良好的体系框架检验、过滤和组织知识，形成法学教育和学习之间的良性互动。②长此以往，在法律知识、法律理念呈点式散落无法迅速汇聚成体系化时，法律知识的遗忘速度就会加快，学生对民商事法律的掌握就会愈发困难。

（二）案例教学过于简单

第一，案例教学过被部门法分割。现有的民商事法律案例教学尚不能称之为"民商事法律案例教学"，而应分为民商法案例教学与民诉法案例教学。在现有的课堂教学中，民商事法律教学内容因民商事法律教师的教育背景而被限定。民商事法律各部门法讲授的案例基本限定于本部门法的知识框架下，难有超越本部门法设计、讲授案例的情况。即使课堂所用案例已经

---

① 于程远.论鉴定式案例分析方法的本土化价值[J].中国法学教育研究，2021（1）：5.
② 封丽霞.法典编撰论——一个比较法的视角[M].北京：清华大学出版社，2002.

超出本部门法，关涉其他部门法的知识，限于该教师的知识储备，往往会简单跳过。而部门法之间的割裂这不但使学生们错过了"体系化"的接触民商事法律的过程，与"法的实际应用"发生了冲突，同时也浪费了教学时间，使得本可在此案例中讲授、分析、掌握的民商事法律知识不得不等到专门的部门法老师进行专门的讲授。这就和美国法的讲授存在一定的区别。尽管美国法因讲授的需要亦区分了实体法与程序法，但其在案例分析的过程中，并未有被部门法割裂所"回避"的知识，其可以一体化的讲授案例所涉及的所有知识。对于学生而言，就同一教学主题在实体法与程序法之间展开对话，双重维度解析典型案例，能够让学生意识到程序法与实体法之间的不可分割性，运用整体性系统思维解决具体法律纠纷。①

在中美法几年的民事诉讼法教学过程中，此种被部门法割裂的例子比比皆是。比较典型的是，对于诉讼时效的讲授，本应在民事实体法中作为重点内容讲解。但是，由于课时的限制，在民事诉讼的课堂上，诉讼时效基本需要进行重新讲授。这就导致诉讼时效的讲授需要结合大量的实体内容，增加了民事诉讼法的授课时间，挤压了其他民事诉讼法知识点的讲授。诉讼时效作为"时效"知识点的一部分，本可以通过具体案例的形式在实体法教学中进行充分阐释，但因为诉讼时效问题涉及实体与诉讼的交叉内容，不属于单一的知识点，导致民事实体法学者在讲授时天然地将其"遗忘"。另一例子为公司法中的股东大会决议无效之诉的讲授。股东大会决议无效之诉是公司法的重要知识点，但在讲授的过程中，只会对"无效"进行实体阐释，并不会对"诉"进行全面的阐释。在民事诉讼的课堂上，股东大会决议无效之诉是重要的确认之诉的类型，但如果对其进行展开，又只涉及诉讼标的、管辖、证明责任等诉讼内容，在案例的设计上与商法中的相似内容的讲授缺乏联系，无法形成有效的结合。由于没有了体系化讲授案例的动力，导致民商事法律中各部门法所设计的案例都非常简单，而简单的案例与实践相距甚远。作为基础性的部门法，频频以简单的案例作为素材，会使学生们对司法

---

① 陈磊. 双师同堂推动程序法与实体法交融的教学进路探索[J]. 法学教育研究，2020（3）：235.

实践、客观的法律生活产生误解，拉远了学生与法律应用的距离。根据培养方案，中美法的民法、商法及民事诉讼法的课时及学分仅为普通法学班的一半，而在面临中国法律规范逐年增加、法学理论日趋厚重的现实下，讲述案例、分析案例、讲解案例所占课堂时间十分有限。据笔者个人感受，在50分钟一节课的教学中，有效提到案例、应用案例辅助教学的时间最多能达到10分钟。在仅有的案例教学应用中，案例的质量、案例的可接受程度及案例分析度均较低。由于现有民商事法律学教材基本不会提供真实且具有实践价值的配套案例研习，因此课堂上所授案例基本为简单案例，且案例更新极慢，难以适应复杂多变的现实环境。[1]囿于案例教学时间过短，学生也无法对案例进行充分的理解、分析，导致学生对理论及规范的理解过于僵化，无法扎实掌握所学知识。

第二，案例教学的作用被限定在激发兴趣而非知识传授上。在中外法学课堂上，许多教师将案例教学理解为举例教学，在课堂上侧重于对案例的说明，案例的作用更多的是课堂伊始引出讲授的知识点，通过案例的阐述展示某一特定规范的"趣味性"或"重要性"，激发学生学习的热情。[2]这样的教学案例一般为具有重大社会影响力、情节离奇古怪且易于理解的案例。然而，要达到这种效果，案例必然不能太长，冗长的阅读会使学生丧失探索的兴趣，故而这种案例一般以"短小精悍"的方式在课堂上展示。由于案例的容量有限，作为知识结构载体的部分会大幅度缩减。如此一来，课堂展示的案例就丧失了"教学"功能而被限定在了"展示"功能上。对于学生们而言，由于这种"体量小"的案例的教学功能的单一性，导致他们在课堂上亦不会对其进行重点学习，案例展示一晃而过，没有发挥作用。同时，在课后的自学过程中，学生会不由自主地将精力投入到规范的学习、理解中，陷入宏观的抽象理论的学习误区中，而怠于以微观视角将规范演绎至具体案例中。

---

①李凌旭.法学案例教学之困境与脱困[J].高教学刊，2021（29）：92-95+99.
②翟磊.法律思维视角下的案例教学法[J].法律方法，2019（4）：247-261.

这种案例教学的"非知识性"不但在中国法学习阶段给学生造成了"案例不重要""案例很有趣"的错觉，也阻碍了他们顺利进入美国法的案例式教学课堂。美国法课堂中的案例教学具有明显的知识性，其在内容的广度与深度上远超中国法的案例教学。很多课堂往往围绕一个案例进行深入的解构、分析，并对其中的法律知识进行归纳、总结。在美国法的课外学习中也以"案例分析"为主，学生往往要在阅读大量案例、判例的基础上，对某一案例进行法律分析。教师并不会直接告诉学生法律规则是什么，而是以苏格拉底式的提问来进行，目的在于"让学生像律师一样思考问题"。[①]这种案例教学的模式不再强调"知识性"，案例不再处于规范讲授的辅助地位，而是作为"本体"成为课堂教学、课下自学的核心。在美国法学习的过程中，案例教学被广泛应用，可以确定的是，中美合作办学班的学生在学习美国法时要花费大量时间去检索案例、分析案例及判例中所体现的法理。在美国法讲授过程中，案例教学是主要的教学方法，而学生经过大一、大二两年的时间，已经适应了大陆法系理论、法条的教授方式，需要花费一定时间去转化学习思路，这可能给学习带来一定的困难，尤其是在大三这一重要且关键的时刻，这种思想不但会对美国法的学习造成障碍，还可能影响对于中国法的理解。这种"知识性"案例教学虽然不能成为国内法教学的核心，但也对国内法教学提出了衔接性要求。只有增加国内法教学中案例的比重，才可能使中美合作办学班的学生更好、更快地进入美国法的学习中。

二、中美法民商事法律案例教学的具体进路

（一）案例的设计

1.知识点的构成

民商事法律内部各个部门法内容庞杂，民商事法律关系之间交叉甚多。在案例知识点的设计中，要尽量在单个案例中展示多个知识点，且要展示涉

---

① 郑丽萍，宁势强. 美国案例教学视域下法学本科教学方式之改革[J]. 北京航空航天大学学报，2017（4）：103+108+113.

及多个部门法的知识点。案例教学与规范教学的差异在于，案例无法拒绝多种法律规范的交织与叠加，不同部门法的知识虽然被划分为不同的规范内容，但在具体应用时却会紧密结合在一起。因此，好的案例应至少涉及三个以上的部门法，以此提高知识点的利用效率。在知识点的构成上还要注意全面性，即应当在一个案例中尽可能地还原"实践"全貌，真实反映案例所依托的具体实践构成，使案例具有实践活力。我国的案例教学仍然停留在低层次的案例援引层面，案例教学方法未能充分发挥提升职业能力的功能，普遍存在"案前法后，以案引法""法前案后，以案证法"等现象，缺少"案法交织，互为利用"场景。①这就需要从实践案例中寻找素材构建"教学案例"，注重典型性、代表性，激发学生的思考和分析，促进学生在激烈相互辩驳对抗碰撞中锻炼思维，培养和提高分析问题和创造性解决问题的能力；②避免"臆想"案例，注重知识点依托实践案例，提升学习价值，同时也会帮助学生更快、更好地融入复杂的民商事法律的学习中。

2.知识点的平衡

民商事法律知识点大致可分为民事实体法与民事程序法两个类型。民事实体法与民事程序法的案例有着比较大的区别。就民事实体法而言，其多为生活中的可接触事实，如婚姻、家庭、买卖、侵权等，具有强烈的生活气息，除去复杂的商事法律具有一定的距离感之外，民事实体法的案例理解并不会太难。这使得民事实体法的案例容易设计，情节生动且受人喜欢。就民事程序法而言，与实体法相比，民事诉讼法作为重要的部门法，教学难度在于：可能内容远离学生的日常生活，陌生感较强；鉴于诉讼程序环环相扣，教师在讲授顺序上不时需要在前面内容中穿插后面的知识，进而难以形成绝对独立的教学板块；程序法难于依赖生动鲜明有趣的案例，容易形成抽象、乏味的讲授状态和枯燥的学习氛围。因此，拓展和丰富民事诉讼法学的案例

---

① 于洋.案例教学视野下的法治思维培养——以法律方法为切入点[J].法律方法，2021（1）：255-276.

② 张艳.浅析国内大学法学教学中的案例教学法之不足与对策——从哈佛大学"公正：该如何做是好"一课说起[J].学理论，2013（21）：279-280.

教学方法具有十分重要的意义。现有民事诉讼法的教学以概念为核心，试图通过概念之间的逻辑关系，使学生形成关于民事诉讼法理论的抽象思维，并在此种抽象思维的引导下，认识、理解具体的诉讼程序及《民事诉讼法》的具体条文。此种抽象的授课方式有两个特点：第一，对待概念的讲解先于具体法律生活。在现有的民事诉讼法教学中，课程总是以教授学生抽象的民事诉讼概念为开端，脱离现实生活。而民事诉讼中重要的概念如"诉""诉讼标的""既判力"等因为法律移植的原因，无法找到一一对应的具体内容，只能借助一个抽象概念解释另一个抽象概念，增加了学生理解此问题的难度。即使教师可以将各个概念之间的关系理论做出详细讲解，学生也不能迅速将其与我国《民事诉讼法》及民事诉讼实践相联系，进而沦为概念法学，无法学以致用。第二，民事诉讼理论过于抽象。民事诉讼的重要概念如"诉""诉讼标的""既判力"等内容作用于程序的开始到结束，然而在教授过程中，无法也不可能从程序进行的角度对专门概念进行全面性讲解，从而无法使概念完整地呈现在学生面前。导致概念的模块化、阶段化，加大了概念的理解难度。

在民商事法律案例的设计过程中，为了平衡民事实体法与民事程序法，应当尽量将二者的知识点进行结合，设计兼具民事实体法与民事程序法双重内容的案例。学生在学习民事实体法或民事程序法的过程中，能够一体化地学习另一门知识。从实践来看，所有民事纠纷只有涉及了民事诉讼之后才有必要被民商事法律规范评价。因此，将实体法与程序法结合也是对实践的一种理性回归。同时，对学生进行实体与程序结合案例的讲授，可以培养学生实体与程序结合的一般思维，避免学生偏在性地形成"实体法"思维。

（二）课程的设计

案例的应用需要依托于课程的优化，在课程的具体设计过程中，依据实体法与程序法的特征，可以将课程的设计分为实体导向型与程序导向型。前者以实体法课程为依托，对案例教学进行实践，着重以实体法教师的讲授为主；后者则以程序法课程为依托，对案例教学进行实践，主要以程序法教师的讲授为主。在课程设计中，杜绝"拼盘式"地开设学科交叉，力求做到实体法和程序法的相互交融。[①]

1.实体法导向型

在实体法导向型的课程设计中，应以实体法即民法总论、物权法、合同法的知识点为主，并将三者进行融合，由一位或者两位实体法课程的教师根据融合后的案例对知识点进行讲授。在这种协助式同堂教学模式之下，实体法课程的教师负责讲授实体法基础理论内容、重点难点内容或者理论前沿内容，程序法课程的教师对所涉及的程序法知识点进行补充性讲授。[②]实体导向型的课程应注意合理分配实体与程序的内容，前者应占70%以上，后者则不应超过30%，所讲授的内容亦应遵循程序配合实体的具体方式，避免集中对程序性内容进行集中、大规模的讲授。由于实体法内容庞杂，实体法导向型的课程设计亦应占据中美合作办学民商事法律案例教学的主导地位。

2.程序法导向型

在程序法导向型的课程设计中，主要应依托于民事诉讼法课堂，对民事实体法内容与民事程序内容进行讲解。比较理想的状态是，由民事程序法教师对程序内容进行主要讲解，由民事实体法教师对实体内容进行辅助讲解。与实体法导向型课程类似，程序法导向型的课程亦应以程序法讲授占70%为益。

（三）中美合作办学民商事法律案例教学的难点及突破点

1.师资协调上的困境

师资协调是民商事法律案例教学待突破的难点之一，包括师资数量与师资专业两个困境。民事实体法课程教师与民事程序法课程教师数量均有待提高。推行案例教学，需要改现在的"大班教学"为"小班教学"，现有的师资尚不能满足"小班化"教学。相对于可以通过"引入"师资快速提高教师数量，师资专业困境相对更难克服。在案例教学的过程中，教师应通过多种教学手段为学生课堂学习提供素材、提供指导、指引方向，推动学生从案例

①谭金可，热依汗古力·喀迪尔.以多学科交叉培养为导向的法学教学改革研究[J].福建警察学院学报，2014（3）：99–104.

②刘玉林.双师同堂教学模式及其在法学教学中的构建研究[J].高教学刊，2018（19）：79–81.

学习中获得思辨能力与实践能力的提升。[1]由于民事实体法本身即非常庞杂，限于时间、精力，民事实体法课程的教师对民事程序法的理念、原则、制度等的学习不足，对案例中涉及程序法的问题把握不足。尽管有程序法课程的教师对程序法进行专门讲授，但由于我国法律在实体与程序之间存在诸多衔接不畅造成的法律难点，故而在课堂效果上很难做到实体与程序的互动。未来是否可通过民商事法律课程教师集体备课、集体设计案例的形式缓解此问题，仍存在疑问。

2.考察标准上的困境

案例教学的考察方式相对于传统教学更具有主观性。波兰尼把知识分为两类：能用语言符号加以表达的知识，属于明述知识范畴；理解力、判断力、鉴别力等，非语言所能充分言说，属于默会知识。[2]在传统的考核方式中，一般是以客观题和主观题相结合的方式。案例教学则主要以开放式的主观判断形式，对学生的案例分析进行评价。这种评价不仅涉及规范运用的准确性、合理性，还涉及多种解题方式、解题思路之间的取舍、选择，同样的案例分析路径，可能因学生的说理充分性、合理性不同而作出不同的评价。总体而言，这种考察方式尽管可以以"标准答案"的方式展示一定的导向型，但无法涵盖学生提供的所有解题思路。如何给出统一且公正的评判，保障学生对案例教学方式的积极性，避免因此产生的纠纷，同时还能对学生的明述知识和默会知识进行充分考察，成为考察标准需要解决的问题。初步的想法，可将结果性考试改为过程性考察，通过多份案例分析报告对学生掌握知识的程度进行综合评价，但仍需更加细致的评分标准。

---

①牟晖，郝卓凡，陈婧.中美案例教学法对比研究[J].管理案例研究与评论，2021（4）：457-463.
②张东娇.比较视野中的中国"案例教学"——基于毅伟商学院案例教学经验的分析[J].比较教育研究，2016（11）：71-77.

公司法案例教学的新授课模式探索

贺 茜

摘要 互联网信息时代，高校教师的教学模式也应发生相应变化，加强对现代化信息教学手段的学习，缩小理论知识讲授与司法实践应用间距离，提升教学能力。在分析既有公司法案例教学模式的基础上，发现现有授课模式在案例选取和教师能力两个方面的困境及原因。提出"启迪·阐释·商讨·反思"的新授课模式，并将之运用于公司法课程的教学实践。激发学生对公司法的兴趣，培养学生的商事思维习惯，最终实现提升公司法案例教学授课效果和助力法学教育模式改革的目标。

关键词 案例教学 授课模式 商事思维 案例讨论 高校教师

案例教学法已成为高校法学课程教学必不可少的方式之一，公司法课程作为实践运用甚广的应用型课程，广泛使用案例教学法。在新型冠状病毒肺炎疫情暴发后，高校不得不采取各种形式的线上教学形式，这对案例教学法也提出了新的挑战。传统公司法案例教学法实践中，在案例选择、运用、教学效果等方面业已存在诸多困境，在线教学方式的引入，对公司法案例教学法提出了更多挑战。因此，有必要结合新形势，探索公司法案例教学的新授课模式。

一、公司法案例教学授课模式分析

公司法案例教学法，是以公司法学课程教学规律为依据，依照案例教学法基本操作规范开展的一种高校课堂授课方式。授课教师结合需要讲授的教学内容，通过对案例的分析将公司法相关理论和法律规范融会贯通，加深学生对知识的理解，提升教学质量。这一部分将在相关文献收集和梳理的基础上，根据线上线下教学观摩和调研，结合授课内容和授课方式，对我国公司法案例教学的主要模式进行分析。

（一）案例选取方式分析

案例教学法通过组织学生阅读、思考、讨论相关案例，结合教学目标，从而掌握公司法知识，逐步形成商事审判思维，应对实践纠纷。授课过程中使用的案例主要有三种来源。

第一，教材案例。目前，除马克思主义理论研究和建设工程教材外，各高校主要选用的公司法案例教材为《公司法案例教学》和《公司法案例注释版》，其余公司法案例类教材多为数十年前所编写，难以与现今教学相适应。第二，司法实践真实案例。自 2014 年起，除特殊原因外所有案件均在中国裁判文书网公布，这为授课教师的案例选择增加了重要途径。最高人民法院还公布了指导性案例，为公司法案例教学提供了大量可供选择的材料。第三，教师改编或自编案例。教学实践中，也有教师会将司法实践中的真实案例加以改编或者自编案例，以适应所授知识的内容。

（二）授课模式分析

1. "教师讲授型" 模式

这种模式由教师选取案例，并对案例进行分析和讲授，从而帮助学生掌握特定知识。该模式的主要目的在于通过举例，帮助学生理解抽象复杂的法律概念与法律关系，极度依赖教师对案例的选取和分析程度。例如，在股东出资相关知识点的讲授中，对于投资者能够以何种类型的财产出资，《公司法》的规定较为抽象且需要与其他法律规范配合使用，教师多会通过案例来进行解释。

2. "教师问答型" 模式

在授课过程中，教师对案例进行简单介绍，根据所授知识，针对案情进行提问，在课堂中形成 "提问→回答→提问→回答" 的循环过程。所提问题的内容、涉及的知识点、案情讨论深度、争议焦点等均由教师提问主导，学生沿着教师的提问进行思考。例如，在股权转让知识点的讲授中，教师可以就股权转让的限制、优先购买权的形式、优先购买权的规避和救济等问题进行逻辑递进式提问，带领学生思考，从而完整掌握全部知识点。

3."小组讨论型"模式

由教师在课前通过微信、邮箱、在线教育平台等多种方式将案例上传，学生以小组进行分组讨论后，在课堂上选派代表发言，教师进行点评。相比较"教师问答型"，"小组讨论型"授课方式对于案例的分析思路更为发散，教师主导力较弱，知识讲授较少。教师可就司法实践中的疑难问题或争议较大的问题组织学生进行共同讨论。这种模式在线上授课过程中使用的频率更高，相比较前两种模式更能提升线上教学的效率。

二、公司法案例教学授课模式的困境及成因

近年来，案例教学法在法学领域已经取得了一定的实践效益，促进了法学本科教育课程的改革和教学方法的完善。但是，公司法案例教学在具体操作层面也面临教学应用和教学效果的困境，直接影响了授课效果，最终影响学生对公司法的学习兴趣和商事思维能力。下面从公司法案例教学的教学材料选择、教学内容、授课方式等方面分析我国公司法案例教学的困境及成因。

（一）案例选取困境

案例教学法中使用的案例并无模式化、标准化样态，如何选取使用案例是法学理论课程教学中不得不面对的难题。公司法与经济社会发展联系紧密，我国《公司法》经历了多次修订，制度创新快，相关司法解释数量繁多。案例的法律适用和裁判理念的调整较为频繁。因此，在案例选择方面，要求授课教师不仅要选取经典案例，而且必须根据法律规范和裁判理念的变化更新教学案例。若过分依赖教材案例，容易陷入裁判依据与现行法律冲突或者裁判结果与现行裁判理念相左的困境，无法帮助学生了解我国司法实践的现实需求。以股东知情权纠纷为例，2006年《公司法》规定股东有权查阅和复制公司财务会计报告、有权查阅公司会计账簿。实践中的争议集中于股

东是否有权复制公司会计账簿、是否有权查阅原始会计凭证及"不正当目的"的判断标准。2017年《关于适用〈中华人民共和国公司法〉若干问题的规定（四）》对上述争议进行了回应，并明确公司章程和股东协议不能实质性剥夺股东知情权。近年来，司法实践的争议多集中于知情权的具体履行方式及限制股东权利的边界。这就需要教师在股东知情权这部分知识的授课过程中对案例进行变更，并结合最新裁判规则进行讲授。

直接选用"指导性案例"进行讲授，能够避免前述与司法实践脱节的困境，但是真实案例往往涉及知识面广、综合性强，不仅涵盖多个公司法知识点，而且要求学生具备一定的民法和民事诉讼法知识。这就导致需要占用较多授课时间才能确保学生对案例的掌握程度，但是教学实践中仍然无法避免出现部分学生无法完整理解案例所涵盖内容的现象。针对这种困境，教学实践中有不少教师会对司法实践的真实案例加以改编，或缩略案情，或减少争议焦点，试图在有限的授课时间内高质量地完成案例教学。然而这种方式不可避免地会耗费授课教师大量的精力，授课效果极度依赖教师个人能力和意愿，不利于法学教育整体质量的提升。

（二）授课教师能力困境

案例教学法对授课教师的课堂管理能力和应变能力都有较高要求，当下法学院多数授课教师只在博士阶段接受过长期系统性科研训练，而未接受过系统性教学方法的培养，容易影响其对课堂的把控能力。

第一，教学目标不明确。公司法多数案例涉及知识点繁杂，授课教师若不花费大量时间研读案例，很难保障案例教学中设置的问题与知识点相匹配。例如，在"教师问答型"授课模式中，如果教师无法设置科学合理的问题，那么学生将无法对案例进行有针对性的思考。对案例的分析仅流于案情表面，学生无法从案例分析中获得本应习得的知识和能力。

第二，不能正确把握案例。教师在授课过程中容易将个人观点带入案例分析中，影响学生对案情的分析把握。无论是何种授课模式，公司法案例教学过程中均要求教师能够明确展示案例涉及的争议焦点，如果教师无法准确把握法律事实和规范间的连接，容易造成用错误原理解释案情的后果，将直接削弱案例教学的授课效果。

第三，授课角色把握不当。在公司法案例教学中，相比较知识讲授者，教师更应成为讨论的组织者（特别是在"小组讨论型"授课模式中），激发学生对案例的思考。在案例教学实践中，容易发生教师角色错位的现象。有些教师可能会基于教师身份不自觉地压制学生讨论积极性，有些教师会成为案例讨论的参与者，直接将自己的观点输出，将授课方式由"学生互动"转变为"师生互动"，甚至"教师讲授"（即单一使用"教师讲授型"授课模式），与传统"填鸭式"教学并无本质差异。久而久之，不利于学生对案例讨论的参与和思考，授课效果和学生反馈效果均不理想。

三、构建"启迪·阐释·商讨·反思"的新授课模式

构建主义学习理论认为知识依赖学习者自我构建，而非传授。[①]教师应当传授"学"的方法，即"发现学习"。教师授课的目的是激发学生对知识的兴趣，培养和训练学生运用知识解决问题的能力。法学教育的目的是为了培养"应用型、复合型的法律职业人才"。[②]在公司法课程教学中，授课教师需转变教学理念，从"教授主导"转向"创造主导"，为学生创造主动参与学习的环境，在已有知识背景下，通过对案例的分析分享观点，获取新知识，帮助学生逐步建立解决商事实践纠纷的思维能力，适应法律职业的要求。笔者尝试从"师生互动""生生互动"的角度探讨公司法案例教学的新模式。

（一）"启迪·商讨·阐释·反思"授课模式的内容

根据新时代高质量教学的需求，结合前述已有案例教学授课模式的经验，提出"启迪·商讨·阐释·反思"的案例教学授课模式。该授课模式由四个部分组成。

第一，启迪。在教学准备阶段，需要授课教师对案例教学的目的和内容

---

①陈晓瑞.当代教学理论与实践问题研究（第二版）[M].北京：教育科学出版社，2020.
②胡选洪.论法学本科教育目的下之犯罪论体系选择[J].中国法学教育研究，2016（1）：55.

有明确的思路。在授课过程中，教师改变以往单向传授知识、解读案例的方式，通过启发式提问和引导，帮助学生主动发现并解决商事纠纷的方法。这一过程，不仅能够让学生习得公司法的理论知识，更重要的是锻炼学生以法律职业者的思维方式思考问题，培养其商事思维能力。在该阶段，师生互动并不多，教师主要是作为信息提供者。因此，对教师选择案例、教学规划、讨论议题设计等都有较高要求。

第二，商讨。该部分中，交流是关键和中心，商讨是课堂教学中培养学生运用知识解决实践案例纠纷最直接的方式。在公司法案例课堂教学中，学生需要理解他人观点、表达自己立场、对他人观点作出回应。在这一过程中学生的沟通能力、思考能力、研究能力等都能得到系统性训练。学生通过商讨，向同伴学习，在吸收他人优点的过程中，提升自我能力。虽然学生交流是该阶段的核心，但是并不意味着教师不发挥作用。相反，教师需要对整个讨论的过程进行把控，以保证课堂商讨的开展是紧密围绕案例进行深入分析。但是教师与学生的交流主要是以促进学生思考为主，应避免急于输出教师个人观点或强行灌输课程知识。

第三，阐释。在公司法案例教学过程中，学生将根据"商讨"过程中他人的发言，内化梳理调整自身对案情的判断，从而进一步明确自己的观点。学生在这一过程中实现了知识和案例的视域融合，在不同观点碰撞交融过程中，作为学习主体的学生逐步实现向全新视域的拓展。教师在该部分将归纳学生针对案例讨论的焦点，并对不同观点进行评价，也可更加深入地指出现有法律规范的漏洞，引导学生思考完善路径，帮助学生完成对案例的深刻理解。在这一阶段，教师进行解惑和总结，学生在掌握基础知识的同时提升了解决实践纠纷的能力，案例教学目标初步实现。

第四，反思。在课堂案例教学结束后，学生通过撰写相关法律文书，深化对知识的理解和处理实践纠纷经验的总结。反思性理解能够帮助学生进一步深化对公司法理论的理解，培养商事思维，逐步缩小理论与实践间的差异。公司法案例教学中，教师不仅需要具备扎实的理论基础知识，同时还要具备处理实践纠纷的能力。反思也是教师不断成长的机会，审视自身的教学方式，发现问题、改进问题，并在后续教学实践中完善，实现教学能力的提升。

（二）"启迪·阐释·商讨·反思"授课模式的具体实施方式

1.实现线上线下联动

高教课程教学的网络化发展，为案例教学授课模式的变化提供了软件支撑。在以往线下课堂教学的基础上，Blackboard、慕课、雨课堂、腾讯会议、Zoom等网络在线教育平台为线上教学提供了大量资源，改变了师生之间的沟通交流模式。教师可以通过视频、音频等多种方式进行讲授，学生也可以在线上完成学习和考核评价，不再受到时间和空间的约束。通过线上线下教学的配合，更能激发学生自主学习的意识，养成终身学习的习惯。

教师在授课过程中，应以主动学习者的身份参与到在线教育中，积极使用相关网络技术提升对教学环节、教学方式和方案的把控力。在公司法案例教学中，教师可以在线下授课前将教学目标和教学安排等材料通过Blackboard平台等软件向学生发布，使学生在选课前对课程知识体系有初步的了解。通过Blackboard平台的不同模块，将课程使用案例进行分类，便于学生课前预习，提高自主学习能力。例如，对于需要学生熟练掌握的经典案例，可以让学生进入不同的讨论组（分别代表法官/仲裁员、原告、被告、代理人律师、证人等）。在线下授课中扼要讲授或提示相关案情及争议焦点，引导学生发表观点。课后，由学生线上提交起诉状、答辩状、代理意见、判决书等法律文书，教师进行评阅。这种方式能够保证学生充分参与到案例研习中，督促学生进行思考和练习，加深对公司法知识体系的理解。而对于那些只需要了解的案例，则可在课前发送给学生阅读，课堂中授课教师仅进行简单讲解，对于学有余力或者有兴趣的学生可在课后进行自主学习。

教师也可以录制音视频文件上传至开放学习平台，供学生反复学习。同时，授课教师在课堂讲授和讨论案例后，可鼓励学生使用"国家企业信用信息公示系统"等网站了解公司的实际运营状况，理解公司的管理模式，并使用"中国裁判文书网"等网站进行类案检索，归纳总结裁判规则。线上线下联动的授课模式，既加深了学生对公司法知识和案例的理解，又增强了公司法教学的实践性，提升了法学本科生的法律职业能力。

2.提升授课教师的教学能力

案例教学法不应是孤立的，应协调适用多种授课方式。首先，应树立学生主体教学观。学生是教师教学活动的核心[①]，教师在公司法案例教学课程设计中，需注重师生交流，将学生的发展性、能动性和个体差异性特征纳入考量因素。在教学过程中忽视学生的主体地位，可能会导致学生被动接受知识，难以激发其学习主动性。公司法案例教学的案例均来源于司法实践，在学生与教师的交流互动中，学生学会发现问题、思考问题、表达观点，在这种动态学习模式循环往复中培养解决实践问题的能力。

其次，提升教师对课堂的掌控力。在授课准备过程中，教师要注重选取案例的典型性、新颖性和适量性。还可选择社会热点案件进行讨论，如"瑞幸咖啡欺诈""康美药业虚假陈述""海航集团重组""滴滴在美退市"等，吸引学生主动参与到公司法案例的学习中，提升学生对公司法知识的实践应用能力。在课堂案例讨论中，授课教师需要注意以下几个方面：第一，掌控案例讨论的思路，调动学生参与的积极性，避免低效讨论。教师要避免用表情、语言（包括肢体语言）等对学生的阐述进行简单否定，鼓励和启发学生提出不同的观点，并积极组织其他同学进行讨论。第二，掌控案例讨论的时间，合理分配不同知识点所占的课堂时间。对于复杂的法律关系，可通过板书的方式予以展示。第三，掌控案例讨论的结果，对学生在案例讨论中提出的问题予以回应，并引导学生进一步思考现行公司法规范在具体公司治理实践中存在的问题，启发学生探索完善方案。同时，对已授课班级学生所展现出的有见地的论点进行记录，在其他班级中进行分享。

四、结论

大学的法学教育，不仅需要解读法律规范，还需要让学生了解法律运行的规律和外部环境，培养学生的法律思维和法治理念。[②]公司法课程是高校

[①]崔友兴.新时代教师教育教学高质量发展的逻辑与路径[J].中国教育科学（中英文），2022，5（2）：135-146.

[②]李杰赓.大学中法学教育的规定性及其目的[J].行政与法，2014（6）：54-58.

法学专业的基础课程，"启迪·阐释·商讨·反思"授课模式能够帮助教师在教学过程中关注学生需求，及时调整教学方式，使案例教学法真正发挥作用，提升公司法课程的教学效果，满足新时期法律人才培养的需求。

第四章
涉外法治人才实践能力提升路径研究

模拟法庭备赛与中外合作办学
国际公法课程设计研究

陈奕彤

摘要　在当今世界百年未有之大变局的背景下，全球治理体系也面临着各种各样的机遇与挑战，与此相对应，国际法学的教学改革也必须考虑当前的时代特征，将历史使命融入教学模式的改革与实践创新中。海洋法模拟法庭竞赛的开展有利于学生全面掌握国际法和海洋法的知识和检索技巧，同时也能够丰富整个中外合作办学国际公法课程的课堂内容，对教学效果及学生的学习体验都有较好的作用，同时也为开展课堂思政提供了有利场所。

关键词　中外合作办学　国际公法　海洋法模拟法庭竞赛

一、引言

自2017年以来，中国海洋大学法学院（以下称海大法学院）在学院领导的大力支持下，开始组织学生竞赛队伍参与中国海洋法学会主办和组织的全国高校海洋法模拟法庭竞赛。海洋法模拟法庭比赛适用《联合国海洋法公约》规定的国际海洋法法庭的程序，以英文为竞赛语言。比赛分为书状提交和模拟庭审两个环节。竞赛法官由来自于国际海洋法法庭法官和书记官长、外交部条法司、国家海洋发展战略研究所、中国社科院等机构的知名海洋法学者组成。笔者作为海大法学院国际法教研室的一名从事国际公法和海洋法研究的青年教师，于2018年开始担任海洋法赛队的教练，并以主教练的身份带领赛队成员获得了2018年第二届全国高校海洋法模拟法庭比赛二等奖，以及2018年秋季中国首届国际海洋法模拟法庭竞赛季军（总成绩第三名），这也是迄今为止海大法学院在模拟法庭英文赛中取得的最好成绩。

据笔者观察，海大法学院海洋法模拟法庭赛队成员相对于其他高校队伍的一个突出特点是队员由大一到大三的本科生构成，且多数来自中外合作办学项目。队员平均年龄小、学习国际法和海洋法的时间很短等特性是他们相对于大部分老牌名校法学院队员的劣势。在备赛和教授中外合作办学项目大一新生国际公法课程之余，笔者也在思考：如何能化劣势为优势，使得队员能尽快全面掌握国际法和海洋法的知识和检索技巧，同时也丰富整个中外合作办学国际公法课程的课堂内容呢？

国际公法是中外合作办学大一新生的核心专业课，安排在大一的第二学期。此时的学生尚未脱离高中的稚气，刚刚具备法理学等少数几门法学专业课的基本常识，就需要研习"不接地气""似乎与平日生活较远"的国际法学；而且，模拟法庭对国际公法和海洋法的知识储备、研究检索能力、英文口语表达和写作水平要求极高，这是对学生的一大挑战。

作为一名身兼赛队教练和授课教师任务的"青年教师"，我的挑战则在于，海洋法模拟法庭的赛队队员大多来自中外合作办学项目，专业课和英语强化学习已占据了他们大部分的时间，用于专门备赛的时间很少。这意味着我必须利用《国际公法》这门32课时的专业课实现双重目的：完成教学任务，夯实学生的国际公法基础并提升他们对国际法学科的认识、拓宽学生的国际法视野。与此同时，还要尽可能地为竞赛队员打下良好的研究基础和竞赛兴趣，这意味着课堂上也要对海洋法的内容、国际法的渊源等国际法理内容有所侧重，还要加入部分法律检索的教学内容和练习实践。

当今世界正经历百年未有之大变局，国际力量格局正处于调整与重构的过程中，全球治理体系面临重塑的机遇与挑战。逆全球化民粹主义、单边保护主义暗流涌动，从以美国为首的发达国家逐步蔓延扩散至整个国际社会，在一定程度上给国际法的稳定性和确定性带来了前所未有的挑战。以中国为代表的广大发展中国家正在逐渐从国际法的被动接受和参与者的角色向着建设者和引领者的身份转变。中国在全球治理中的影响力和领导力在人类命运共同体理念的指引下，正在进一步通过制度化的方式，不断巩固和拓展。大国博弈的主战场已经不再局限于科技和经济领域，而是延伸到了国际法的话语权和规则制定权的争夺中，对国际秩序主导权的争夺已成为中美战略竞争和博弈的主要战场。

近年来，国际法在中国共产党纲领性文件中的地位愈加突出，党中央高度重视和强调国际法应作为中国关于国际秩序主张的基础，这是中国共产党法治观、法治思想和外交理念的重要发展和突破。这与现代国际法体系在联合国成立后70多年的进步和发展密切相连，更与当前国际形势、国际挑战和发展趋势息息相关。[①]时代的背景和当前的国际局势，为国际法学者和教师的研究和教学工作的开展提供了广阔的舞台。

国际法学的教学改革必须考虑到当前的时代背景，并将历史使命融入教学模式改革与实践创新中，从而培养新一代的年轻大学生具备家国情怀、通晓国际规则，以应对新时代赋予他们的重任与挑战。以多元立体化的教学理念和教学方式带动学生活学活用国际法，将有助于提升学生对于本课程的兴趣和积极性，从而夯实专业基础，拓宽视野。

二、教学模式改革与实践的具体内容

本课程使用的教材为马克思主义理论研究和建设工程重点教材《国际公法学》（第二版），为我国权威的国际法学教材，并在教学过程中辅以相关习题与案例材料。该课程坚持线上与线下教学相结合，充分运用网络教学平台等多媒体手段，丰富课堂形式，充实课堂内容。按照教学大纲与教学日历的设计，课前通过Blackboard网络教学平台将授课涉及的相关资料与课件提前发布，以便学生提前阅读。课堂上，在进行授课的同时，选用经典国际法案例并结合当年国际法热点问题开展讨论与研讨，提升学生的积极性和对国际法的学习热情。课后，利用网络教学平台、面对面答疑等多种形式与学生交流，并适时通过Blackboard平台发布练习题或讨论题，督促学生课下完成，使学生能夯实知识，加强思考。

---

①柳华文.论习近平法治思想的国际法要义[J].比较法研究，2020（6）：5–10.

（一）学研结合，培养学生的创新思维、能力和兴趣，拓展教学场所和学习空间

传统的国际法教学以教材为基础，以课堂讲授为主，学生为听众，侧重于知识的灌输。中外合作办学的大一本科生学习积极性很高、英语基础普遍较好，且有很强烈的以英文作为学习语言研习专业知识的兴趣。从激发学生的学习自主性、提高学生的主动学习能力角度考虑，法律检索是化被动学习为主动学习的良好抓手。

国际法的法律检索既包括国际法院、国际海洋法庭等国际司法裁决机构的司法判例，也包括联合国等重要国际组织的会议文件和年度报告，还包括各国参与国际法实践的国内案例等。这些国际法资料散落在不同的网站和数据库中，在检索的过程中，既能让学生扩开视野、远眺世界，又能通过模块化的、多维度的思维方式，提升信息挖掘的能力。

笔者在国际法课堂的第一课上，就介绍了国际法律检索的重要性，并将美国国际法学会等权威机构发布的国际法律检索指引文件放在Blackboard平台这一辅助教学网站上，供大家课后学习参照。考虑到学生的英语程度以及初涉国际法英文检索的畏难情绪，笔者将主要法律检索的途径和方法转制成了中文版本的"国际法相关资源网站"，并用课堂5~10分钟的时间对材料的重要性和检索内容进行了展示和讲解。该材料囊括了联合国国际法试听图书馆、联合国条约集数据库、联合国国际法委员会、国际法院等重要国际法资源网站，大部分网站也都有中文界面，检索非常清晰明了。为此，笔者还提供了关于各大国际法数据库的使用说明，供大家课后学习和检索。学生可以通过自行检索获得大量资料，而不必依赖于一本国际法教材。通过课堂教学与检索实践的同步，学生的动手能力和学习热情得以提升。学生在主动学习之后能获得极大的满足感和掌控感。课后联系的方式也满足了学生自主探究及个性化学习的需求，有效提高了学生的学习主动性，提升了教学效果。

为了保证课堂内容的完成度，法律检索不能占据太多的课堂时间，这也意味着教师要在课下备课过程中完成所有的资料准备工作，尽可能地利用宝贵的课堂时间为学生起到提点和指引的作用。通过几年来的教学观察，笔

者发现在教学中融入法律文献检索技能的模块培养，将检索方法的传授与专业知识学习相结合这种途径，可以极大提升学生主动学习国际法的热情和兴趣，也增强了学生动手检索的技能，学生在此过程中主动学习相应知识，起到了对教材内容二次刷新、加深记忆的作用。学生描述"如同通关打游戏一般"快乐和有趣。与此同时，学生还将这种对法律检索的兴趣和热情延展到了其他学科，进一步提升了学生对国际法和国内法之间关系的理解。例如，关于国家参与国际法实践的材料，既表现为外交实践和缔约活动等，也表现在各国的司法适用当中。前者的材料更多散落于政府网站中，而后者的材料需要通过专业的法律数据库通过案例的形式查询和总结。以美国对国际条约的适用为例，学生会去美国国务院、国会图书馆等网站找寻材料，会去Westlaw等法律数据库查阅相关司法判例，还会去国际法委员会等网站寻找美国提交的国家实践报告，也会去Web of Science等数据库查询相关的学术文章。这些不同的检索路径给学生提供了更多开阔视野和扩展研究脉络的可能性。有些学生在查阅美国国内司法案例的过程中，加深了对美国适用国际法的理解，并对美国法律体系或其他部门法产生了兴趣。为了保证教学效果，笔者还以《中华人民共和国和新西兰关于刑事司法协助的条约》等条约在北大法宝的检索路径为例，为学生进行了现场检索演示，并布置了搜索中国与其他国家所签订的刑事司法协助条约的课后作业。这样的检索过程演示和课后作业富有针对性和时效性，结合课堂讲授的内容第一时间及时唤起了学生的积极主动性和动手能力，起到了良好的教学效果。另外，通过课后布置检索作业，让学生写出不同的检索途径，或者找出检索的答案，也可以充分利用课外时间和网络空间扩展和关联传统课堂。

传统的教学方法是重课堂、轻课外。近年来随着各种电子化教学辅助软件和平台的建设以及校园环境信息化程度的提升，教学理念和教学方法也随之更新和多样化；课堂空间自然而然地在各种高技术手段和平台的帮助下延展至网络空间和课堂外的空间，从而保持了课后教学的持续性，加强了教师和学生之间的联系，建立了教学与资源获取的渠道。

（二）通过课堂思政加深学生对国际法实践和中国角色的理解

习近平总书记强调要坚持统筹推进国内法治和涉外法治。国际法的产生和发展是时代的产物，也是国家间政治、经济、军事、文化等综合力量对比的反映，是世界各国在国际合作与冲突中折冲妥协的结果。国际法学课堂是开展课堂思政的有利场所，这就要求我们更加重视国际法，研习和思考中国在参与国际规则制定和发展国际法过程中的角色与贡献。国际法教师，则应在讲授知识的同时结合近年来的国际法热点事件，将我国参与国际法的实践与中国参与和建构国际规则的实践方式等扩展性知识和内容积极融入课堂，鼓励学生在掌握基础知识和原理的同时观察中国在国际法演进中所扮演的角色和做出的贡献，培养和激励学生的家国情怀和爱国主义精神，感受国际法的重要价值。

国际法设置在大一第二学期，此时的学生虽然已经基本适应了大学生活，但学习方法和学习思维尚处于高中到大学的转型过程中。在这样的关键节点，学生在理解专业知识有困难的情况下，往往会借助既有知识与个人兴趣来对待专业课。在中美高度竞争博弈的严峻国际形势背景下，学生对于时局变化和国际事件往往充满了浓厚的好奇心和求知欲。国际法与课堂思政天然具有融合性，课堂思政的建设内容并非是将思政元素作为标签黏贴在国际法课程的专业内容上，而是将课程中的思政本体元素自然地展现，并如细雨润物般渗透进学生的思维和价值观。

国际法自身的性质决定了其素材是年年更新、层出不穷的。每年都有新的国际法事件和案例发生，这为笔者补充课程阅读和研修材料提供了源源不断的最新材料。

在海洋法部分的教学环节，笔者通过对美国不是《联合国海洋法公约》缔约国但却主导和引领了公约的谈判过程和规则设置这一现象的梳理，帮助学生理清美国在现代海洋法发展历史中所扮演的角色和《联合国海洋法公约》的产生、发展和现状，并探讨美国如何通过自身的国家实践来影响国际海洋习惯法的塑造和全球海洋法律秩序的发展。这一讲解可以令学生感受到习惯国际法速成的严密逻辑性，培养学生独立思考的能力和客观的科学精神。在"速成"习惯国际法的教学环节，笔者设置了课堂讨论，来深刻理解速成习惯国际法主张的利弊。学生围绕着"速成习惯国际法除却其合理性之外，为何也易沦为大国霸权的工具？"这一问题，展开了激烈的讨论，分别从发展中国家和发达国家的角度，在网络、海洋、外太空等速成习惯国际法可能生成的领域纷纷举例说明，加深了他们对习惯国际法形成中"二要素"理论的深刻认识。习惯国际法是国际法渊源的重要内容，较为抽象，难以理解。除了基础知识之外，笔者把教学的重心放在速成习惯国际法、习惯反对者、习惯国际法与国际条约之间的关系等内容上，增加了思辨和讨论环节的占比，通过在海洋法、人权法、外太空法等领域的国家实践，引导学生加深了对习惯国际法理论的理解。

无论是涉及国际人权法还是国家责任法，抑或是国际法与国内法之间的关系，如果每年只是根据教材照本宣科，给大一的本科生讲解"死知识"，是很难引起年轻学子的兴趣的，这些抽象的知识在课时限制下，也难以被学生在课堂上理解透彻。但通过及时更新和提供最新发生的国际法时事阅读材料，可以极大地拓展学生课外学习的空间场所，给予学有余力的学生自学和研修的空间，同时也使停留在课本上的"死知识"变得生动活泼起来。

三、总结

国际法不是简单停留在书本上的知识，而是存在于活生生的国际关系现实当中。多元立体化的教学理念和教学方式可以带动学生活学活用国际法。通过法律检索、课堂辩论等课堂训练，结合课程思政的正向引导，学生可以在这些丰富多元的教学手段中，发现自身的知识欠缺和继续努力的方向，让学生体验到有一定难度但可以达成的学习挑战，增强学生通过刻苦学习和有效实践收获专业能力和提高自身素质的成就感。国际法的课程建设既要注重教学结果，也应增强学生在立体化的教学理念和教学方式中感受过程性的学习体验。

本课程教学四年以来，一直坚持"立足教材、拓宽视野、活学活用国际法、以学生为中心"的教学理念。马工程教材为本课程提供了综合而完备的基础，中国的国际法实践和丰富的国际法案例，以及年年更新的国际法热点事件，为本课程推陈出新、及时翻新教学内容提供了有利契机和必要需求。启发式和互动式的教学方法和清晰简明、生动活泼的教学风格真正做到了以学生为中心，得到了优良的教学效果。在海大教学系统最近四年来的"教师课堂教学质量评价报告"中，本课程分别得到96.26分、91.35分、95分、98.8分的评价，连续四年均高于同年学院和全校的平均分数，证明了学生对教师教学质量的认可。

国际海洋法模拟法庭竞赛教学方案
设计及实施探析

王金鹏　　姜文琪　　康依诺

摘要　海洋权益在国家发展中至关重要，复杂的海洋维权形势使国际海洋法律人才培养的重要性更加突出。国际模拟法庭竞赛有利于提高学生的专业能力，激发学生的学习兴趣，在培养具备专业知识、实践能力的国际法律人才中发挥着重要作用。本文旨在结合国际海洋法模拟法庭竞赛的备赛要求及中国海洋大学法学院参加国际海洋法模拟法庭竞赛的实际经验，探讨国际海洋法模拟法庭竞赛教学方案的设计及实施的要点，以满足我国对国际法、海洋法专业人才的需求，更好地应对涉外法律服务人才队伍建设的时代要求，从而更好地维护我国的海洋权益。

关键词　国际海洋法模拟法庭　教学方案设计　实践性教学模式

一、国际海洋法模拟法庭竞赛教学的背景

当前我国正处于百年未有之大变局的新时期，日益走向世界舞台的中央，与各国交往日益密切。面对新的国际形势，我国需要加强涉外法治建设工作，加强对于国际法的研究和运用，需要培养一批具有国家情怀、国际视野和全球思维、通晓国际法律规则、善于处理涉外法律事务的高素质法律人才。国际模拟法庭竞赛以其独有的特色，在法律人才培养中发挥着重要作用，可以提高学生专业能力，激发学生的学习兴趣。自20世纪以来，国际性的模拟法庭竞赛逐步成为世界各知名法学院的角逐赛场。竞赛成绩不仅影响着法学院的业界声誉，也反映出该学院在人才培养方面的实力。近年来，国

际性模拟法庭竞赛蓬勃发展，越来越多的国内高校加入模拟法庭竞赛队列。模拟法庭训练本是借鉴于美国的一种实践性教学模式，通过案例分析、角色扮演来模拟审判机关的诉讼流程，旨在提高学生的案件分析能力以及辩论技巧。①传统法学教学模式，以课堂教学为主、以教师讲授为核心，而以模拟法庭为代表的第二课堂（包括科研创新活动、读书会、法律诊所、法律文书比赛等）能够引导学生主动参与、思考、产出成果。②二者相结合，有助于培养具有专业知识、实践能力的国际法律人才。

我国是海洋大国，海域辽阔、海岸线绵长，目前与周边一些国家存在争端。南海仲裁案体现了相关国家和域外势力企图歪曲国际法、借非法仲裁裁决对我国主权、安全和发展利益造成威胁和影响的想法。复杂的海洋维权形势体现了我国加强对国际海洋法律人才队伍培养的必要性。我国不能仅仅作为国际规则的接受者和适应者，而是需要积极参与全球治理，做国际规则的维护者和建设者，提升在国际事务中的话语权。③因此，我国需要一支能够代表国家参与国际事务的国际公法、国际海洋法领域专业队伍。随着海洋强国战略及涉外法治建设的推进，越来越多的国内高校涉足国际海洋法模拟法庭竞赛。作为以海洋为特色的高等院校，中国海洋大学较早开展了国际海洋法研究，也在近年来积极参与了多届国际海洋法模拟法庭竞赛，包括全国高校国际海洋法模拟法庭邀请赛及（中国）国际海洋法模拟法庭竞赛。本文旨在结合国际海洋法模拟法庭竞赛的备赛要求及中国海洋大学法学院参加国际海洋法模拟法庭竞赛的实际经验，探讨国际海洋法模拟法庭竞赛教学方案的设计及实施的要点。

---

① 付玉明，焦建峰.法科研究生人才培养模式的类型建构——以"五院四系"为样本的分析[J].法学教育研究，2021，32（1）：104.

② 孙昊亮.以习近平法治思想为指导培养高素质研究生法治人才[J].法学教育研究，2021，33（2）：20.

③ 杜承铭，柯静嘉.论涉外法治人才国际化培养模式之创新[J].现代大学教育，2017（1）：86.

二、国际海洋法模拟法庭竞赛概况及其对学生培养的要求

（一）国际海洋法模拟法庭竞赛概况

首先，就比赛形式而言，国际海洋法模拟法庭竞赛一般包括书状和庭辩两个部分。书状环节即提交起诉方和应诉方的法律诉状；庭辩则是模拟真实国际海洋法法庭的辩论场景。基于此，备赛准备分为前期书状写作训练和后期口头庭辩训练两部分。前者注重结合相关国际公法和国际海洋法原理与知识对模拟法庭的案例进行法律分析，并以英语为展示语言撰写书状。这就要求学生掌握一定的国际法与海洋法知识，具备良好的英语阅读和写作能力。后者是在书状撰写的基础上，对文献和诉状进行归纳和梳理，撰写庭辩文书，进行英语表达和庭辩技巧的训练。具体而言，就是由参赛队伍分别扮演起诉、应诉方的代理律师进行陈述，与不同队伍当庭辩驳，同时回答法官临场提出的相关事实及法律问题。

其次，在比赛涉及的法律问题方面，国际海洋法模拟法庭立足海洋法原理和前沿问题，通常设置程序性、实体性两类问题。近年程序性内容聚焦于受诉机构（赛中一般是国际海洋法法庭）是否具有管辖权，实体性问题则覆盖3~4个不同领域的国际海洋法问题。近年来的（中国）国际海洋法模拟法庭竞赛涉及海洋划界、气候变化对岛礁法律地位的影响、海洋环境保护的义务、沿海国与非沿海国在专属经济区等海域所享有的权利和应遵守的义务等问题。其相关问题大多紧扣学界热点话题，贴近现实中存在的海洋权益争端。例如，2018年及2021年国际海洋法模拟法庭竞赛不仅涉及群岛、低潮高地的法律地位、岛屿和礁石（Rock）界定等问题，同时也涵盖了历史性主权、渔业争端等问题。可见，国际海洋模拟法庭竞赛要求参赛学生掌握一定的国际法与海洋法的基本知识，具备运用相关原理和知识分析具体法律问题的能力及良好的英语水平等。

（二）国际海洋法模拟法庭竞赛对学生培养的要求

首先，要求学生掌握一定的国际法和国际海洋法领域的专业知识。大多数本科生在参与国际海洋法模拟法庭竞赛前对国际海洋法领域知识和原理掌握不多，需要经过完整的备赛训练，加深对国际法和海洋法的理解，拓宽专

业视野。第一，国际海洋法是国际法的分支之一，国际海洋法的相关原理需要结合国际公法的基本原理进行理解。例如，对国际海洋法的渊源的认识可以从对国际法渊源的理解出发，对国际海洋法相关公约的解释应从国际法中条约解释的一般原理出发，对历史性权利等概念的认识也需要结合相关国际公法规则，等等。这就要求在备赛过程中，加强对学生的国际法基本原理与知识的训练。第二，国际海洋法目前已形成了以《联合国海洋法公约》为核心的、具有一定独立性的法律体系。对国际海洋法知识体系的认识和掌握是学生参与国际海洋法模拟法庭、分析其中具体法律问题的前提。这就要求学生大量阅读相关国际海洋法条约、国际司法案例、著作和其他文献，将案例中的具体事实与其涉及的国际海洋法原理和规则联系起来，进行专业的法律分析。第三，如前所述，国际海洋法模拟法庭往往结合现实或前沿问题设置争议点，这就要求学生关注和跟踪现实中的国际海洋法问题，结合掌握的国际法与海洋法原理与知识对这些问题进行一定的专业解读与分析。

其次，要求学生具有良好的问题意识和案例分析能力。法学作为实践指向型的学科要求学生能够运用法学知识分析案例，解决法律问题。法学教育尤其是涉外法治人才培养，需要处理好法学知识教学和实践教学的关系，应在打牢学生的法学基本知识理论的基础上，强化涉外法律实践教学，切实提升学生实践动手能力和解决实际问题的能力。[①]第一，国际海洋法模拟法庭竞赛要求学生通过对案例材料的阅读，发现其中涉及的问题，并就其涉及的法律原理与规则进行分析。在这一过程中，学生需要摆脱教条化的"投喂式"思维，主动梳理问题，进行思考和研究，以参与现实国际涉海争端实践的姿态要求自己，主动查阅相关条约或案例，利用数据库检索等多种方式形成自己的见解。国际海洋法案例往往事实丰富、细节众多，从事实信息中识别出相关法律问题则需要学生初步粗读案例后，对与重点问题相关的段落进行逐字逐句的理解和思考。第二，国际海洋法模拟法庭竞赛要求学生具备较好的案例分析能力。基于此，在相关备赛训练和课程中，指导教师应注重对案例

---

①黄进.完善法学学科体系，创新涉外法治人才培养机制[J].国际法研究，2020（3）：9.

的研讨，采用案例教学模式。而所谓案例教学模式，是指以案例这一经验性资料作为教学基础，在现代教育理念和法学理论指导下，教师多角度地运用案例，让学生在案与法的融合中充分感受、理解、运用法学理论的教学模式，是理论联系实际在法学教学中的集中体现。[①]在国际海洋法模拟法庭中，学生经过对案例的自主研习形成自己的见解，并与指导教师和其他同学交流，可以收到有效的反馈，逐步提升相应的案例分析能力。第三，学生应具备结合模拟案例，基于相关国际法与海洋法规则，提出最有利于己方主张的能力。国际海洋法模拟法庭竞赛的重点不仅仅是结合国际海洋法规则对焦点问题进行分析和辩论，也要结合重点事实梳理出最有利于己方的论证逻辑。这就要求学生学会从当事国律师的视角看待问题，综合争端所涉及的各方面问题，提出系统性的有利于己方的观点和论证。在备赛过程中需要针对某个法律问题或规则进行深入分析时，学生要能够深入地探究其争议点的来源、发展历史及解释空间，并在其中寻找最有利于己方的合理解读方案。

最后，要求学生具有良好的英文写作和表达能力及团队精神。国际海洋法模拟法庭要求以英文撰写书状，进行庭辩。良好的英文写作和表达能力是参加国际海洋法模拟法庭的必要条件。此外，参与国际海洋法模拟法庭一般是以赛队的形式，通常包括注册的正式队员及其他参与备赛的学生。国际海洋法模拟法庭赛队中的正式队员一般是3~6名，要求赛队的学生具有一定的团队精神，能够齐心协力参与备赛和相关环节。

三、国际海洋法模拟法庭竞赛教学方案设计及实施的要点

国际海洋法模拟法庭竞赛使学生沉浸式体验国际海洋争端解决的全过程，从最初的分析案例事实、梳理法律问题，到初步研究检索，再到整合梳理形成框架、撰写完整书状，最后当庭辩论。通过培训和备赛，国际海洋法模拟法庭为培养学生法律检索能力、文书写作能力、逻辑分析能力、沟通表达能力及团队合作能力提供了有效的途径。

[①]杨中平，于永安，李涛.法学案例教学模式研究[J].思想教育研究，2004（8）：46.

（一）宣传我国海洋权益主张，增强学生维护国家海洋权益的意识

国际海洋法模拟法庭竞赛既是良好的专业学习机会，又是培养学生的国际视野、增强使命感的契机。如前所述，国际海洋法模拟法庭竞赛往往基于近年热点的现实问题撰写案例材料，设置争议点。国际海洋法模拟法庭竞赛教学中应讲解我国海洋权益维护面临的形势和我国针对国际海洋法问题的重要主张，学生不仅能够深入参与国际海洋法模拟法庭的备赛，而且能意识到维护国家海洋权益的重要性和必要性。另外，国际海洋法模拟法庭竞赛的法官具有国际海洋法法庭的实务经验，学生在与他们的交流中也能感悟学习国际法、海洋法报效祖国的责任感与使命感。

（二）讲授法律检索技巧，培养学生的法律检索能力

国际海洋法模拟法庭竞赛教学应有效培养学生的法律检索能力。书状论证的质量，很大程度上取决于资料搜集的丰富程度和运用资料的能力。[①]学生必须搜集到充足、全面的资料，否则撰写书状时就无法做出充分合理的解释，也难有丰富的注释。基于此，国际海洋法模拟法庭竞赛教学需要讲授法律检索技巧，训练学生可以针对某一问题进行深度法律检索，寻找最新、最权威的案例与文献资料来支撑论点。在国际海洋法模拟法庭竞赛教学中，通过指导和带领学生梳理每个诉求，凝练出能够全面覆盖重点的关键词，并围绕这些关键词来检索材料。学生既可以从文献书籍中的关键词出发，根据脚注溯源到案例或更重要的文献，也可以从案例出发，类推关键词找到更合适的案例。在权威案例和文献的获取过程中，学生不断拓宽检索思路，同时能够熟练使用各种检索工具，灵活运用检索技巧，有力提升了法律检索能力。

（三）传授案例分析方法，提升学生的案例分析能力

国际海洋法模拟法庭竞赛不仅注重学生法律知识的完备程度，还注重对学生逻辑分析和案例分析能力的考察。在国际海洋法模拟法庭竞赛教学中给参加国际模拟法庭竞赛训练的学生讲授和训练IRAC（Issue–Rule–Application–Conclusion）案例分析法，有助于提升学生的案例分析能力。IRAC方法是一

---

① 罗国强.国际模拟法庭竞赛训练的阶段、方法与技巧[J].人民法治，2018（16）：90.

种分析法律问题并组织语言回答法律问题的方法，通常分为四个步骤：①问题（Issue）——亟待解决的问题；②规则（Rule）——法规或判例法中的法律规则；③运用（Application）——将上述法律规则运用到事实中；④结论（Conclusion）——得出结论。①书状写作要求学生利用各类国际法渊源，构建起一个能够证明其诉求的论证框架，而IRAC案例分析法就是文书写作中进行法律分析搭建论证框架的基本方法，通过此方法，学生对每一个诉求进行层层推理，抽丝剥茧般论证思路中的每个小问题，并找到其中的法律争议与逻辑关联点，积极思考如何将这些小片段进行有机结合，最终形成一个完成诉求的大逻辑。在此过程中，学生自身的逻辑思维能力和法律分析能力均得到了有效提升。

（四）训练法律英文写作与表达，提升学生的法律英语运用能力

通过国际模拟法庭竞赛的培训和参赛，可以有效锻炼学生的英语能力，实现语言思维的有效转换。②国际海洋法模拟法庭竞赛要求参赛学生具有很好的法律英语运用能力。一方面，学生在书状写作的过程中，为呈现一份内容翔实、逻辑清晰的书状，既需要注意整体行文逻辑与内容结构的安排，又需字斟句酌，把握英文用语表达的细节。同时，国际海洋法模拟法庭竞赛对于书状的引注质量与格式要求十分严格，参赛学生需要考虑何处使用长引、何处使用短引及案例与书籍需使用不同的引注格式等。书状写作的过程是学生学习规范的引注格式的最佳机会。另一方面，口头辩论要求学生能够运用英文与法官和对手进行流利对话。学生需要将前期研究过的内容转化为更便于理解的口语表达，简明扼要地向法官阐述论点的依据和逻辑。同时，还需要仔细聆听对手的发言，在短时间内找出其观点的缺漏进行反驳。国际海洋法模拟法庭以英文为竞赛语言，对学生的英文文书写作能力和口语能力提出了严格要求。在国际海洋法模拟法庭竞赛教学中应加强对学生法律英文写作

---

① 易继明.中国法学教育的三次转型[J].环球法律评论，2011，33（3）：41.
② 钱锦宇，薛莹.国际化复合型法律人才的培养：现状分析、路径选择及保障机制——以国际模拟法庭竞赛的培训和参赛为例[J].山东大学学报（哲学社会科学版），2017（5）：67.

与表达训练，使学生在国际海洋法模拟法庭备赛过程中始终保持着一定强度的"输入"和"输出"状态，具体可通过英文案例和文献阅读、英文书状撰写、口头辩论训练等环节加强法律英文写作与表达训练。

（五）进行庭辩对抗训练，增强学生的沟通表达能力

模拟法庭的参赛和培训能够实现学生沟通表达能力的飞跃，这一能力的训练主要体现在口头辩论阶段。口头辩论也是国际海洋法模拟法庭中互动性最强的阶段，其实质是与法官进行沟通和交流。为呈现出最好的庭辩效果，达到与法官进行交流的目的，口头辩论的准备注重内容和礼仪两方面。在内容方面，学生不仅需要将初期的书状内容转换为专业化的口语表达，并通过反复调整叙述结构和用词，优化论证逻辑，使自己的论证更具有说服力和感染力。同时，由于法官可以在参赛者发言时打断发言，提出问题，因此要求学生能够及时应对法官突然提出的问题，通过自己对于案件事实及相关法律的理解，做出合理回答。倘若法官的提问触及学生的盲区，学生应直接向法官表达自己需要补充研究，而不是为掩饰自己准备不充分，回避法官的提问，顾左右而言他。另外，在庭辩中，学生需要仔细听取对方的陈述，结合对方书状中的漏洞和缺陷，及时调整反驳的提纲与对策，做出切中肯綮的反驳。在礼仪方面，学生能够在准备口头辩论的过程中学习良好的沟通姿态。在口头辩论前，学生需要进行大量的模拟庭辩与练习，训练自身与法官的眼神交流互动，注意交流时的神态及动作，让自己保持一个优雅的姿态，并表示出对法官的聆听与尊重。同时，要保持冷静，从容面对庭辩现场出现的任何问题，并作出逻辑严密的回答。

（六）加强备赛中的交流互动，增强学生的团队精神

国际海洋法模拟法庭竞赛作为团队竞赛，无论是书状写作还是口头辩论，都考验着团队的通力合作。在书状写作阶段要求团队成员之间交流合作、相互配合。首先，撰写书状前，团队会讨论出案件涉及的所有诉求，并分配给每个队员一定的写作任务。待各自梳理案情、检索资料后，需要团队讨论出框架、确定论点，之后加入论证内容及准确的注释，最后通读修改。在整个过程中，需要团队成员之间保持沟通和交流，彼此互相帮衬。例如，查找资料、修改润色撰写的书状、贡献创新性建议意见、打磨和提炼思路逻辑等。在口头辩论的准备过程中，团队内部成员之间也需要互相帮助以进行模拟庭辩。例如，一人作为代表律师上场，其他队员则各自扮演法官或书记员，记录"法官"提出的问题，制作问题清单并不断更新，以便庭辩员在现场庭辩中更加胸有成竹地应对法官提问。此外，口头辩论应选取己方最有说服力的论点，但学生在专注研究某一领域后，会产生对研究内容的"执念"，不忍删除非关键的表述和例证，致使口辩稿存在冗长、重点不清晰的问题。要避免这一问题，需要队员之间相互论证、批评指正。因此，国际海洋法模拟法庭竞赛教学中需要多设计团队集体交流和互动环节，由指导教师定期组织和进行队内交流，形成良好的队内氛围，增强学生的团队意识，提高学生的团队协作能力。此外，也可以通过设置国际海洋法模拟法庭竞赛赛队的学生队长或者学生助教，加强队员之间的协调和日常沟通。

四、结语

改革开放以来，我国法学教育取得了长足发展，但是国际法教育和人才培养仍然处于相对落后的状态。运用和发展国际法是一个国家话语权和软实力的重要象征，对维护国家利益有着举足轻重的影响。高校学生通过参与国际模拟法庭，提升运用国际法的能力，可以在满足我国对国际法、海洋法专业人才的需求及应对涉外法律服务人才队伍建设的时代要求等方面发挥一定的作用。为更好地维护我国海洋权益，国际海洋法律人才的培养迫在眉睫，国际海洋法模拟法庭竞赛在其中也体现了其独特的价值。国际海洋法模拟法庭竞赛在一定程度上体现了国际海洋法规则体系、司法实践与具体的现实或前沿问题的结合。在国际海洋法模拟法庭竞赛教学方案的设计与实施中需要宣传我国海洋权益主张，增强学生维护国家海洋权益的意识；讲授法律检索技巧，培养学生法律检索能力；传授案例分析方法，提升学生案例分析能力；训练法律英文写作与表达，提升学生的法律英语运用能力；进行庭辩对抗训练，增强学生的沟通表达能力；加强备赛中的交流互动，增强学生的团队精神。

国际模拟法庭赛队建设与
课程设计研究

王倩云　宋渊铭

摘要　国际模拟法庭与国内模拟法庭不同，在适用的法律和程序、比赛语言、法律推理方法等方面存在特殊性，并且具有新颖性和前沿性，在提高学生综合能力、涉外法治人才培养、争取奖项提高院校声誉等方面具有重要价值。当前，国际模拟法庭赛队建设在机制涉及、学生积极性和可持续发展方面存在现实困境。为此，应当将模拟法庭设置为工作技能课程，在课程教学过程中选拔队员参与比赛，并明确课程目标，在课程设计和教学方法上采取针对性的因应措施。

关键词　国际模拟法庭竞赛　涉外法治人才　赛队建设　课程设计

当前，我国正处在实现中华民族伟大复兴的关键时期，国际社会风起云涌，我国在国际层面面临机遇和挑战。加强涉外法治人才建设，统筹推进国内法治和涉外法治，运用法治方式维护国家和人民利益成为建设中国特色社会主义法治体系的重要工作。国际模拟法庭竞赛作为锻炼、培养我国新一代高质量涉外法治人才的重要途径，已为多数院校教师和学生所关注。含金量较高的国际模拟法庭竞赛经历也成为判定学生综合素质的重要标签。想要参与国际模拟法庭竞赛并获得较好成绩，需要做好模拟法庭赛队的建设工作，明确竞赛的角色定位，及时采取措施应对现实困境。

一、国际模拟法庭竞赛：角色定位、价值意义与实践困境

（一）国际模拟法庭竞赛的特殊性

首先，国际模拟法庭适用的法律和遵循的程序与国内法的模拟法庭竞赛大不相同。一方面，相较于国内法，国际法有其独立的法律渊源。同时，由于国际规范存在碎片化、模糊性的特征，在具体规范的识别和运用上存在较大难度。另一方面，不同的国际模拟法庭竞赛模拟不同的国际法庭，各类国际法庭之间适用的法律和遵循的程序也有较大差异。例如，《国际法院规约》第38条第一款规定："（一）法院对于陈诉各项争端，应依国际法裁判之，裁判时应适用：①不论普通或特别国际协约，确立当事国明白承认之规则者；②国际习惯，作为通例之证明而经接受为法律者；③一般法律原则为文明各国所承认者；④在第五十九条规定之下，司法判例及各国权威最高之公法学家学说，作为确定法律原则之补助资料者。"《国际刑事法院罗马规约》第二十二条"适用的法律"则规定："（一）本法院应适用的法律依次为：①首先，适用本规约、《犯罪要件》和本法院的《程序和证据规则》；②其次，视情况适用可予适用的条约及国际法原则和规则，包括武装冲突国际法规确定的原则；③无法适用上述法律时，适用本法院从世界各法系的国内法，包括适当时从通常对该犯罪行使管辖权的国家的国内法中得出的一般法律原则，但这些原则不得违反本规约、国际法和国际承认的规范和标准。（二）本法院可以适用其以前的裁判所阐释的法律原则和规则。"

其次，除国际刑事法院中文模拟法庭竞赛以外，国际模拟法庭的文书写作和庭辩语种以英语为主。杰塞普国际法模拟法庭大赛、红十字国际人道法模拟法庭竞赛、国际刑事法院英文模拟法庭竞赛、曼弗雷德·拉克斯空间法模拟法庭竞赛均以英语作为文书写作和庭辩语种。至于其他相对冷门的国际模拟法庭，如美洲人权模拟法庭竞赛和非洲人权模拟法庭竞赛，除英语外，还使用西班牙语、葡萄牙语和法语等语种。[①]这对于参赛队员的法律英语写作能力和口语水平提出了更高的要求。

---

① 钱锦宇.国际模拟法庭竞赛参赛队伍建设研究[J].法学教育研究，2013，8（1）：247-249.

再次，国际模拟法庭与一般的国内模拟法庭竞赛所运用的法律推理方法不同。国内模拟法庭竞赛主要以现行法律规定作为大前提，赛题案例作为小前提，通过演绎推理的方式得出最终结论。虽然大部分国际模拟法庭竞赛都有可供参考的实体规定和程序性规定，但其规定存在一定的模糊性，其解释和实际运用依赖于逐案分析，类比推理的方法占据重要地位，需要参赛队员熟练掌握类比推理的法律推理方法。

最后，国际模拟法庭具有很强的新颖性、前沿性，需要参赛学生具备国际视野。从各类国际模拟法庭每年的赛题设计来看，其基本上紧扣相关领域的前沿问题、热点问题。例如，2021年ICC赛题讨论病毒传播是否构成"其他不人道行为"、世界卫生组织规则对各缔约国的效力等问题。又如，2022年海洋法模拟法庭涉及"无人船"的法律地位问题、《联合国海洋法公约》与其他环境保护条约规定的义务的关系问题。对于这些前沿问题的研究，不仅需要参赛学生对相关问题的发展演变具有一定的了解，还需要学生具有广阔的国际视野，掌握当前各类国际法庭对相应问题的认定或判决，掌握各国针对此类问题的实践。

（二）国际模拟法庭的价值意义

第一，国际模拟法庭有利于提升学生的综合能力。参与国际模拟法庭需要学生检索、整合不同类型的国际法文献，依据文献研究成果进行法律写作形成书状，在庭辩环节对己方的申请或主张进行陈述和辩驳。 国际模拟法庭竞赛不仅仅是专业知识结构和储备的比拼，还是思维创新能力、逻辑分析能力、表达感染能力、外文写作能力等多种能力的综合较量，对于提升学生综合水平具有重要意义。[1]

第二，国际模拟法庭有利于培养涉外法治人才。国际模拟法庭竞赛模拟当前国际上的各大审判组织，遵守其实体与程序规则，能够大大提升学生对当前国际法问题的研究，加深对当前国际审判组织的了解。尽管案件进程

---

[1]李强.法学本科生培养的国际化——国际模拟法庭竞赛的角色及其运用[J].法制与社会，2014（22）：211-212.

以模拟的方式进行，但技术层面的仿真程度并不亚于对真实案件的处理，有助于磨炼学生把理论知识转化为实际应用的能力，为未来的职业道路打下良好的基础，并且能让学生真正在专业的环境中使用外语，而不只是进行一般的交流，这也是国际化培养的重要一环。值得注意的是，以中国人民大学、中国政法大学和复旦大学为例，近三年参加杰赛普模拟法庭大赛的队员，半数以上毕业后都在国际组织、跨国律师事务所任职或者出国留学深造。据中国人民大学朱文奇教授介绍，近几年在中国内地，每次杰塞普中国赛区选拔赛决赛时，除了有很多国家的驻华大使出席外，众多跨国公司负责人和著名律师事务所负责人也都到场观摩，其主要任务就是为本公司或事务所物色人才，甚至在比赛结束后当场向参赛队员发出聘职邀请。[1]从近几年国外和国内发达地区高等院校已有的实践看，对于重要国际模拟法庭赛事的备赛和参赛，是培养国际化法律专业人才主要而有效的渠道，对于培养涉外法治人才具有重要意义。

第三，国际模拟法庭有利于提升高校声誉，提升本校学生在推免、考研、就业市场中的竞争力。模拟法庭是各大高校学生的竞技平台，各大国际模拟法庭均汇聚了众多国内外知名院校，在国际模拟法庭竞赛上取得佳绩，有利于展现高校实力，提升其声誉和影响力，从而吸引更多优质资源，形成良性循环。此外，在国际模拟法庭中获奖的学生，在推免、考研、就业市场中相比其他学生有更强的竞争力，更容易获得接收方的认可。

（三）国际模拟法庭的实践困境

1.传统课程设计和教学模式无法支撑国际模拟法庭建设

当前国内法学院的法学专业课程一般划分为公共课、基础课和专业课三部分，其中专业课又分核心课、必修课与选修课。以宪法学等14门核心课程为基础形成了中国法学教育统一的课程设置，这种课程设置在一定程度上偏重对部门法理论的学习及对法律规范的分析与解释，却普遍忽视或弱化了实践性课程。部分学校则开设"法律诊所"课程，或者进行教学模式的改革，

---

①钱锦宇.国际模拟法庭竞赛参赛队伍建设研究[J].法学教育研究，2013，8（1）：253.

如采用模拟法庭的教学模式来授课，以缓解偏法学理论而轻司法实践的传统课程设置造成的诸多困境。

然而在今天，国际化法律专业人才的培养逐渐成为世界各国法学院校开展高等法学教育的新目标和任务。在国际公法领域，国际化法律专业人才的培养是世界各国向各类国际组织，如联合国安理会、联合国人权事务高级专员办事处等输送本国法律人才的前提，也是各主权国家尤其是大国维护和促进其在国际事务和国际交往中的话语权和影响力的重要途径。在国际经济法领域，贸易纠纷如反垄断诉讼、贸易纠纷调查等此起彼伏，各国都急需大量精通外语和法律知识、具有高超谈判和辩论能力的国际化法律专业人才。正因如此，能否向国际组织输送法律人才，以及人才输送量的多少，逐渐成为衡量世界各国高等院校法学教育质量和评判教育综合竞争力的一个重要指标，也是我国重视涉外法治人才培养的重要原因。总体而言，目前的传统课程设计和教学模式及"诊所式"教学模式都无法完全胜任国际化法律专业人才培养的任务。[①]

2. 学生参与国际模拟法庭积极性不高

其一，相比以"理律杯"为典型代表的国内模拟法庭竞赛，国际模拟法庭竞赛研究的国际法问题更加抽象，与日常生活中的法律问题相去甚远。相比民商法、刑法、行政法等领域的模拟法庭竞赛，国际模拟法庭竞赛在学生心目中优先级较低。其二，由于竞赛本身的规模所限，每种竞赛中能够参与到比赛进程的学生不过五六人，相比于任何一所高校法学专业本科生的数量而言，这一比例都是极低的。

3. 模拟法庭赛队的可持续发展困境

对于模拟法庭赛队的建设和发展而言，带队教师队伍和参赛经验的传承至关重要，但目前这两方面存在一定困境。

针对带队教练而言，其组成结构、备赛参与程度、是否熟悉相关联领域，对模拟法庭赛队具有重要影响。带队教练是否熟悉国际模拟法庭赛事的

---

① 钱锦宇. 国际模拟法庭竞赛参赛队伍建设研究[J]. 法学教育研究，2013，8（1）：252.

历史、规则、参赛队伍训练、竞赛策略和技巧，并具有专业背景知识结构和熟练的英语表达能力，往往是一支国际模拟法庭参赛队伍能否取得胜利的一个必要条件。[①]在经验传承方面，若没有参赛经验的传承和积累，就会在赛事规则、书状写作方法、庭辩技巧、战术战略的制定与选择等问题上，出现经验匮乏的局面。

二、 国际模拟法庭竞赛课程设计：目标与因应

（一）目标

兼顾考虑模拟法庭对学生的教育意义和竞赛成绩学校学院的声誉价值，中外合作办学英文模拟法庭课程设计的目的或宗旨，应当为"扩大参与范围、提升学生能力、争取优秀成绩"。

如前文所述，模拟法庭学生参与人数少，积极性也不高，扩大学生的参与范围应当是课程设计的基础性要求。作为一门课程，在学习过程中，应当以引导学生开展学习研究、培养学生综合能力为主。在课程进程当中，可以选拔表现优异的学生作为正式队员，参与到后续的国际模拟法庭竞赛当中。

（二）课程设计因应

1.将模拟法庭设置为工作技能课程

将模拟法庭设置为工作技能课程，在扩大学生参与、提升学生能力方面具有建设性作用。

首先，将模拟法庭设置为工作技能课程，有利于促进学生广泛参与其中。课程可以以某一类国际模拟法庭竞赛为依托，在每一学年开设选修课程，把该课程的讲授作为选拔参赛学生标准的一部分，而对最终参赛选手的指导则作为该课程的延伸，这样既能让更多的本科生参与到这种教学模式中来，也能使传统教学模式和新型教学手段得到完美结合，不仅契合目前各高校普遍施行的法学本科生教学体系，也增强了教师和学生参与的积极性。按

[①]钱锦宇.国际模拟法庭竞赛参赛队伍建设研究[J].法学教育研究，2013，8（1）：253.

照这种思路，如果选取若干国际模拟法庭竞赛作为依托的话，现阶段能够将绝大多数法学本科生纳入这一教学模式中来，从而真正实现其国际化培养手段的功能。①

其次，设置为工作技能课程既可以有效发挥传统课堂的授课功能的优势，又能够在实践中提升学生的综合能力。虽然传统的单向度"填鸭式"法学教学模式无法满足国际模拟法庭竞赛所要求综合能力②，但是可以在课程初期使参与的学生快速理解并掌握相关领域的国际法知识。在课程后期，尤其是国际模拟法庭竞赛的文书撰写和庭辩阶段，能够很好地破除以单纯的理论灌输为基本内容的传统教学模式的弊端。学生在参与课程的过程中，既可以全面扎实地学习相关领域的法律知识，又可以通过检索、写作、庭辩等方式全面提升以解决案例中争议问题为导向的国际法律实务能力，还可以拓展学生的国际化视野，使学生对国际法有更加深入的认知，提升学生学习和研究的兴趣。传统的教学模式奠定了培养的基础，而国际模拟法庭竞赛课程则是将传统教学模式与实践性竞赛相结合，实现提升与飞跃的过程。由此可见，国际模拟法庭竞赛本身并非对传统教学模式或传统课堂功能的否定，而是对传统教学效果的深入、强化和有益补充③，对于法学专业人才培养的国际化具有重要意义。

2. 明确课程对学生、教师的激励机制

对于学生和教师而言，参加国际模拟法庭竞赛的培训和参赛，是一项高成本的教学实践活动。因此，中外合作办学的英文模拟法庭课程为了实现"扩大参与范围、提升学生能力、争取优秀成绩"的目标，还应当分别面向教师和学生，建立相应的激励机制。

---

①李强.法学本科生培养的国际化——国际模拟法庭竞赛的角色及其运用[J].法制与社会，2014（22）：211-212.

②钱锦宇，薛莹.国际化复合型法律人才的培养：现状分析、路径选择及保障机制——以国际模拟法庭竞赛的培训和参赛为例[J].山东大学学报（哲学社会科学版），2017（5）：68-69.

③李强.法学本科生培养的国际化——国际模拟法庭竞赛的角色及其运用[J].法制与社会，2014（22）：211-212.

针对学生而言，较为重要的有以下几个方面：第一，将国际模拟法庭课程纳入学生培养方案。具体而言，学生想要参与国际模拟法庭，必须先选修国际模拟法庭培训课程，接受集中培训，最终通过培训选拔的学生将代表学校参与相应的国际模拟法庭赛事。即便部分学生最终没有被选拔为参赛队员，只要认真学习知识、锻炼技能，也可以取得相应的学分和成绩。第二，增加国际模拟法庭奖项在奖学金和荣誉称号评定中的认可程度。第三，推免排名计算时提供加分。针对加分的人员范围而言，参赛队员和深度参与备赛、有特殊贡献的学生，在学校学院的职权范围内，均应当在推荐优秀本科生免试攻读硕士研究生的评价过程中给予相应的加分。

针对指导教师和赛队教练而言，可以采取提高竞赛指导教师和赛队教练的工作量比值、将参赛成绩作为指导教师和赛队在学年末工作考核的评价标准之一。[1]只有在对学生、指导教师和带队教练采取有效的激励机制的基础上，唤起学生对于国际法和法律英语的兴趣，才能为国际模拟法庭课程提供有利基础。

3. 加强任课教师和教练团队建设

国际模拟法庭竞赛的参赛培训课程要取得效果，还要受一个必要条件的约束，即高效合理的培训师资队伍的合理构成与有效运作。

首先，指导教师团队必须由对相关学科有深入研究的专业教师构成，并且需要强化学科的多元性特征。国际模拟法庭竞赛所使用的案例，往往在具有时代前沿性特点的同时，还呈现出所涉及知识面的多维度性。例如，2021年国际刑事法院模拟法庭赛题除涉及国际刑法、国际人权法之外，还涉及国际卫生法。又如，2022年国际刑事法院模拟法庭赛题在国际刑法、国际人道法之外，还与《联合国海洋法公约》建立了联系。因此，落实到国际模拟法庭赛队的师资构成中，则体现为需要配备国际法多个领域的教练。

其次，对于培训参赛队伍的指导教师团队而言，除了对国际法的各个领

---

[1]钱锦宇，薛莹.国际化复合型法律人才的培养：现状分析、路径选择及保障机制——以国际模拟法庭竞赛的培训和参赛为例[J].山东大学学报（哲学社会科学版），2017（5）：70.

域有整体了解外，还需要对辩论技巧和论理思维有丰富经验。国际模拟法庭竞赛包括书状阶段和庭辩阶段，无论是前者还是后者，都需要由在辩论思维和技巧方面具有丰富经验的教师进行指导。

再次，指导教师团队应当在法律英语写作、庭审中的法律英语运用等方面具备较强的指导能力。大部分国际模拟法庭竞赛将英语作为庭辩语言，这已成为国内学生参与模拟法庭的主要障碍之一。除学生自身素质外，如果指导教师具备指导法律英语的能力，则能够对赛队培训起到重要的支撑作用。以重庆大学为例，其在2021年第62届杰赛普国际法模拟法庭竞赛中斩获全球书状第一的好成绩。仔细观察重庆大学的指导教师团队可以发现，加拿大籍教师David J.Devlaeminck位列其中。同样，对外经贸大学在2022年第63届杰赛普国际法模拟法庭竞赛跻身全球32强，其指导教师团队中也包括了外教William Rosoff教授、Duncan McCampbell教授和Arthur Chiu副教授。在模拟法庭备赛周期普遍不长、队员无法通过长期积累练习提高法律英语能力的情况下，英语能力强的本土教练或外籍教练，对于学生提高法律英语写作水平和庭审中法律英语的运用能力有很大帮助。

最后，应当引入已具有丰富参赛经验的学生教练参与模拟法庭培训。对于模拟法庭而言，参赛队员视角和指导教师视角截然不同，参赛队员作为比赛的亲历者，不仅参与了赛队培训、赛题分析、文献检索、文书写作等阶段，也是庭辩的亲身参与者。老队员参赛后返回赛队指导下一届参赛队员，既能够理解新队员正在面对的困难，也能够将自己过去的经验总结后告诉新队员，有利于参赛经验的传承与赛队的扬长避短，使赛队在已有的经验教训上不断进步。纵观目前的模拟法庭强校，重庆大学、对外经贸大学、中南财经政法大学、上海对外经贸大学、中南大学等高校均在赛队建设中引入了学生教练制度。此外，对于学生教练也应当建立相应的考核激励机制，激励其有效地发挥指导作用。

（三）教学模式与指导方法因应

如前文所述，国际法模拟法庭本身是一项学生参与的高级别竞赛，但其又能够与工作性技能课程实现融合，并且在不同的比赛阶段对学生能力的需求也不同。因此，应当特别关注国际模拟法庭的指导方法，既要与普通课程的教学方法相区别，又要在比赛不同阶段适用合适的指导方法。

1. 培训阶段

一般情况下，参与国际法模拟法庭，对于学生在相关国际法领域的知识储备提出了极高的要求，而目前各校模拟法庭赛队队员以本科生为主，仅仅凭借从本科课堂获取的知识无法应对赛题中的争议问题。并且大部分高校在本科阶段并不会开设国际空间法、国际刑法、国际人权与人道法等领域的课程，在这种情况下参赛队员对相关领域的基础知识没有任何了解和掌握。

因此，在以丰富学生知识为目的的前期培训阶段，仍可以适当保留一定的传统教学模式，教师可以作为讲授者，促进学生对于知识的吸收，加深理解和掌握，为将来分析赛题奠定基础。[1]

2. 赛题拆解与检索研究阶段

虽然国际模拟法庭赛题本质上是一个虚拟案例，但在赛题拆解分析阶段，要避免与传统的案例教学模式或方法混同。在传统的案例教学过程中，教师引入案例的目的是通过个案分析学习法学理论，理解法律的基本理念，了解诉讼原则和程序，将案例作为讲授法律知识的例证。[2]在这种情况下，课程的教学重心是让学生理解法律，而非法律的分析与推理。[3]与传统案例教学不同，国际模拟法庭竞赛则是在默认学生熟悉相关领域国际法规则的前提下，自主适用规则，对相关问题作出论证，维护相应的持方观点。在面对新的热点问题，抑或是理论上存在争议的问题，在没有对应的规则或没有一致定论的情况下，需要学生自行作出创造性的分析和解释时。因此，在分析国际模拟法庭赛题时，应当尽可能引导学生实现问题拆解细致化、切入角度多样化、论证思路灵活化。

---

① 罗晓萌. 模拟法庭教学中教师角色定位之重构[J]. 法制与经济，2015（3）：121-122.

② 罗翔. 从苏格拉底"问答法"走向建构主义"案例教学法"——案例教学法的理论分析与模式探寻[J]. 文史博览（理论），2010（7）：69.

③ 兰花. 设立与比赛相结合的国际法模拟法庭课：必要性、作用与可行性[J]. 中国法学教育研究，2012（3）：56.

在检索研究阶段，应当注重抗辩式教学的作用。抗辩式教学的目的不在于向学生阐明法学原理或法律规定，而是要求学生根据自己的持方，寻找对自身有利的证据、法律，通过严密合理的论证说服法官。[①]在检索研究阶段，需要学生发散思维，从对己方有利的角度做出检索和论证，为文书写作和庭辩阶段做准备。在国际法模拟法庭竞赛中，由于国际法具有碎片化、不成文的特点，分析赛题时学生需要综合相关的国际条约、国家实践、法律原理、国际造法进程和国际形势等多方面资料对问题进行论证。合理运用抗辩式教学有利于引导学生发散思维，全面分析论证国际法问题。

3. 文书写作与庭辩阶段

文书写作与庭辩阶段都是对已有研究和论证进行展示的过程，二者都是对运用法律技术水平的考察，因此应当注重训练的模式和技巧。

在文书写作阶段，最重要的方法莫过于法律英语写作中的"IRAC"或"CRAC"模式。国际法模拟法庭备赛过程中，指导教师需要在运用案件事实、发现和解释国际法规则、法律与案件事实的结合等方面加强指导[②]，避免法律文书如流水账一般缺乏规则与事实的结合，增强法律文书的严密性和逻辑性。此外，还应当加强归纳总结，建立相关案例和国际条约的汇总表[③]，这样既可以运用实证分析的方式得出相应的结论，也可以使得相关案例烂熟于胸，便于应对法官的提问。

在庭辩阶段，应当同时抓好基本的语言表达和进阶的庭辩技巧。阐述流利、发音准确、遵守法庭礼仪、合理安排陈述时间等是其最基本的庭辩要求。除此之外，为了使团队在比赛中更加具有竞争力，还应当训练参赛队员掌握进阶的庭辩技巧。例如，针对经常出现的问题应当掌握其正确、完整的论证思路，如如何论证习惯国际法、某一先例在本案中的效力如何；又如，

---

①董京波.国际法课程实践教学研究——抗辩式教学在国际法课程中的应用[J].中国法学教育研究，2008（4）：130–131.

②冷新宇.模拟法庭教学的引入及其实质的功能的回归[J].中国法学教育研究，2010（3）：134–135.

③罗国强.国际模拟法庭竞赛训练的阶段、方法与技巧[J].人民法治，2018（16）：94–95.

在庭辩开始前，可以提前梳理框架图辅助记忆，庭辩中应当顺应法官思路，及时调整己方的阐述顺序和逻辑思路等。①

---

① 罗国强. 国际模拟法庭竞赛训练的阶段、方法与技巧[J]. 人民法治，2018（16）：94-95.

教学圆桌：聚焦中外合作办学（法学）学生科研能力提升

梅　宏　　贾博伟　　王承宇　　周珂锋

摘要　中国海洋大学中外合作办学（法学）自2015年开办以来，越来越多的学生在课业之余参与科研活动、专业竞赛。近年来，学生主动请求参与科研项目的情况愈发变多，同时也应当意识到专业科研与课程学习的不同，无法一蹴而就。教学圆桌对于法律实务是否需要科研思维进行了讨论。当前，法律实务界与学术理论研究界因为思维模式的差异而分野的情况逐步消融，法律实践也对实务界人士提出了更高的要求。中外合作办学的专业特点体现了法律"实务"倾向，学生参与科研工作则为法律职业生涯中的终身学习做了充分的准备。

关键词　中外合作办学　　教学圆桌　　法律实务

中国海洋大学中外合作办学（法学）系中国海洋大学与美国亚利桑那大学联合设立的法学专业本科阶段合作办学项目，旨在培养学生通晓国内、国际法律规则并具备熟练的专业英语沟通能力。该专业自2015年创立以来，已经培养了7届学生。师生评价该专业时认为"法学生的法律英语应用能力好""学生综合素质高"，而且越来越多的学生在繁忙的功课之余积极参与科研活动、专业竞赛，取得了不错的成绩。（如图4-1、图4-2所示）

当专业科研进入本科生的视野，对于兼修中美两国法律的合作办学学生意味着什么？中外合作办学（法学）学生科研能力是否能够及如何获得提升？带着这些问题，中外合作办学（法学）教学双方围绕该专业"学生科研能力提升"展开讨论。

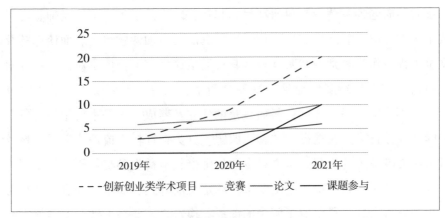

图4-1　2019~2021年中外合作办学（学生）参与科研人次

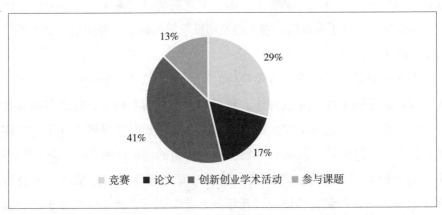

图4-2　2019~2021年中外合作办学（法学）学生科研参与分布

一、端好专业"饭碗"，了解科研规范

中国海洋大学法学院教师梅宏自中外合作办学（法学）课程运行伊始，就为各级学生主讲两门法学专业课，他多年从事一线教学及毕业论文指导、毕业生升学推荐等工作，认为"中外合作办学（法学）学生科研能力提升"这个论题，究其实质，是为了鼓励学生端好专业"饭碗"，在本科阶段了解科研规范，而这正是科班教育的优势。

教学圆桌中，梅宏教师围绕其观点展开以下谈话。

在为各级中外合作办学（法学）学生讲授两门国内法学专业课程的六年中，我不仅看到学生整体素质的提升，也发现近年来越来越多的学生主动在课余时间向老师商请参与科研项目。起初，以为是学生为了请老师签写保研或出国推荐信，后来发现有多位学生是真的要参加课题组会、面谈选题及论文全过程。作为教师，我听其言观其行后虽窃喜，但仍慎重对待。一方面，在科研的路上接纳新鲜血液，即便是新手，只要其态度端正、学术规范，何乐而不为呢？另一方面，科研规范的建立及养成，才是本科生能否研有所成的"试金石"。我觉得，"聊"课题、分头查资料、梳理或翻译资料及尝试写作文献综述的过程，是文科专业教师带领本科生参与科研的初步训练。在开始准备时，教师讲明规范要求、约定交流方式、商定时间表，这是对本科生课外自由参与科研应予明确的前提。换言之，要么不做，要做就需要建立良好的科研交流习惯。事实上，不了了之的情况，多半因为一开始交代不清，抑或是存在急于求成的心理，难免违反学习的规律，身体也承受不了"急就章"的压力。

专业科研类似于长跑，需要经历时间、沉淀思考、查证资料，更需要在酝酿成熟后排除干扰、完成写作。对于20岁左右的本科生，特别是功课繁忙的中外合作办学（法学）学生而言，首先要意识到专业科研不同于"考前突击"，无法一蹴而就；其次，本科生参与科研的动机或有不同，顺利与否取决于其知识与能力储备、课题关联度、时间安排等因素。结合中外合作办学（法学）的课程设置，以及近几年该专业学生不必疲于应考雅思、托福等英语考试，我建议在专业课程教学中酌情安排一些"研讨型作业"或"比较法研究"专题，这样学生做课内作业时就可以开始接触专业科研，有能力、感兴趣的同学可以自觉地与相关老师交流，甚至将专题科研延伸至课外。当前，出于个人兴趣、保研、出国深造等原因，即将毕业的学生在结束了中国法课程教学之后尝试科研，确实有时间、精力上的困难，却也因为修读美国法课程而丰富了比较法研究的思路，还可以联系在校的美国教授展开交流。

总之，专业科研在课外为学生架起中外交流的桥梁，不仅体现了"中外合作办学"的"合作"内容，也有助于本科学生形成专业研究意识，并了解科研规范。

二、学而思则研，研而悟则优

中国海洋大学法学院中外合作办学（法学）2019级学生贾博伟在争取保送名校研究生之际，对于本专业学生科研能力提升的感想颇多。大学本科阶段的专业课学习，既要接受知识，也要在消化知识、锻炼技能的过程中尝试去"生产"知识，只有这样将知识内化于心，才能在各种考察综合应用能力、专业创新能力的场合脱颖而出。她用"学而思则研，研而悟则优"概括自己的见解。

对于"本科学生科研能力"这一命题不乏有人持怀疑态度，甚至于认为"本科学生科研"是教师视角下创造的"伪命题"，而学生本身既不在意科研能力的训练，也不具备进行科研工作的能力。然而，事实并非如此。

从学生视角来看，中外合作办学（法学）学生的科研动机以外因诱导为主。法学学生若要从事法律专业类工作，仅本科学历是不够的。中外合作办学（法学）专业学生的学制中只安排了两学年学习国内法课程，整体而言，这些学生对国内法知识的掌握较法学专业的学生偏弱，且由于大三、大四两年美国法的学习任务重，备战考研时间少，中外合作办学（法学）的学生更倾向于选择国内保研或出国留学。无论是国内保研还是出国留学，学生的科研能力都是决定能否被录取的重要标准。升学需求驱动学生有意识地、有目标地参加模拟法庭等竞赛或参与各类学术课题，并尝试写作学术论文。

中外合作办学（法学）专业的特色培养也为学生参与科研工作提供了独特的支持条件。首先，基于在课程教学中对中外法律体系的认知，学生比较自然地养成比较法研究的思维方式。例如，在美国法 Case Study 学习中，学生不仅要思考美国法律会如何规定，也要思考同样的案件在中国审理会有怎样的结果，这无形中培养了学生学习、借鉴他国经验并联系本国实际展开思考的能力。其次，全英文课程，尤其是"法律研究和写作"等技能类课程的开设，使得该专业学生能够较快速地进行英文文献检索、阅读及写作。再次，中美文化碰撞、教育理念碰撞赋予学生更包容的学术心态，激发学生的创新意识。①中外合作办学是在"异"中求"和"，学生更多感受到的是中美文化

①翟丛生.华裔父母在美国：中美教育理念的冲突与融合[D].渤海大学，2016：41.

的差异。①大学四年，学生在一所校园内体验两种截然不同的授课方式、教学模式，看待事物的维度更加广阔、角度更加多样、思维更加灵活、心态也更加包容。

作为一名对科研训练有强烈兴趣并且已接触科研工作的大四学生，我真切地体会到本科生做科研面临的巨大挑战。不得不说，大多数本科生对于科研工作是没有概念的。上了十几年学，我们所习惯的学习方式不过是课上听讲学习知识、课下读书消化知识。我们的学习使命好像就是把一纸试卷考到接近满分，却不懂得如何开展科研工作、产出科研成果，甚至连如何检索资料、如何表达观点都有困难。每次和老师交流论文选题时，我都信心满满、灵感爆棚，但实际写作时却难出一字。可见，培养学生科研能力绝不是简单的口号，而是一个需要学校、教师和学生三方大量付出和共同努力的目标。学校合理安排科研课程，教师引导学生深入思考、教授学生科研技能，学生自身也要在专业科研上投入足够的时间和精力。

为提高中外合作办学（法学）学生的科研能力，我希望学院在课程设置上进行"双减一增"，即减去大一、大二学年过多的英语课程，减去不必要的课程作业，增加培养学生科研能力的选修课、讲座。此外，建议专业课老师的课堂授课内容不再局限于课程大纲和基础知识，而是在课堂上循序渐进地提出相关领域的前沿问题，引导学生思考、讨论。有条件的话，学院还可以建立师生之间的"带教制度"，为有科研兴趣的同学搭配一名"带教老师"，挖掘这类学生身上的科研潜力，帮助学生解决科研过程中遇到的问题，使得这类学生在进行科研时不再陷入孤独无助的境地。

三、文科也可成就"科研男"

已经在法学院学完大二课程的中外合作办学（法学）2020级学生王承宇至今仍对选择文科存有心结。他说，以往说起科学研究，脑海里浮现的画

---

① 郭淑红，陈鹏. 中外合作办学中的文化冲突及应对策略 [J]. 黑龙江教育（高教研究与评估），2022（6）：20.

面都是科学家带领其团队成员奋战在实验室、车间、野外作业等现场，不受或少受各种人情世故的干扰，去分析、总结世间万物的发展规律，钻研新事物、新原理、新对策，而文科专业似乎与这些场景无关；专业课堂、模拟法庭、法律诊所及实地调查中多是考虑人性、社会、法理这些抽象的、难以把握的内容，因为社会科学比自然科学更玄妙，需要更多人生阅历和对社会的观察。那么，本科阶段的法科生如何进行专业科研呢？王承宇带着他的问题参与了圆桌讨论。

对我校中外合作办学（法学）专业的学生而言，参与科研主要面临两大难题：其一，时间不足。从课程安排及课程任务量来看，即使学生有较高的科研热情，也没有足够的时间。这使得该专业学生的科研工作浮于表面，过于追求结果而忽略过程中的学习和自我提升。其二，知识储备不足。由于中外合作办学（法学）的英语课业重，大部分学生对于国内法学专业课的学习局限于课堂学习环节，而课堂上教师较为重视对基础知识的讲授，因课时有限故难以兼顾对学科前沿问题的讨论。

当然，中外合作办学（法学）专业的学生进行科研也有诸多优势。美国法学教育更加强调能动性学习、批判性思维、理论与实践的高度结合。通过中方与美方的合作，中外合作办学（法学）专业的教学运用特色鲜明的"苏格拉底教学法"、讨论式教学、模拟庭辩、专业性沟通表达训练等教学模式和方法进行教学培养，大大提升了学生的科研兴趣与科研能力。法学院注重"因材施教"，致力于培养特色人才，开设了一系列学科前沿课程，如极地法前沿课、民事诉讼法前沿课等，在本科生课堂上模拟研究生的上课方式开展教学，并开设国内民商法、刑法模拟法庭课程和国际公法、国际刑法模拟法庭课程，选拔优秀学子参加模拟法庭竞赛。

2022年，我有幸入选中国海洋大学国际海洋法模拟法庭赛队，参加了竞赛的备赛环节。自2022年4月赛队组建以来，6位正式队员与4位辅助队员围绕赛题的四个主要诉讼请求，研究了诸多海洋法前沿热点问题，诸如大陆架界限委员会的法律效力、海洋环境的保护与保全及全球气候变暖、航行自由与海洋科学研究的权利与义务、无人潜航器等。在备赛过程中，队员们大量检索国际海洋法法庭（ITLOS）和国际法院（ICJ）的判决，阅读了许多英文论文、专著，积累了丰富的海洋法知识。同时，在与教练和队员们的讨论中形成了自己的观点与认知，并以此为基础撰写书状。在模拟法庭竞赛的备赛过程中，我增进了对专业科研的理解，科研能力有所提升。

不少人可能认为，本科生参与科研大多是为了完善自己的履历，获得一个奖项以期保研、综测时得到额外加分，除此之外很少有人发自内心地喜欢钻研学术。对此，我不予置否。当今社会，应届毕业生就业的竞争十分激烈，就业岗位属于稀缺性资源，若想谋取一份薪资待遇不错的工作，就要竭尽全力提升自己的履历，这似乎也是每一位应届毕业生的必然选择。[①]但是我个人认为，科研的初衷应十分简单——仅仅是想质朴地"做学问"，或者只是喜欢"做学问"。民商经济法学的奠基人王家福教授的一生都奉献给了中国的法治事业，功成名就却又淡泊名利，甚至耄耋之年还在从事依法治国相关文件的起草工作，这样毕生奋斗在科研一线的专家令法科学子肃然起敬。当然，不是每个人都适合在法学学术领域大展宏图，有的人可能更加擅长法律实务工作，但是，对于法科生来说，倘若能在心中保留那份对法律永不泯灭的热爱与敬仰之情，不管将来从事什么工作，定会不忘初心，行稳致远。

"凌云壮志"更要"脚踏实地"。作为一名法学本科生，我建议法学院开展更多的学术科研活动，如举办学术论坛、学术沙龙以及学术论文竞赛等，组建更多模拟法庭赛队，积极参加各类模拟法庭比赛。面向未来，我相信，中国海洋大学法学院一定会培养出更多优秀的涉海涉外法律人才，为中国特色社会主义法治建设贡献力量。

四、法律实务需要科研思维吗？

法律实务界与学术理论研究界往往因为思维模式的差异而分野，近年来这种境况确有改观，律师开始关心法律前沿理论研究成果，心系法学理论研

---

①李昊儒. 2020年各省高校毕业生就业情况分析 [J]. 产业与科技论坛，2020（13）：90-91.

究甚至从事法学理论研究的人数和频次都有明显提升①，实务界人士对于学术的热心表现在出版专著、发表文章、参加论坛等诸多方面。随着这样的发展趋势，律师事务所和公司法务部门越来越多地设立研究机构，承办或为各类大型学术讲座、论坛提供支持，这甚至大有成为实务机构未来市场竞争"新赛道"的趋势。上述种种现象似乎暗示着法律实务与学术研究界之间的分野格局正逐步消融，学术思维开始更多地向实务界人士渗透。在法律实务中熟稔学术思维，正成为一股潮流，也是在法律市场"后野蛮生长"时代专业程度提升、细分赛道发展和差异化法律服务的大势所趋。笔者试图探究其背后的原因，谈谈这对法学（中外合作办学专业）的学生提升科研能力有何启示。

对于法律实务界和理论研究界产生思维模式分野的原因，法科学生其实只要多接触或参与实务便可窥知一二。简言之，学术研究往往更加注重对某一问题进行深入、全面的研究，在其制度性、规律性及优化路径等方面得出结论；而在实务思维中，则更加注重针对个案的情况进行全面的分析，在综合分析多条救济路径的基础上，不断进行经验性、技术性的调整，以谋求个案中处理路径的优化和当事人利益的最大化。打个比方，法学研究要解决的问题是如何研制武器或建造武器库，而法律实务解决的问题则是在某场战役中如何灵活机动、因地制宜地组合使用各种武器。

实务界越来越多地关注法律研究，本身也是法治进展的体现。究其背后的机理，除了实务工作者的个人学术志趣而外，也与法律行业的竞争状态有关。随着经济社会高速发展，法律行业过去几十年里经历了一段"野蛮生长"的时期，人们对于法律服务的需求急剧上升，但与之不匹配的是提供法律服务的从业者数量不足、专业化程度不高。②这种供需间的不平衡，造就了很多"万精油"律师，即尽可能多地开拓案源，追求更大的经济利益，却不追求对某一领域进行深入的精细化研究。故学术界与实务界双方都在研究法律，却因志趣不同、方法迥异而少有深入交流。

---

①熊谞龙."法律的生命在于经验"——读《判解研究》有感[J].全国新书目，2003（6）：6.
②马海岸.律师事务所业务精细化管理研究[D].广州：广东财经大学，2017.

在法律市场呈现的繁荣姿态与中央做出的"建设德才兼备的高素质法治工作队伍"顶层设计等多重因素的影响下，各大高等院校纷纷扩招、增设法学专业，使得法科学生的数量增长迅速，法律服务从业者的数量和质量也相应提升。这使得曾经供小于求的法律服务市场逐步实现供需平衡，部分地区甚至出现了供过于求的迹象。

在"后野蛮生长"时代，法律市场对实务界人士提出了更高的要求。日益复杂的纠纷和可能产生的法律风险对从业者专业程度的要求大幅提升，应运而生的是高度专业化的法律服务团队和一大批求精而不求博的"深耕型"律师。这样的"深耕"恰巧与理论研究界的思维模式不谋而合，成为法律实务界与法学理论界分野格局渐趋消弭的发端。

法律实务工作者提升自身学术水平，既是提升竞争力的一种体现，也是实务办案水平高低的体现。就实务工作者而言，没有对一个问题进入深入研究，就不可能形成一套系统深入的观点，更不必说开发出一套有效的办案方式。在很多法律实务的处理过程中，学术水平的高低决定了其能否在大量的法律规范之中寻求最优的解决方案。随着经济社会不断发展，商业模式更趋复杂化、多变化，许多新型服务需求和争议涌现，在现有法律没有给出明确指引的情形之下，实务人士需要依循一定的法理研究、逻辑推理进行法律分析和论证，才能解决案件中的法律问题，从而更好地保障案件公平正义的实现。

换一个角度说，从事法律实务工作也为学术研究提供了良好的土壤。对于很多新出现的案件类型，其背后往往牵涉新型、复杂的学理问题。身处第一线的实务工作者比起深居"象牙塔"的传统学术研究者能够更早地、更直观地发现问题。对于学术研究而言，除了需要丰厚的学理知识储备、严谨的学术规范与写作规范，发现新问题、提出新问题也至关重要，有意义的问题正是开展学术研究的第一步。

对于正在学习中的法科学生而言，囿于专业知识积累和研究能力不足，以及缺乏足够时间深入钻研某一领域的理论，单凭本科期间短短几年的法学课程学习难以完成法学专业知识体系的全面构建。在这样的情况下，即使学生有志于科研，也很可能因提不出高质量的新问题，连迈出从事科研的第一步都困难。如果能够在学习之余参与到法律实务中，感受实务工作，接触实实在在发生的案件，特别是新领域、新类型或较为复杂的案件，对于法科学生精进志业、发现实践中的新问题、激励其从实践中的问题出发并进行深度思考大有裨益。

将视角回到法学（中外合作办学）专业，该专业的对外招生宣传口径和学生培养的方案计划中都体现了法律"实务"倾向。其课程安排较为紧密、课时紧凑，但同时缺乏一些前沿的介绍类课程。不过，中外合作办学（法学）专业学生因兼修中国法与美国法、注重英语的听说读写，故而在实习机会的竞争中更具优势，能够获得更多参与实践的机会。前文已述，学生参与更多的实践是其发现问题、提出问题的有效途径，有助于提高法科学生的思辨能力与研究能力。

中外合作办学最大的特色就是结合了中美两种不同的法学院训练方法，能够培养出两种思维方式。中国的法律教学模式，力图通过体系化、系统化的课程教学为学生讲授概念、原理、制度、体系，而美国法学院的教育模式则倾向于"苏格拉底式教学"，通过布置课前的案例材料阅读，要求学生在课前完成阅读任务，在课上进行大量提问和探讨。在笔者看来，最不适合系统化教学的"苏格拉底教学法"恰好是对注重系统化讲授的中国法教学的有益补充。这种相互补充的教学模式有助于培养学生建立不同的法律思维模式，开拓思考问题的广度与深度。无论是在法律实务中体现的缜密思维，还是在学术研究中展现较为丰富的视阈，学生在中外合办的教学模式下都有获得提升的路径。

一言之，学术之路对于大多数法科学生来说熟悉又陌生。熟悉之处在于，每一名法科生都会在学业中了解到熠熠生辉的大家学说；陌生之处在于，有机会、有能力在本科学习阶段就全身心致力于学术研究的学子尚不多见，以至于许多人认为学术是仅属于极少数顶尖学子的赛道。实际上，在对专业知识需求的精度、深度和广度都与日俱增的当下，越来越多的法律实务界人士已形成新的共识，学术研究已经不只是法学博士研究生和"学院派"

学者的专属，作为法律职业共同体中的每个人都应当做好在整个法律职业生涯持续学习和钻研的准备，在长期个人发展中针对或实务或学术的问题进行深入探索，进而形成在某个领域或学术问题上的知识优势，从而在该领域取得成就。

五、结语

"学生科研能力提升"，是中国海洋大学中外合作办学（法学）专业教学研究立项课题。中外合作办学的师生围绕这一话题展开对话，道出学生科研能力提升的艰辛与出路。科研是富有创新性的工作，如果能够吸引富有好奇心的本科学生参加，可谓两全其美。鉴于学生对参与科研有认识、有需求也有行动，教师更应按照科研的规律引领学生，使其在课程学习的基础上再上一个台阶。如此，才能为"教研相长"理念写下宝贵的注脚，为中外合作办学留下生动、有意义的学研合作，为不断发展的本科教育教学谱写时代新篇。

批判性思维在高校刑法教学中的
作用与应用

李波　塔娜·努尔别克

摘要　为全面推进依法治国和加快法治人才培养的步伐，批判性思维在法学教学中显得非常重要，尤其在刑法学教学的领域之中。因为批判性思维有助于学生获得更加全面和准确的理论知识、促进问题意识的发展和创新思维的培养、最终帮助学生更加理性地分析问题和解决问题。影响批判性思维的因素主要有主观因素和客观因素，主观因素主要是惰性思维较重；客观因素主要是上课占用了学生的大多数时间、考核方式未体现分析能力、缺少针对性的批判性思维课程等。因此，在刑法学教学中通过运用比较法、案例法、实践法和读书会等方式，会更好地提升学生的批判性思维。质疑和批判是为了获得知识的完整性和准确性，高校大学生应该养成的不仅仅是批判技能，更重要的是批判意识，从而成为具有批判性思维的人。

关键词　刑法　批判性思维　教学

教育的主要目标之一是培养学生的批判性思维，然而，在绝大多数高校本科和研究生的法学人才培养之中，批判性思维缺乏的问题普遍存在，刑法专业的学生也不例外。在本科毕业论文、硕士毕业论文、学年论文、课程作业乃至课堂上学生的提问过程中，发现大部分学生可能都不具备充分的批判性思维，该问题在毕业论文中尤其明显。有些学生能够基于案例及自己的理解，对一些观点提出质疑，这可能是因为对具体的小问题进行批判性思考相对容易一些，但要写一篇论文深入分析其所研究的问题就比较困难了。这是由于缺乏系统性的批判性思维，难以将批判性思维推进下去。在学习过程中，有些同学虽然可以提出问题，但是缺乏动手能力，完全不想自己查书或深入思考解决问题，这也是批判性思维缺乏的一种表现。

批判性思维是在学习过程中非常重要的一种思维方式，因为其能够确保学生所获得知识的全面性，帮助学生形成问题意识。在刑法课程教学中，批判性思维可以激发学生对学习的兴趣，提高其自主学习能力和创新能力。本文通过分析大学生缺乏批判性思维的原因和影响因素，为训练批判性思维提供了四个方面的教学方法。

一、批判性思维含义及其作用

（一）批判性思维的界定

最早的对批判性思维的界定可追溯到古希腊，其大意是做出合理的判断。我国对于批判性思维的研究最早始于20世纪80年代。对于批判性思维的概念，理论界有不同的观点，总体来看可分为三种。第一种观点，批判性思维是指对于从某个事物、现实和某种主张中发现问题之所在，并结合自身的思考做出有逻辑的思考。[1]第二种观点，批判性思维就是对所看到的东西的性质、价值、精确性和真实性等方面作出个人的判断。[2]最后一种观点，批判性思维是有目的地分析、评价、推断及对其论据、概念、方法和语境进行解释。[3]总之，批判性思维是清晰明确地表达、逻辑严谨地推理、合理准确地论证的思辨能力。对于刑法专业来说，批判性思维是指对于案件事实的来源、背景和性质等进行综合分析、推理、验证之后得出自己独特的观点。刑法学专业的学生应当以严谨的逻辑、明晰的思辨、平和的心态来求证和看待刑法问题。

当然，批判性思维不同于批评，它只是一种思维，不意味着结论是批判性的，不能为批判而批判。在学习与日常交谈中，不能故意曲解对方的意

①钟启泉.“批判性思维”及其教学[J].全球教育展望，2002（1）：34-38.
②刘儒德.批判性思维及其教学[J].高等师范教育研究，1996（4）：62-67.
③黄芳.大学生批判性思维能力培养方式实践探索[D].上海：上海外国语大学，2013.

思，也不能为了论证某一观点而断章取义，给自己树一个本不存在的批判目标，这样做是与批判性思维背道而驰的。

（二）批判性思维的作用

1. 有助于获得知识的完整性和准确性

批判性思维提出的各种问题及其对这些问题的回答或再批判，能够完善该理论的知识体系。不同理论之间的辨别、比较、批判让科学理论体系趋向完整，兼具多样性和整体性。换言之，批判性思维让知识体系处于活跃状态，随时接受新的观察与新的数据，适应不断变化的世界。

如果不进行批判性思考，就有可能被错误的信息所误导。但是批判性思维不是漫无边际、毫无根据地怀疑或否定一切，它是基于客观与理性，对所听到、读到、学到的知识进行再反思的过程，也是一种验证和证伪的过程，通过这种验证了解知识背后的理论体系及其指向的结论。批判性思维需要良好的逻辑推理能力与把握事实的能力。

2. 有助于培养问题意识和创新意识

在学术研究的过程中，批判性思维是发现问题的重要方法，具有批判性思维的人能在各种著作乃至日常对话中发现问题。批评一种观点并不等于批评持有此种观点的人，而是要在学术研究的过程中，通过批判性思维提出问题，找到现有知识解释不了或解释不通的问题，力求将知识推进到新的层次。

从某种意义上说，批判性思维与创新性思维是息息相关的，有时候批判性思维就是创新性思维产生的前提。学者武宏志认为，在解决问题时批判性思维和创新性思维两者都是不可或缺的。一方面，创新性思维会产生新观点；另一方面，批判性思维可以验证这一观点是否准确。[①]朱新秤认为，要成为创新型人才应当具备批判性思维和创新性思维。批判性思维重在"破"，而创造性思维重在"立"。批判性思维能够提升学生独立思考和发现问题的

---

① 武宏志. 论批判性思维[J]. 广州大学学报（社会科学版），2004（11）：10-16+92.

能力，从而激发其创新能力。[1]

二、影响批判性思维形成的因素

影响高校学生形成批判性思维的因素很多，包括主观因素和客观因素。主观因素主要表现为"懒"。形成批判性思维是需要花费大量时间与精力的，部分学生不愿意进行批判性思考，而是盲目相信或者全盘接受。

客观因素包括以下几个方面：一是课程安排不合理，有的学生一学期有10门课，每天疲于上课，没有时间对某个具体问题进行深入、细致的思考。二是考核方式不合理，很多课程的考核方式十几年不变，大多为概念选择、判断、简答和论述等注重记忆而非分析能力的类型。钟启泉认为，在传统的教学模式中，教师在费尽心思地灌输知识，学生在机械式地储存信息，并且以考试为主要目的进行学习。在这种学习模式中，学生逐渐失去了积极探寻和评价信息的能力。[2]三是普及性的批判性思维培养课程比较少，换言之，很少有课程能够系统地教给学生怎么做研究，怎么进行批判性思考，课堂也缺乏批判性思考的氛围，大多课程以分数为导向，长此以往学生就不会把精力投入到平时的学习中，而是选择考前突击，这显然不利于培养学生的批判性思维。四是大多数学生限于本课题组的研究范围，这样很有可能受到导师观点的影响，进而缺少批判性思考。王迎超、耿凡等对我国高校研究生批判性思维进行实证研究时发现，"我国高校研究生的批判性思维倾向总体较弱，低年级的研究生批判思维倾向性要高于高年级研究生，且随着年级的升高，研究生之间的差异逐渐减小"。[3]并分析了随着年级的升高，研究生之间批判性思维差距减少的原因。他们认为，这主要是因为低年级研究生刚进入研究生阶段，受导师思路和课题组研究思维的影响较小，故具有较强的批判性。

---

[1]朱新秤.大学生批判性思维培养：意义与策略[J].华南师范大学学报（社会科学版），2006（3）：123-126+160.

[2]钟启泉."批判性思维"及其教学[J].全球教育展望，2002（1）：34-38.

[3]王迎超，耿凡，靖洪文.高校研究生批判性思维倾向调查与统计分析[J].煤炭高等教育，2015，33（3）：61-64.

而高年级研究生大多处于毕业论文研究阶段，已形成固定的思维模式，故批判性思维相对较弱。

三、批判性思维培养的教学策略

如前所述，高校有必要适当减少课程的安排，同时增设一到两门有关批判性思维培养的课程。同时，还应改变传统的考核方式，注重学生的课堂表现与课下学习。高校应该设置多种考核方式，并对考核评价标准进行优化，体现出对学生的理论知识和分析问题的能力的重现。

教师应鼓励学生全方面开展研究，而不是将研究内容限制在课题组范围内。

1.比较法

在日常教学中有时会遇到这种情况，学生阅读相关材料时觉得都是对的，发现不了问题，这时可以让学生把解释同一个问题的材料集中对比，这时，不同的观点就会发生碰撞，学生可以比较哪个观点的理由更充分，采纳哪个观点所得到的结论是最优解。结合案例进行教学时，有时需要通过比较相似的案例进行分析，因为有时这些相似的案例不是同一个结论或者不是用同一个理论来解决的。通过比较，可以激发学生以批判性思维来看待和分析问题，而不是如套公式般死记硬背那些没有经过思考的结论。此外，在刑法学中，学习罪名时经常比较罪与罪之间、此罪与彼罪之间的异同点，如此才能准确解释该罪的适用条件。比较分析在刑法学中是常见的研究方法，通过对两种案例甚至对两个国家的刑法进行比较，从中找到刑法理论的独特性和共同性，从而以一个全新的视角思考问题。①

2.案例法

对于刑法中一些比较抽象的规则或观点，可以结合典型案例进行理解。周光权认为，法学生结合典型案例、故事或者电影去学习那些抽象概念、教

---

① 劳东燕.以比较的眼光看刑法的问题[J].刑事法评论，2011，29（2）：272-282.

义学理论会更容易理解和记忆。①为了更好地激发学生的批判性思维，刑法学教师应多结合案例进行教学并引导学生多研究案例。例如，在讨论侵犯财产罪中的"财物"的范围时，实践中会遇到QQ币、比特币等虚拟货币是否属于"财物"这一范畴的问题。若不及时关注实践问题，对"财物"概念的理解就会停留在原来的层次上。

3.实践法

批判性思维的培养重点在于"行"，即进入法院、检察院或律所等单位实习，而不是仅仅局限在理论的争论之中。学生在实习的过程中，可能会对司法实践中的诸多做法产生疑问，而这些疑问能加强学生的理论深度、促进学生的学习主动性、激发创新思维和批判思维；同时，可以使学生的观察能力、表达能力、运用知识的能力和处理问题的能力得以提升。总而言之，要在实践活动中找到理论知识与实际案件中存在的问题，然后以批判性思维作为工具，找到解决该问题的切入点，从而提出新的方法、观点或建议。

4.其他有效方式

笔者通常采用每周给开读书会的方式，读一些刑法学经典著作或论文。在读的过程中引导学生思考作者所研究的核心问题是什么，作者为什么要研究这个问题，他是怎么开始或具体做这个研究的，他的目的是否实现了，你是否赞同他的观点及理由。通过这样一个深入和具体的学习过程，教师可以指导学生如何阅读、如何做研究。所以，在读书的过程中，学生会逐渐有意识地去评价作者的研究水平，并从中提出问题，引发自己的思考。在读书会的讨论过程中，学生也能够锻炼逻辑思维，同时检验自己对问题的思考是否全面。

四、结语

虽然近年来我国有许多学者倡导培养学生的批判性思维，但是多数高校学生仍然没有养成这种思维。批判性思维是在研究问题时，基于有用的证

---

① 周光权. 刑法学习定律[M]. 北京：北京大学出版社，2019：45.

据和可行的价值体系，对错综复杂的问题作出准确判断，得出令人信服的结论。刑法学作为一门概念多、案件错综复杂、理论争议较多的学科，应更加重视运用批判性思维。本文仅仅是对批判性思维在刑法教学中的作用与应用的浅层次分析，希望未来能够对此问题加以深入分析，这不仅仅是研究的基本素质，也是教师沉甸甸的社会责任。

中外合作办学项目本科英语教学中的思辨能力培养

江 曦

摘要 英语教学是中外合作办学项目的重要环节，对于项目能否顺利运行至关重要。通过梳理相关研究，分析中国海洋大学与美国亚利桑那大学合作办学项目一年级英语教学实践情况，试图探究适合思辨能力培养目标的英语教学策略。首先，教师应转变完全"以教师为中心"的教学模式，从知识的传授者变为思考的引导者和启发者，利用课堂讨论或课堂辩论的方式引导学生从不同角度思考开放性问题，鼓励他们发表自己的看法。在阅读教学中，教师应指导学生进行提问式阅读，养成梳理文章结构、归纳论证思路、质疑文章结论的思维习惯，并培养学生思考阅读内容和现实问题的关联。写作教学中，教师可采用过程教学法，引导学生发散思维，全面分析思考问题，帮助学生检验论证过程、分析英语母语者的写作方法和论证思路。此外，教师还应培养学生的元思辨能力，帮助他们提高自主学习能力，使他们学会分析自己的学习特点，据此制定个性化学习策略，并能在随后的学习中监测自己的学习情况，必要时调整学习策略。

关键词 中外合作办学 本科英语教学 思辨能力 英语能力提升

一、引言

近年来，各大高校中外合作办学项目不断涌现。中国海洋大学与美国亚利桑那大学于2015年联合设立了法学专业本科阶段合作办学项目（以下简称"中外合作办学项目"）。中外合作办学项目以教授中美两国的法律制度和双语教学为特色，旨在培养一批通晓中美两国法律体系并能熟练使用英语的高端涉外法律人才。

英语教学是中外合作办学项目的重要环节，对于项目能否顺利运行至关重要。值得注意的是，中外合作办学项目除了对学生的英语能力要求较高外，还要求学生有良好的思辨能力。由于传统的大学英语教学呈现出重语言技能训练而轻思维能力训练的特点，如何应对中外合作办学项目对人才培养提出的复合要求，也值得教师深思。如何在教学中实现英语能力提高和思辨能力提升的双重目标？中外合作办学项目对思辨能力的高要求需要教师采用哪些教学策略？本文通过梳理相关研究，并分析项目教学实践情况（分析对象为中外合作办学项目本科一年级学生），探究适合中外合作办学项目思辨能力培养目标的英语教学策略。

二、有关本科英语教学中思辨能力培养的相关研究

近年来，思辨能力（Critical Thinking）的培养日益受到各国高校的重视。在知识爆炸时代，如果教学重点仍然放在知识点的传授与考核上，很可能学生在校学习的知识还未毕业就已过时。如果将分析问题和解决问题的思辨力作为教育目标，这种具有综合性、迁移性、系统性的能力能够让学生终身受益。[①]

尽管许多学者对思辨能力的定义各不相同，但就思辨能力的概念内涵已达成以下共识[②]：①思辨的核心目的是做出有理据的判断；②思辨者既要掌握良好的思辨技能（分析、推理、评价等），同时还应具备某些特定的情感特质，如探究未知事物的热情、警惕自身偏见、以开放的态度对待争议等；③思辨过程还包括元认知或者"元思辨"，即思考者需要有策略地运用具体的思辨技能，对自己的思维过程进行监控、调整、修正。孙旻梳理了前人研究成果，归纳出思辨能力的核心技能及分项分类，如表4-1所示。

---

① 文秋芳，孙旻.评述高校外语教学中思辨力培养存在的问题[J].外语教学理论与实践，2015（3）：6-12+94.

② 孙旻.中国高校英语演讲学习者思辨能力发展个案研究[D].北京外国语大学，2014.

表4-1 思辨力核心技能及分项技能的分类

核心技能	思辨分项技能及含义	
分析能力 （Analysis）	阐释 （Interpretation）	理解并阐明行为、事件、数据、习俗、观念、规则、程序等的含义或意义
	归类 （Categorization）	为理解、描述、总结信息提出划分类别的框架
	比较 （Comparison）	比较、区分观点概念、论断；明确"整体部分"关系
	识别与分析论证过程 （Identifying and Analyzing Arguments）	探查一系列表述是否形成"论证过程"，并将其分解为预设、前提、结论
推理能力 （Inference）	组织理据 （Querying Evidence）	识别、搜寻、筛选支撑论断的理据
	设想多种可选方案 （Conjecturing）	形成多样化解决问题的方案，预测可能性结果
	形成结论 （Drawing Conclusion）	运用恰当的论证方式，确定对特定事物所采取的立场和观点
	解释 （Explanatio）	呈现概念、方法、标准、情境等方面的信息，以便自身或他人检验已做的分析、推理、评价等过程
评价能力 （Evaluation）	检验论证过程 （Examining Arguments）	检查、质疑、评判（他人）理据力度和论证的合理性（前提是否为真、论证是否包含谬误等）
	自我调节 （Self-rgulation）	检验（自身）观点和理据、反省个人的知识局限、成见、情感、动机、价值观、态度等影响公正客观判断的因素；发现问题时，以合理的方法进行补救和纠正

本文对思辨能力培养的讨论将以表4-1作为具体分析的依据。

近年来，外语教学中思辨能力的培养成为广受关注的话题。许多学者从理论和实证的层面进行了研究，但大多以英语专业学生为研究对象，或仅指出其存在的问题，而未能提出可操作性解决方案；少数提出解决方案的研究则仅关注阅读、口语等单项技能，而未能提出涵盖更多教学环节的方案。目前，国内还没有针对中外合作办学项目中英语教学和以实践为导向的思辨能力培养的研究，因此本文旨在探索适合中美法项目思辨能力培养目标的英语课程教学策略。

培养思辨能力，首先需要教师为学生提供运用思辨能力的机会。已有学者指出，组织学生进行开放式提问的小组讨论，要求其阐明自己的观点，并对同伴的不同观点作出回应，最后归纳得出结论，这样能够很好地锻炼学生的思辨能力。这就要求教师不再作为单纯的知识灌输者，而是讨论和思考的激发者、引导者，在尊重学生自由表达观点的基础上引导他们从多角度思考开放式话题、辩证看待自己的观点。

思辨能力的一大核心技能为评价能力，具体表现为质疑、评判他人论证合理性的能力。具体而言，这要求教师在阅读教学中超越传统模式。带领学生"读懂"文章的目标，引导学生分析作者的论证过程，并判断其是否具有合理性。教师还可以让学生就同一论题比较不同观点的作者的文章，判断哪种论证更具有说服力并给出理由。

思辨能力的另一大核心技能为推理能力，其分项技能——组织理据、设想多种可选方案、形成结论、解释均可以在写作教学中得到锻炼。这要求教师采用"过程教学法"，引导学生运用头脑风暴等方法进行多角度思考，将论据组织成论证较为合理的文章，并在后续的同伴修改中运用思辨能力对文章进行优化。

另外，评价能力的另一大核心技能——自我调节能力与"元思辨能力"息息相关。在英语教学中，这一能力具体体现在学生对学习状况的自我规划、自我监测和调整学习策略的能力。大学学习对学生的自主学习能力提出了较高要求，因此，教师应在评价方式中给予课外自主学习相应的权重，鼓励学生探索适合自己的学习方式，并运用思辨能力进行效果监测和适时调整。

三、针对思辨能力培养的英语教学原则及课程设计

本节将以既有研究为基础提炼培养思辨能力的英语教学原则，并以教学实践为例阐明这些原则该如何实施。

（一）教学模式及教师角色的转变——从讲授者到启发引导者

近年来，教育领域出现了从"以教师为中心"到"以学生为中心"的教学模式转变。[①]"以教师为中心"的教学模式以传递信息为主，主要采用讲授的教学方式，教师与学生互动较少，学生往往被动接受知识，而缺少对知识进行思考或将所学知识加以应用的机会。在这种教学模式中，教师的角色是知识的传授者，具有权威地位。与此相比，"以学生为中心"的教学模式以学生自我探索式学习为主，主要采用讨论或辩论的教学方式，师生或学生之间互动较多，学生有许多机会对所学知识进行反思或应用。在这种教学模式中，教师的角色是学生思考的启发者和引导者，与学生地位相对平等。

在英语教学中，教师可采用课堂讨论或辩论的形式实践"以学生为中心"的教学模式。以中外合作办学项目为例，笔者曾以"对富人征税以帮助穷人是否正当"为辩题组织课堂辩论。学生4~5人一组，正反两方展开辩论。辩论开始之前，每人有8分钟时间思考辩题，要求是想出尽可能多的、支持和反对向富人征税的理由和例子。这样做的目的是给学生充分的思考时间，促使他们从正反两个方面权衡向富人征税的利弊。在正式辩论中，正方和反方先做简短的开场陈词，阐明己方观点，并给出论据。在提问环节，两方就开场陈词向对方提问，可反驳对方观点、论据或进行追问。最后，双方做总结陈词，重申主要论点。辩论结束后，学生需对焦点问题和主要论点进行总结，每组指定一名学生将辩论总结分享给全班同学。

在辩论进行过程中，教师需聆听各个小组的辩论，可针对核心论点对学

---

① 刘献君. 论"以学生为中心"[J]. 高等教育研究，2012，33（8）：1–6.

生进行追问（如有学生提出"向富人征税的做法并不公平"，此时教师可追问"你认为不公平的原因是什么"），或在学生思维短路时时候提出启发性的问题，引导他们提出更多论据。辩论结束后，教师会带领学生将全班辩论的核心观点进行整理，并分析和比较不同观点之间的合理性。

辩论结束后，教师播放哈佛大学教授迈克尔·桑德尔讲授的"正义"公开课片段，由于此片段讨论的也是向富人征税以救助穷人的正当性问题，因此学生听课的积极性很高。在此环节，笔者要求学生记笔记，以梳理公开课中提到的论点，并与自己在辩论中的论点进行比较，总结论证过程和辩论技巧。

对照表4-1分析以上课堂辩论，在辩论开始前的预思考阶段，学生有机会运用思辨能力中的分析能力，即归类和比较的技能。在开场陈词阶段，学生需要运用思辨能力中的推理能力，即组织论据和形成结论的技能。提问环节既可锻炼评价能力（学生需检验对方的论证过程以反驳对方，同时需要根据对方的提问检验自身观点和理据，进行自我调节），也可通过解释相关观念和论点锻炼推理能力。另外，在辩论后观看"正义"公开课片段的环节，学生还能进一步通过对比论证过程，锻炼评价能力（检验论证过程和自我调节）。

就教师的教学策略而言，在选择辩题时应着眼于学生感兴趣的热点话题或与学生专业相关的话题，如上例中的辩题就与法哲学中的分配正义有关。在备课时，教师应搜索相关资料，使自己对正反两方观点都能形成初步的论证过程。在辩论过程中，教师应设法鼓励学生发表自己的观点（哪怕论证过程不够严密），适当提启发性的问题，帮助学生反省自己的论证过程并修正。最后，在辩论结束后的总结阶段，教师应着重分析不同观点的论证思路（如是运用了归纳推理还是演绎推理），并通过对比帮助学生对不同的观点做出评判（如是否有逻辑谬误）。

（二）批判性阅读

要将思辨能力培养融入英语阅读教学，就要求教师引导学生在阅读过程中不断提问。李瑞芳认为，在阅读教学中，教师可提问学生"文中哪些是事实，哪些是作者的观点？作者写此文的目的是什么？反映了什么人的立场？文中素材来自何处？可信程度多高？作者的假定是什么？有没有偏见？作者采用什么写作手法达到其目的？"等问题，促使学生独立思考，而非停留于被动接受阅读材料信息的阶段。[①]刘伟和郭海云归纳了批判性阅读的主要步骤：预习文本、梳理文本的组织结构、提出问题、审视理解、同义转译并归纳作者的观点、确定作者的目的和态度、把读到的观点与其他观点联系起来、撰写关于所读内容的文章、与别的读者合作讨论阅读材料中的观点等。[②]

以中美法项目为例，笔者每单元选取1~2篇与教材内容相关的拓展性阅读材料，长度通常为2000词左右，要求学生用1~2周的时间预习。在预习阶段，教师要求学生在阅读后尝试用自己的话撰写梗概（中英文均可），或在段落周围写总结性的关键词。在每单元结束时，学生需接受随堂阅读测试，内容与阅读材料相关。测试的题型包括判断题（1~2题，主要考查学生是否能够分析出文章大意）、判断题（6~7题，考查学生是否能根据作者的意思判断相关表述的真假）、问答题（如文中关键概念解释、复杂句转述或翻译、开放性问题等）。测试结束后，教师讲解题目，并引导学生分析文章的组织结构与论证思路。教师还会引导学生讨论与材料内容相关的宏观问题或现实问题。

对照表4-1分析，在预习阶段，学生通过自行概括文章大意可锻炼分析能力中的识别与分析论证过程的技能。测试中，学生可运用多项思辨能力：判断题要求学生区分作者观点与客观事实，进而提高其分析能力中的比较技能；问答题要求学生运用推理能力中的解释能力、分析能力中的阐释能力以及比较能力（分析能力）和检验论证过程能力（评价能力）。例如，某次测验的问答题要求学生比较两篇有关基因编辑技术的文章，说明哪一篇文章更具有说服力并给出理由。这类问题不仅要求学生了解文章的结论，还要熟悉文章的论证思路，并能通过比较得出合理的结论。这样的开放式问题可以同

---

①李瑞芳. 外语教学与学生创造性和批判性思维的培养 [J]. 外语教学，2002（5）：61-65.
②刘伟，郭海云. 批判性阅读教学模式实验研究[J]. 外语界，2006（3）：14-18+23.

时提高分析、推理和评价能力，对思辨能力的锻炼效果较好。另外，在测验后的讨论环节，教师会引导学生将阅读材料中的观点与其他观点联系起来，批判性地分析材料内容，并思考材料内容与现实生活的关联，帮助学生形成将思辨能力运用到现实生活中的习惯。

（三）基于过程教学法的写作教学

写作任务对锻炼思辨能力大有裨益，但需要依靠有效的实施方法。为提高学生多角度思考的能力，为他们提供质疑、评判他人论证的机会，中外合作办学项目本科一年级的写作教学采用"过程教学法"，将写作过程拆解成多个步骤进行训练，每个步骤着重训练不同的思辨能力。

具体而言，学生在一学期中应就思辨性话题完成1~2篇600~800词的议论文写作。在正式写作前，学生需提交写作提纲。撰写提纲的目的是帮助学生发散思维，从多个角度辩证地思考。此外，还可以帮助学生梳理思路，思考如何合理组织论点和论据，避免在正式写作时出现逻辑混乱或比例失衡的问题。教师将从文章结构和论据是否恰当等方面就提纲给出反馈，之后学生撰写第一稿，完成后两人一组互相审阅。审阅者需对同伴的文章从内容（如逻辑是否自洽、各部分比例是否均衡、各论点是否有足够论据支撑等）和语言（如选词、语法、标点的使用等）两方面给出修订意见。写作者在收到修订意见后，还可与审阅者进一步讨论以敲定最佳的修改方法。同伴互审之后，写作者着手修改并提交第二稿。之后教师批改第二稿，在内容和语言两方面给出修改建议。写作者再根据反馈修改第二稿，提交终稿。最后，教师会布置学生阅读英语母语者撰写的相同话题的议论性文章，供学生参考学习。

学生的写作成绩由两部分组成：作为写作者的成绩（即文章本身）和作为审阅者的成绩（即给别人提出的修改和建议），前者占写作成绩的80%，后者占20%。整个过程中，学生既是写作者，也是阅读和评价者，在审阅同伴文章的同时也发现了自己文章的不足之处，在不断修改中提升自身写作技能。

对照表4-1分析过程教学法，在提纲撰写阶段，学生需运用分析能力（归类、比较等）和推理能力（组织理据、设想多种可选方案、形成结论等）。如笔者曾布置关于"刑讯逼供是否正当"的作文题，学生应在提纲中列出支持或反对刑讯逼供的理由和论据。写作者可以比较使用和不使用刑讯逼供对司法实践的影响，也可提出更优解决方案，并且需要将不同论据以合理的形式组织在一起，最终得出令人信服的结论。在撰写一稿的阶段，学生需进一步运用组织理据的能力，依照提纲内容写出内容翔实的文章。另外，在写作过程中，写作者也可对提纲中的论证过程进行自我检验，锻炼评价能力。在同伴互审阶段，学生需充分质疑、评判同伴的论证是否严密和充分，既可锻炼分析能力（识别与分析论证过程），也可提高评价能力（检验论证过程）。另外，阅读他人文章还可拓宽学生本人的思路，促使他们从不同的视角看待问题。在二稿和终稿的撰写阶段，学生需进一步运用分析能力和评价能力，既需要比较同伴的反馈与自己原来的思路哪个更为合理，还需要深入检验自己的论证过程是否符合逻辑。最后，在对比英语母语者的文章与自己的作文时，既需要识别与分析他人的论证过程，还需将其与自己的论证过程相比较，并以此为基础检验自己的论证过程。

（四）元思维能力培养——自主学习能力发展

孙旻认为，思辨过程还包括元认知或"元思辨"，即思考者需要有策略地运用具体的思辨技能，对自己的思维过程进行监控、调整、修正。[①]元思辨在英语学习中的体现是学生能够分析自己的学习特点，据此制定相应的个性化学习策略，并能在随后的学习中监测自己的学习情况，在必要时调整学习策略。

以中外合作办学项目为例，为锻炼学生的自主学习能力和元思辨能力，笔者要求学生在课外完成"笔记本项目"。该项目要求学生在课外依托网络自主探索英语学习资源和适合自己的学习方法，记录自主学习的内容和进展。这项任务类似于学习日志，督促学生监测自己的学习情况，但比单纯的学习日志更灵活，学生可记录任何与英语学习相关的信息（如词汇语法知识、视听资源、法律英语、自我学习心得等）。在学期末，教师要求每个学生做课堂展示，总结分享自己探索的英语学习方法和相关资源。此外，教师

---

① 孙旻.中国高校英语演讲学习者思辨能力发展个案研究[D].北京：北京外国语大学，2014.

应鼓励学生在课余尝试用英语学习其他科目知识（如阅读法学英文原著），实现英语的工具价值，既可以为英语学习提供更大动力，还能提高英语学习的效率。

不少学生表示，课外自主学习的收获不亚于课内学习，自主学习还为他们提供了操练课内所学技能和方法的机会。另外，学生在自主探索学习方法和策略的过程中也对高中阶段死记硬背的学习模式进行了反思，这本身也是思辨能力应用的体现，能够帮助学生摒弃低效的学习方式。

四、结论

为了在本科教学中实现英语能力提高和思辨能力提升的双重目标，教师应有针对性地制定教学原则，进行课程设计。首先，教师应转变完全"以教师为中心"的教学模式，从知识的传授者变为思考的引导者和启发者，利用课堂讨论或课堂辩论的方式引导学生从不同角度思考问题，鼓励他们发表自己的看法。在阅读教学中，教师应指导学生带着问题阅读，养成梳理文章结构、归纳论证思路、质疑文章结论的思维习惯，并培养他们思考阅读内容和现实问题的关联。在写作教学中，教师可采用过程教学法，引导学生发散思维，全面分析思考问题，帮助学生检验他人和自己的论证过程、分析英语母语者的写作方法和论证思路。此外，教师还应培养学生的元思辨能力，帮助他们提高自主学习能力，使他们学会分析自己的学习特点，据此制定个性化学习策略，并在随后的学习中监测自己的学习情况，在必要时调整学习策略。

第五章

涉外法治人才培养机制及思政工作创新

法学中美合作办学项目现状分析及建议

于　铭　　张梓群

摘要　法学中外合作办学项目起步较晚，在现有的正在运行的1个合作办学机构和7个合作办学项目中，有5个合作办学的外方机构为美国高等院校，占全部法学中外合作办学机构和项目的一半以上。这些项目的培养层次较高，但处于尚在建设的初级阶段，其培养规模和专业远不能满足国家加快推进涉外法治人才培养的战略需求。山东省在推动中美法学合作办学项目的建设上走在全国前列，可以着力加快建设不同层次和方向的中美法学合作办学项目，并以此为基础推动涉外法治人才培养平台建设，以期服务山东打造对外开放新高地的战略。

关键词　法学　中美合作办学　建议报告

在中华民族伟大复兴和当今世界百年未有之大变局的历史进程中，我国面临着日趋严峻和复杂的涉外法治问题，例如，国际规则制定中无法反映中国诉求、国际谈判人才短缺、频繁遭遇以反倾销、反补贴和贸易保护措施为由的经济制裁、海洋权益保护不断受到威胁等。中国不能仅仅作为国际规则的接受者和适应者，而需要积极参与全球治理，做国际规则的维护者和建设者，提升国际事务的话语权。山东省高校应如何加强与美国高校的合作，推动涉外法治人才培养，服务国家战略需求，是山东省与美国交流合作研究中心尝试回答的问题。

一、法学中美合作办学项目现状

中外合作办学指外国法人组织、个人及有关国际组织同中国具有法人资格的教育机构及其他社会组织，在中国境内合作举办以中国公民为主要对象的教育机构，实施教育、教学的活动。1995年1月26日国家教育委员会发布《中外合作办学暂行规定》，规定中外双方可以合作举办各级各类教育机构；中外合作办学必须贯彻中国的教育方针，符合中国教育事业发展的需要和人才培养的要求，保证教育质量，不得以营利为目的，不得损害国家和社会公共利益。"十三五"期间，教育部共审批和备案中外合作办学机构和项目580个（独立法人机构7个，非独立法人机构84个，项目489个），其中本科以上356个。截至2020年底，现有中外合作办学机构和项目2332个，其中本科以上1230个。法学专业的中美合作办学是引入美方高校优质法学教育资源的重要途径之一，在培养涉外法治人才中发挥着关键性的作用。

（一）法学中美合作办学项目概况

据教育部中外合作办学监管平台的信息显示，截止到2021年6月，经教育部审批和备案的法学专业中外合作办学机构和项目有10个。其中，独立法人机构1个，为中国政法大学中欧法学院；非独立法人机构中的法学项目2个，为南京信息工程大学雷丁学院和沈阳师范大学国际商学院（这两个法学项目虽然获得审批，但都没有招生）；合作办学项目7个，如表5-1所示。在现有的正在运行的1个合作办学机构和7个合作办学项目中，有5个合作办学的外方机构为美国高等院校，分别为美国天普大学、美国圣路易斯华盛顿大学、美国马里兰大学、美国西俄勒冈大学和美国亚利桑那大学，如表5-2所示。

表5-1　法学中外合作办学机构和项目

地区	项目/机构	名称
北京	合作办学机构	中国政法大学中欧法学院
	合作办学项目	清华大学与美国天普大学合作举办法学硕士学位教育项目
		中国政法大学与美国圣路易斯华盛顿大学合作举办国际法专业硕士研究生教育项目
上海	合作办学项目	华东政法大学与新加坡国立大学合作举办法学硕士学位教育项目

（续表）

重庆	合作办学项目	西南政法大学与英国考文垂大学合作举办法学专业本科教育项目
江苏	合作办学机构	南京信息工程大学雷丁学院（未招生）
	合作办学项目	南京师范大学与美国马里兰大学合作举办刑事司法学硕士学位教育项目
山东	合作办学项目	烟台大学与美国西俄勒冈大学合作举办法学（区域犯罪信息分析）专业本科教育项目
		中国海洋大学与美国亚利桑那大学合作举办法学专业本科教育项目
辽宁	合作办学机构	沈阳师范大学国际商学院（未招生）

表5-2　中美法学中外合作办学项目

地区	项目/机构	名称
北京	合作办学项目	清华大学与美国天普大学合作举办法学硕士学位教育项目
		中国政法大学与美国圣路易斯华盛顿大学合作举办国际法专业硕士研究生教育项目
江苏	合作办学项目	南京师范大学与美国马里兰大学合作举办刑事司法学硕士学位教育项目
山东	合作办学项目	烟台大学与美国西俄勒冈大学合作举办法学（区域犯罪信息分析）专业本科教育项目
		中国海洋大学与美国亚利桑那大学合作举办法学专业本科教育项目
辽宁	合作办学机构	沈阳师范大学国际商学院（未招生）

（二）法学中美合作办学项目具体信息

现有的5个法学中美合作办学项目的具体信息有如下内容。

1.清华大学与美国天普大学合作举办法学硕士学位教育项目（清华—天

普项目）

清华—天普项目是法律硕士学位教育项目，以教授美国法律硕士课程（LLM）为主。天普大学是第一个被批准在中国授予外国法学硕士学位的大学，其法学院于2019~2020年在美国新闻与世界报道排名中排第48名。清华—天普项目也是迄今为止在中国执行时间最长的合作办学法律项目。

该项目仅授予美国天普大学的法律硕士学位证书。该项目学制为1.5年，每期招生人数50人，自2011年起每年招收1期学生。该项目采用自主招生方式，开设的课程以美国法学的基础课程，特别是国际贸易法课程为主，包括宪法、知识产权法、侵权法、证据法、合同法、刑事诉讼法、公司法、国际商业贸易、法庭辩护、公司合规法、法律研究写作、国际商业仲裁、法律推理、民事诉讼法、法律实践、冲突法和财产法等。

2.中国政法大学与美国圣路易斯华盛顿大学合作举办国际法专业硕士研究生教育项目（法大—华大项目）

法大—华大项目是国家法专业的法学硕士研究生教育项目。项目学制为3年，每期招生人数50人，自2020年开始招生，每年1期。该项目通过全国硕士研究生统一入学考试招生，采用"1+1+1"培养模式，即学生在研究生3年期间的第1年和第3年在中国政法大学学习，完成本项目培养方案规定的课程学习和其他培养环节、中期考核、论文答辩等，获中国政法大学（学术型）硕士研究生毕业证书和国际法学硕士学位证书；学制内的第2年，学生可赴美国圣路易斯华盛顿大学法学院完成硕士学位课程。符合美方毕业要求的学生，获法律硕士（LL.M）学位。

3.南京师范大学与美国马里兰大学合作举办刑事司法学硕士学位教育项目（南师大—马里兰项目）

南师大—马里兰项目是刑事司法学硕士学位教育项目，旨在为社会控制、打击刑事犯罪，惩罚并矫正犯罪人培养高级专业人才。该项目学员不仅能系统地接受国际一流刑事司法学科的专业训练，同时为适应中国国情，项目课程设置中特地增设了我国法学专业方面的课程。该项目学制为2年，采用集中授课（非全日制）方式，每期招生人数50人，自2013年招生，每年1期。

该项目采取自主招生方式，招生对象为有法学、应用心理学、社会学、公共管理、计算机等专业背景或有志于从事刑事司法领域实践与研究的其他专业的本科或硕士毕业生。美方开设的专业课程共有6门，包括刑事司法、项目评估、犯罪学、刑事司法统计工具、刑事司法体系计划和政策分析。该项目第一学年所开课程将在南京师范大学讲授，而后在马里兰大学开展为期半年的教学活动。项目只颁发马里兰大学的文学硕士（刑事司法学方向）学位证书。

4.烟台大学与美国西俄勒冈大学合作举办法学（区域犯罪信息分析）专业本科教育项目（烟大—西俄勒冈项目）

烟大—西俄勒冈项目是法学（区域犯罪信息分析）专业本科教育项目。项目学制为4年，实行"3+1"模式，每期招生人数为100人，自2013年起招生，纳入国家普通高等教育招生计划。项目颁发中方普通高等教育本科毕业证书、学士学位证书，赴美学习1年者可获得外方刑事司法学理学学士学位证书。

5.中国海洋大学与美国亚利桑那大学合作举办法学专业本科教育项目（海大—亚大项目）

海大—亚大项目是法学本科双学位合作办学项目。该项目通过教授中美两国的法律制度，旨在培养通晓国内、国际法律规则并具备熟练的专业英语沟通能力的高端涉外法治人才，以填补本地、本省和国家法治人才的重大缺口，服务于新时代国家战略发展需求。项目采用"4+0"的教育模式，由中美双方共同制定培养方案，学生在中国完成本科阶段学习即可取得双方学位。该项目引入亚大开设的17门法学本科课程，包括覆盖美国普通法主要法律部门的基础课程，例如美国普通法I、美国普通法II、法律研究与写作、美国公法等，以及体现项目培养国际法治人才宗旨的专业课程，如知识产权法、商业组织法、国际贸易法、国际税法、国际商事交易法等；引入高水平学术英语课程，为学生提供高质量、高强度的语言技能训练。该项目招生纳入国家普通高等教育招生计划，每年招生人数为125人。

二、法学中美合作办学项目分析

通过对上述项目的分析，现阶段法学中美合作办学项目呈现出如下特点。

1.项目培养层次较高

相较于其他专业，现有的法学中美合作办学项目的培养层次较高，体现在以下几点。第一，合作办学双方均为高层次大学，专业排名和优势突出。中方院校均为双一流或省属重点建设高校；外方合作院校中有3所高校（圣路易斯华盛顿、马里兰和亚利桑那大学）位居2021年《美国新闻和世界报道》世界大学排名前百强。

第二，项目办学层次较高。现有5个项目中有3个项目为硕士研究生层面的项目，占比为60%，包括法大的国际法专业的学术型研究生项目及清华与南师大的专业型硕士研究生项目；2个项目为本科层面的项目，占比40%，包括烟大的法学（区域犯罪信息分析）和中国海大的法学本科项目。

2.项目合作尚处于初级阶段

受专业领域限制，法学中美合作办学项目的起步相对较晚、数量较少，对合作办学培养模式等的探索尚处于初级建设阶段。其中，较为明显的问题是多数合作办学项目都为单学位项目或仅在赴国外高校学习情况下才可取得外方学位。例如，清华与南师大的项目没有被纳入我国硕士研究生统一招生计划，且仅颁发外方学位。中国政治大学和烟台大学的项目虽然被纳入研究生和本科生的统招计划，可获得中方学位，但是仅在赴美国高校完成特定时长和特定学习任务才可取得外方学位。在上述两种情况下，项目与我国既有的法学教育结合不够紧密，容易造成培养过程中"各自为政"的现象，进而限制合作办学中"合作"的深度和广度，影响项目的高质量发展。例如，已经运行10年之久的清华—天普项目以美国的法律硕士项目为培养内核，以在职研究生教育为培养模式，项目的教学和管理体制基本独立于清华大学法学院自身的本科和研究生教学。考虑到该模式给项目高质量发展带来的影响，其将在今年停招，并通过与教育部去年开始试点的涉外律师专业法硕项目整合的途径，将项目招生纳入统招范围，实现由单学位向双学位的转变，以保证生源质量及合作办学质量的再提升。

中国海大的项目是中美法学合作办学项目中目前唯一能够实现四年都在国内学习也可获得双学位的合作办学项目。该项目采用"4+0"模式，通过共同制定培养方案融合培养标准、签订《课程对接协议》完成学分互认，实现最终的学位互授。这种模式要求双方在人才培养标准、培养方案和课程设置上高度融合，能够在国际关系复杂的情况下最大限度地保护我国学生的利益。

3.项目不能完全满足我国对涉外法治人才的需求

现有项目的专业内容涉及刑事科学与司法（2个项目）、国际法（1个项目）与美国法（2个项目），每年培养本科生200人、硕士150人。不论从培养规模还是专业覆盖面上都不能完全满足我国对涉外法治人才的需求，特别是在中美关系在相当长的时期内处于不确定和不稳定状态的大背景下。

三、对山东省推动中美法治人才培养的建议

据山东省商务厅的数据显示，截至2020年9月，山东已累计吸引219家世界500强企业投资，其中来自美国的世界500强在鲁投资企业46家、投资项目82个，占世界500强在鲁投资企业数的6%，包括美国通用汽车、惠普、思科、卡特彼勒、泰森、空气产品、德尔福等众多知名企业。2020年1~8月，山东与美国的贸易额为1315.4亿元，同比增长1.9%。山东实际利用美国投资2.06亿美元，同比增长24.79%；已与美国签约6个大项目（合同金额1.7亿美元）、300万美元以上重点项目39个（拟到账总额5.38亿美元），主要涉及新材料、新一代信息技术、医养健康、装备制造、航空租赁服务、禽类养殖加工、金融等产业。从发展趋势来看，中美贸易的数额、领域、合作的深度与广度还将继续扩大。在此背景下，涉外法治人才，特别是精通中美两国法律制度、有较强英文沟通能力的法治人才的缺口还是非常大的。

现有5个法学中美合作办学项目中的2个本科项目均来自山东高校，每年招收225名本科生，占到了法学中美合作办学招生规模的60%。从这一点来看，山东在推动中美法学合作办学项目的建设上还是走在了全国前列。但是山东省内79所本科院校中有三分之一的院校招收法学专业的本科生，每年招

收近4000名本科生。如何进一步推动涉外法治人才培养，服务山东省打造对外开放新高地战略，需要更深入和细致的谋划与布局。

1.通过法学中美合作办学项目推动涉外法治人才培养

加快建设不同层次和方向的中美法学合作办学项目。第一，推动研究生层面的项目建设，以实现法学中美合作办学研究生教育项目的零突破，为涉外法治人才本科教育与研究生教育的衔接提供畅通的渠道。第二，拓宽法学中美合作的专业。在本科阶段，法学类专业包括法学、知识产权法和监狱学；在研究生阶段，法学类专业包括覆盖法学十个二级学科的法学硕士以及法律硕士。其中，知识产权法、国际法、经济法和民商法专业以及法律硕士专业应是寻求重点建设和突破的领域。

2.以法学中美合作项目为基础搭建涉外法治人才培养平台

由于山东省的2个法学中美合作项目的建设尚处于相对初级的阶段，如何实现品质化发展是未来建设中需要思考的问题。以现有的项目为基础搭建涉外法治人才培养平台应是其方向之一，具体包括教学与科研衔接平台的搭建、教学与实践平台的搭建及多学科协同的平台搭建。教学与科研平台的搭建应注重教学资源与科研能力的结合与转化，在教学项目的基础上拓展研究生的教学项目和科研院所的建设；教学与实践平台的搭建应加强涉外法治人才实践基地的建设和智库的建设，提升涉外法治人才的实践能力及教学向实践成果的转化；多学科协同的平台搭建应加强法学与经济、管理类专业的交叉，以培养复合型涉外法治人才。

创新型"沉浸式"涉外法治人才教育平台
质量保障体系研究
——以中国海洋大学法学中外合作办学项目为例

宣菲菲　于　铭

摘要　中外合作办学是高校对外开放、引进与有效利用国外优质教育资源的有效途径。面对我国对外开放不断深化的现状，我国涉外法律人才严重不足的现实需得到重视，提高涉外法律人才的培养质量势在必行。本文以中国海洋大学法学中外合作办学项目为例，将现有的法学教育与中外合作办学相结合，通过引进国外优质的教育资源，努力打造创新型"沉浸式"涉外法治人才教育平台。涉外法治人才的培养是一个系统工程，但人才培养的质量是重中之重，质量保障体系建设至关重要。本文通过分析中外合作办学质量保障体系现状及创新型"沉浸式"涉外法律人才教育平台质量保障体系建构，总结涉外法律人才培养质量保障体系建构需注意的问题，以便实现培养高端涉外法治人才的目标，推动涉外法治人才队伍更快更好地建设。

关键词　中外合作办学　"沉浸式"涉外法治人才教育平台　涉外法律人才

自改革开放以来，为了促进对外开放、维护海外权益，我国不断加强涉外法治工作，着力培养涉外法律人才。截至目前，涉外法律人才总量依然偏小，能熟练进行高水平涉外法律服务的律师更是凤毛麟角。党的十八届四中全会审议通过的《中共中央关于全面推进依法治国若干重大问题的决定》指出，要加强涉外法律工作，适应对外开放不断深化的局面，完善涉外法律法规体系。2017年，司法部、外交部、商务部、国务院法制办公室联合印发了《关于发展涉外法律服务业的意见》，提出要着力"建立一支通晓国际规则、具有世界眼光和国际视野的高素质涉外法律服务队伍，更好地服务经济社会发展"。当今世界正经历百年未有之大变革，中国想要更加积极地参与全球治理并日益发挥举足轻重的作用，做国际规则的维护者和建设者，增强在国际法律事务中的话语权和影响力，就需要大力扩充涉外法律人才队伍。2019 年 2月25日，习近平总书记在中央全面依法治国委员会第二次全体会议上的讲话中指出，要加快推进我国法域外适用的法律体系建设，加强涉外法治专业人才培养。涉外法治人才的培养在涉外法治建设中具有基础性、战略性、先导性的地位和作用。[1]作为人才培养重地的高校，应在涉外法治人才培养中发挥积极作用。

一、法学中外合作办学项目："沉浸式"涉外法治人才教育平台建设的有益尝试。

作为高校对外开放的重要途径，中外合作办学通过合理引进与有效利用国外优质高等教育资源以缓解我国优质教育资源不足的问题。面对我国涉外法律人才严重不足的现实，可以将现有法学教育与中外合作办学模式相结合，通过引进国外优质的教育资源，努力打造创新型"沉浸式"涉外法治人才教育平台。法学中外合作办学项目通过有针对性地引进国外优质教学资源，科学融合中外双方的教育理念，构建了中外高度融合的课程体系，使学生能够在较短的教学时间内同时学习中美两国法律制度，使学生不走出国门即可体验国际化的教育模式。中外合作办学的核心是优质教育资源的引进，但更要遵循教育规律，扎根中国大地办大学。[2]同样，涉外法治人才的培养首先要做到立足本土，洋为中用，培养通晓国内、国际法律规则并具备熟练的专业英语沟通能力，服务于新时代国家战略发展需求的高端涉外法治人才。

---

[1]黄进.完善法学学科体系，创新涉外法治人才培养机制[J].国际法研究，2020（3）：5-10.
[2]龚思怡，吕康娟.中外合作办学机构核心能力建设：一个高校样本[J].国家教育行政学院学报，2017（2）：15-18.

中外合作办学项目旨在提高我国的教育对外开放水平，截至 2021 年，我国中外合作办学机构、项目共计 2447 个，其中法学相关中外合作办学机构、项目仅有10个，与其相关的研究不多。在国家大力提倡加强涉外法治人才培养的背景下，法学中外合作办学如何高质量发展与管理，值得进一步研究。质量是中外合作办学的底线保障，教学质量监控体系是保障教学质量的重要环节①，通过不断完善中外合作办学的质量保障体系，中外合作办学的人才培养效益才能不断提高。

本文以中国海洋大学法学中外合作办学的人才培养质量保障体系建设为例，分析中外合作办学质量保障体系现状、实践探索及成果，归纳共性、发现特性，为中外合作办学质量体系建设提出意见和建议。

二、中外合作办学人才培养质量保障体系现状

（一）国家层面相关政策、法规逐渐完善

中外合作办学经过40年的发展已形成规模，为其质量发展奠定了基础。与此同时，相关国家政策与法规也逐渐完善，引领中外合作办学的快速健康发展。为规范中外合作办学，国务院颁布了《中华人民共和国合作办学条例》（以下简称《条例》）。《条例》在合作办学的设立、组织与管理、教育教学、变更与终止、法律责任等方面做出严格规定，是规范中外合作办学的最高层次的专项法规。2004年教育部颁发了《中华人民共和国中外合作办学条例实施办法》，以部门法规的形式明确了中外合作办学机构的设立、组织与活动、中外合作办学项目的审批与活动、管理与监督等内容，进一步细化了《条例》的内容，增强其操作性。之后，教育部又先后出台了《教育部关于当前中外合作办学若干问题的意见》《教育部关于进一步规范中外合作办学秩序的通知》《教育部办公厅关于开展中外合作办学评估工作的通知》《教育部办公厅关于加强涉外办学规范管理的通知》《教育部关于进一步加强高等学校中外合作办学质量保障工作的意见》等一系列规范性文件，

---

① 陈玉琨，等.高等教育质量保障体系概论[M].北京：北京师范大学出版社，2004.

中外合作办学质量监控等政策框架逐渐完善。另外，教育部通过搭建"中外合作办学监管工作信息平台"和"中外合作办学颁发证书认证工作平台"等网络化平台，通过发布中外合作办学年报等方式，形成对中外合作办学的有效监督。中外合作办学逐步建立了完善的审批、监督、评估及退出机制，有力保障了中外合作办学等质量。

（二）专业评估机构欠缺

部分发达国家现行的教育质量认证体系实行行政主体与评估主体分离等举措，主要依赖第三方专业评估机构保障教育质量。以英国为例，英国的高等质量保障体系主要以独立于政府的高等质量保障学会（QAA）为主，其负责对英国高等教育进行质量评估，并向政府和公众提供公平、客观的评估意见。相比而言，我国高校的质量评估具有强烈的政府导向性和行政依附性，非政府形式的第三方专业评估得不到广泛认可与重视，这种单一的评估体系评估效率较低且缺乏必要的监控，无法满足当今中外合作办学发展的要求。

（三）高校中外合作办学内部质量保障体系不完善

外部质量监督和保障体系是提高中外合作办学项目教学质量的重要保障，而大学内部的教学保障、监控、促进机制才是提高教学质量的真正基础与核心母体。①目前，中外合作办学项目内部教学质量保障力度不够，基础薄弱。②一般高校都建立了比较全面的质量监控体系，但由于中外合作办学的特殊性、涉外性及多元性等特点，不能将中外合作办学的质量保障简单纳入整个学校的监控体系中，高校应为中外合作项目建立一定的"特区"，给予其一定的自主权，使中外合作办学项目根据其自身特性，科学融合中外双方人才培养质量监控经验，共同建立质量评估监控体系。

---

① 刘贵富.大学教学质量保障与监控机制研究[J].黑龙江高教研究，2006（4）：65-67.

② 林金辉，刘梦今.高校中外合作办学项目内部教学质量保障基本要素及路径[J].中国大学教学，2014（5）：73-75.

三、创新型"沉浸式"涉外法律人才教育平台质量保障体系建构

涉外法律人才的培养要从传统法学教育的"以量谋大"向"以质图强"转变，走差异化、特色化发展道路，这一转变符合高等教育发展趋势。这种"目标导向"的涉外法律人才培养要求正是20世纪80年代提出的OBE（Outcome Based Education）教学理念的应用。OBE教学理念培养模式的实施是通过确定学习效果、构建课程体系、确定教学模式、进行自我评价逐步达到目的。[①]此外，OBE教学理论还倡导持续改进，形成质量保障体系促进教学质量持续提高的良性循环。以该理论为指导，结合自身学科专业实力、办学特色，中国海洋大学法学中外合作办学项目（以下简称"中外法项目"）着力构建以学生为中心的独具特色的以目标为导向的涉外法律人才教育平台质量保障体系，同时该项目注重通过反馈发现问题，不断改进。

中外合作办学项目首先要明确办学理念，确立办学特色与发展方向，形成人才培养目标。围绕培养"高端涉外法治人才"的目标，根据国家涉外法治人才培养战略，结合双方学校的专业优势，中外法项目设定的人才培养目标为立足本土，放眼国际，内外兼修，博学多能。立足本土即具有坚定的社会主义法治理念及社会主义核心价值观，要着眼中国需求；放眼国际即具备国际视野，能够在国际大变革中运用法律手段维护国家利益；内外兼修即通晓国内、国外法律规则，能参与国际法律规则的制定；博学多能即具备多学科知识储备及跨不同法律文化沟通的能力。围绕这一人才培养目标，建立起集质量标准体系、质量保障体系、质量监控与评估体系及信息采集与调控体系于一体的综合性、多层次、全方位的质量保障体系。如图5-1所示。

[①]李志义，朱泓，刘志军，夏远景. 用成果导向教育理念引导高等工程教育教学改革[J]. 高等工程教育研究，2014（2）：32-33.

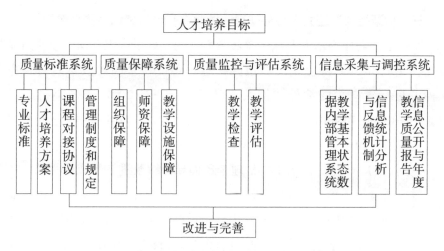

图5-1 中国海洋大学法学中外合作办学质量保障体系

（一）质量标准体系

质量标准体系是对人才培养目标的具体呈现形式。根据专业特点及社会需求，设定科学合理的专业质量标准是质量保障体系的标尺和参照物。制定质量标准体系时，需考虑项目的差异性，体现教育的创新性与先进性。质量标准体系包括专业标准的制定、人才培养方案的设置、课程对接协议及管理制度和规定。

围绕人才培养目标，相应的专业标准设定为熟悉国内外法律制度，贯彻通识为体、专业为用、文理协同发展的教育理念，培养跨学科全面发展的人才。

与人才培养目标和专业标准相适应，设置人才培养方案时，应基于合作双方在高等教育及法学专业教育中的优势，科学融合中外双方教育理念，有针对性地引进国外优质教学资源，构建中外高度融合的课程体系。考虑到国家对涉外法治人才的需求及学生的主要就业方向，培养方案较完整地保留了教育部法学学科指导委员会确立的法学核心课程，以确保中国法律知识体系的完整性。围绕我国主要的涉外法律业务领域，项目引进的外方课程主要有三大类，即能体现英美法精髓的课程、涉及国际贸易法律制度的课程，以及比较先进的以社会法为内容的课程。通过签署《课程对接协议》实现课程互换、学分互认和学位互授，实现全面对接，实现学生不出国门即可接受美国法学教育并取得学位。

根据项目的特点，在学校现有教学管理规定的基础上，中外合作办学项目应出台管理制度及规定，保证项目管理的规范化，提高项目的管理水平。中外法项目在实施中做到规定先行，先后制定了如《关于法学（中外合作办学）专业推荐免试攻读研究生及出国学生成绩换算的规定》《法学（中外合作办学）项目学生实习安排》《法学（中外合作办学）项目出国交流学生遴选标准》等规则，切实保证对项目学生出国交流、参与实践活动进行规范化管理。

（二）质量保障体系

质量保障体系是质量标准体系顺利实施并实现培养目标的有力保障。

1.组织保障

合理的管理组织形式是保障项目顺利及有效开展的有效途径。中外法项目设立了以三级管理机构为主、多方参与为辅的多元管理架构，切实保障项目的顺利运行。中外双方成立了由中方副校长任主任，中外双方的教务、国际合作和法学院负责人任委员的校级项目联合管理委员会，负责项目决策和规划；在学院管理层面，成立了由法学院院长、分管副院长牵头的中外法项目工作领导小组，负责协调校院在项目实施过程中出现的问题；在学院执行层面，设立国际教学办公室，负责处理项目运行的日常事务。此外，校院党团组织统一负责项目学生的党建和思政工作；中美双方多名教学科研骨干参与项目设计和运行，为涉外法治人才培养提供了有力支撑。如图5-2所示。

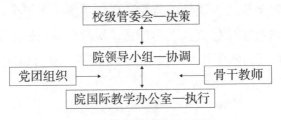

图5-2　中外法项目管理组织框架

2.师资保障

外籍教师既属于优质教育资源的一部分，也是实现优质教育资源的实质性引进和有效利用的关键因素之一。[1]高质量的师资是项目教学质量和人才培养的有力保障。中外法项目围绕"同聘同管、推动交流和以改促建"推动本地课堂国际化，使学生不出国门即可享受国外著名法学院的专业课程，努力打造"沉浸式"涉外法治人才教育平台。第一，同聘同管。外方合作院校每年派驻项目负责英语和法学专业课教学的常驻外教和短期访问（8周）外教由双方共同聘任共同管理。受聘外教各有专长，可以为学生提供多领域的知识和技能。第二，推动交流。除了任课教师，中外法项目还邀请多位资深教授和律师来校给学生做讲座，开阔学生视野。第三，以改促教。中外法项目专门设立了教改项目，资助教师开展专项研究，提升教学水平。教改项目内容覆盖党建、思政、专业课程改革、学生课外专业竞赛活动指导等多项重要选题。同时，学校设立海大—亚大中美研究中心，支持外教与同专业的本校教师开展教学和科研合作。

3.教学设施保障

在享受学校现有教学资源及教学条件的基础上，针对中外法项目教学的特殊性，有针对性地改造和提升了现有教学设施，并在此基础上建设远程教学实验室、智慧教室、模拟法庭、学生活动室等空间，以满足教师开展多样性教学活动（包括研讨型教学、"苏格拉底"教学法、模拟庭辩等）、组织课外活动（学术讲座、话剧表演及形式多样英语角、英语第二课堂活动等）及学生进行自主学习等活动的需要。

（三）质量监控与评估体系

为了保证教学质量，质量的监控和评估系统必不可少。通过对教学环节、教学内容进行教学检查及教学评估，检验培养目标的实现程度，及时发现培养体系存在的问题并及时纠正，保证高质量复合型涉外法律人才的培养。如图5-3所示。

---

[1]曹建芳.提高中外合作办学人才培养质量的有效途径 [J].教育理论与实践，2011（10）：58-61.

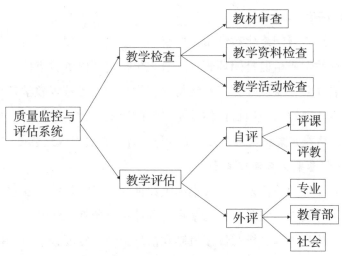

图5-3 中外法项目质量监控与评估体系

1.教学检查

教学检查保证教学内容合规、合法、合要求，保证教学活动按计划、高标准、高质量地开展。中外法项目建立了教学质量监督机制，将教学质量监督工作纳入学校教学质量监控体系，目前已形成以学院为实施主体、教师与学生共同参与、校级教学监督管理部门为主导的校、院二级网络化管理。

涉外法治人才培养的是高端复合型人才，所用教材及教学资料需反映最新的法学动态，具有体现学科前沿等属性。教学活动开展过程中，现行以讲授为主、辅之以案例教学的教学方法不足以有效培养涉外法律人才的思辨能力、跨文化沟通表达能力和理论结合实践的能力，中外法项目在课堂教学中引入外方先进的启发式和讨论式的教学方法，在课堂之外组织学生参与各项能力提升活动，将第一课堂与第二课堂有效结合、协同育人，力求更好地满足新时代对法律人才在专业性、创新性、实干性和国际化等方面提出的更高要求。

涉外法治人才培养的应该是具有坚定社会主义法治理念及社会主义核心价值观的人才，教材及教学资料尤其是外方课程教材和教学资料也应该符合相关要求。中外法项目成立教材审查委员会，对项目教学过程中使用的教材进行审核，确保所用教材价值导向正确、适宜教学。

2.教学评估

在校、院二级网络化教学质量监督体系下，项目建立了自评与外评相结合的全过程教学质量监督闭环管理。自评包括定期以资料审核、问卷、随堂听课、匿名评分、座谈等方式对教材、课堂教学、考核等教学各环节进行评估；外评主要通过召开项目评估及研讨会的形式，邀请国内外专家对项目的课程设置、培养方案、教材建设等方面进行评估并提出改进意见。

（四）信息采集与调控体系

信息采集与调控体系通过收集相关数据与信息，检验培养效果，有利于质保体系及时改进与完善。信息采集与调控系统包括教学基本状态数据内部管理系统、信息统计分析与反馈机制和信息公开与年度教学质量报告。如图5-4所示。

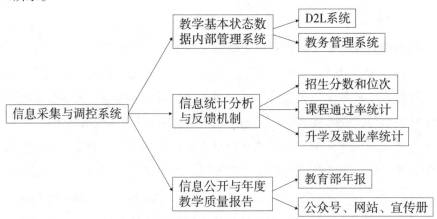

图5-4　中外法项目信息采集与调控体系

教学基本状态数据内部管理系统主要依靠中国海洋大学教务管理系统及亚利桑那大学D2L教学系统。通过这两个系统，可以及时了解上课安排、教师情况、课程教学大纲及教学内容、学生信息及学生成绩等信息，便于了解项目教学活动等动态。信息统计分析与反馈机制主要包括招生分数和位次统计、课程通过率统计以及升学及就业率统计等。通过这些数据，有利于了解项目的学生质量、项目社会认可度、项目课程体系设置的科学性以及项目学生的毕业去向等情况，以便于及时做出相应调整。项目公开与年度教学质量报告主要通过教育部年报、学院公众号、网站以及宣传册等形式开展。

质量保障体系的四个系统通过提供及时有效的反馈机制，对发现的问题及时改进，持续提高培养目标执行质量，形成良性循环。

四、总结

中外合作办学是中国高等教育的重要组成部分，经过40年的发展，相关的政策、法规逐渐完善，教育教学特色逐步彰显。中外合作办学"国际化"的本质属性可以跟传统法学教育相结合，成为涉外法治人才培养的有效途径，服务国家战略需求。涉外法治人才的培养是一个系统工程，但人才培养质量是重中之重，质量保障体系建设至关重要。通过分析，本文详细论述了中国海洋大学在涉外法治人才培养的质量保障体系建设中的科学创新举措，有利于实现培养高端涉外法治人才的目标，推动涉外法治人才队伍更快更好地建设，以服务国家战略需求。总结起来，法学中外合作办学项目设定质量保障体系时，需注意以下几个方面。

（一）明确教学定位与培养目标，构建完善的涉外法治人才培养体系

高校承担着培养社会经济发展所需人才的功能。根据社会需求，涉外法治人才培养的是善于处理涉外法律事物的应用型人才、跨法域的国际型人才和跨学科的复合型人才。高校的法学中外合作办学项目需根据自身特色及专业定位，明确高端涉外法律人才的培养标准，优化培养体系与培养方案，通过引进外方优质课程并与外方建设共同开发课程、改进英语教学模式，切实保障项目的人才培养质量。

（二）完善管理机制，落实多元化管理模式，有力保障项目质量

培养高端涉外法治人才与中外合作办学的培养目标高度契合，我国在中外合作办学领域已经制定了相对完整的法律体系，但中外合作办学的管理理念需进一步规范。中外合作办学的管理不同于传统教学项目，需根据自身特殊性建立科学合理的管理机制，建立项目相关管理规定，实现规范化管理的前提下，通过明确各部门的职责，落实多元化管理模式，实现各尽其责，避免出现管理真空区，助推中外合作办学项目高质量发展。

（三）制定科学完整的评估体系，保障教学质量

为保证培养标准与教学目标在教学过程中得到落实，保证教学质量，制定科学完整的评估体系必不可少。除了在接受国家对中外合作办学进行的每四年一次的评估之外，中外合作办学需借鉴外方的评估体系，建立有效融合中外双方评价标准的内部评估体系，建立学校、院系、教师与学生共同参与的教学质量监督体系，并通过定期邀请校外专家对培养方案、课程设置等内容进行评估，切实保障教学质量，以实现培养目标。

（四）建立完善的信息采集及反馈机制，持续提高培养目标的执行质量

在落实评估体系，保障项目教学质量的同时，建立信息采集系统，实时掌握每门课程的学生表现，动态掌握项目学生入学时、学习中的成绩及毕业去向等数据。通过对数据进行实时分析，及时发现项目在培养过程中的问题，及时对培养方案及教学方式进行调整，持续保障培养目标得到有效执行。

法学（中外合作办学）模式下学生思政工作的有效性探究

——以中国海洋大学法学院法学中外合作办学为例

周妮妮

摘要 中国海洋大学法学院自 2015 年开设法学（中外合作办学）专业以来，始终将思政教育贯穿于专业教育的全过程，努力培养谋海济国的法学人才。中外合作办学由于其专业的特殊性，学生可能会受到西方价值观的影响，且外方教师也对我国国情了解不足。作为未来我国法治建设的主力军，开展思政教育能够为其扣好第一粒"扣子"，可谓十分必要。近年来，国内思想政治教育领域研究发展较快，但对于合作办学的研究还不够深入广泛。法学（中外合作办学）模式下应当保障意识形态领域的安全，在党建方面提升组织建设的实效性，加强特色设计。在法学（中外合作办学）模式下，中国海洋大学法学院党委高度重视意识形态工作，努力抓好组织建设，将群团工作纳入党建工作总体布局；对于教育理念，学院党委也不断创新，以文化构建"三全育人"体系。

关键词 思政教育 合作办学 意识形态 立德树人

一、引言

教育强则国家强，人才兴则民族兴。习近平总书记多次强调党和国家的事业发展迫切需要培养造就大批德才兼备的高层次人才，并指出"要坚持把立德树人作为中心环节，将思想政治工作贯穿教育教学全过程，实现全程育人、全方位育人"，系统回答了高校培养什么样的人、如何培养人及为谁培养人这一高等教育的根本问题，为我国高等教育人才培养指明了方向。

近年来，中外合作办学的高等院校、专业不断涌现，通过引进国外优质的教育资源，培养了大批兼具国际视野、通晓国际规则、参与国际竞争的高层次人才。立足于中国实际，放眼世界发展大势，我们需要在中外合作办学模式下不断探寻学生思想政治教育工作的有效性，培养德才兼备的新时代国际型人才。

中国海洋大学法学院2015年开设法学（中外合作办学）专业以来，始终坚持将思政教育贯穿于专业教育的全过程，立足于专业发展规律和学生成长规律，探索出中外合作办学模式下的思政育人新道路。

（一）开办国际视野的法学教育——法学（中外合作办学）项目简介

法学学科是中国海洋大学"双一流"建设方案中规划的五大重点学科群中"海洋发展"的主要组成部分，具备一级学科博士和硕士学位授予权，设有博士后流动站。美国亚利桑那大学是历史悠久的著名综合性研究型大学，罗杰斯法学院在全美法学院中位列前50名，开设了法律硕士、法律博士和法学博士等优质法学教育项目，教学和科研实力雄厚。为引进境外优质法学教育资源，培养高端涉外法治人才，经教育部批准，中国海洋大学与美国亚利桑那大学联合开办法学本科双学位合作办学项目。通过教授学生中美法律制度，培养学生通晓国内、国际法律规则并具备熟练的专业英语沟通能力，填补国家在高端涉外法治人才领域的重大缺口，服务于新时代国家战略发展要求。该项目由中美高校双方共同制定培养方案，学生完成本科阶段学习即可取得双方学位。

自2015年开设法学（中外合作办学）专业以来，该项目共聘请亚利桑那大学法学专业教师11名、英语教师12名到青承担培养方案中外方课程的教学工作；引入面向本科生的法学专业课程，包括覆盖美国普通法主要部门的专业基础课程和体现项目培养国际化法律人才宗旨的商业组织法、国际贸易法、国际税法、国际商事交易法等专业课程；引入高水平学术英语课程，为学生提供高质量、高强度的语言技能训练。同时，亚利桑那大学还向项目师生开放全校网络教学资源，使学生能够在国内获得沉浸式教学体验。在该项目学习毕业后，选择继续在国内外高校深造的学生占到50%~60%，就业去向包括各级政府机关、法检机关、事业单位、国内外知名律师事务所等，毕业生升学及就业状况良好。

（二）培养谋海济国的法学人才——法学（中外合作办学）开展思政工作的必要性

中外合作办学因其专业的特殊性，对学生进行思想政治教育具有紧迫性和必要性。探究该模式的思政教育有效性，有利于形成高校思政工作的多元化，促进高校思政教育理念和实践的改革。

1.推进高等教育改革，适应国际化步伐

根据《新时代的中国青年》白皮书统计，我国目前有4430万青年人接受高等教育，普及率达57.8%。高校是培养人才主力军，要深刻领会和准确把握新时代党的建设总要求，推进高等教育思想政治工作创新和改革。

中外合作办学项目利用国外优质的专业课程和教育资源使学生具备国际视野。然而，由于该模式下学生群体、培养方案、教学模式、职业规划等特点，学生易受到西方价值观的影响，导致对该专业学生开展思政工作时与其他专业学生存在一定差异。大学生正处于三观确立的时期，不加以正确引导会给思想政治教育工作带来挑战，也会危及我国的社会主义建设工作。

中外合作办学承担着新时代全球化新型办学模式的改革重任，在引进优质国外教育资源的同时，也应当寻找国际化视野下思政工作的有效路径，如此才能将高校学生的思政教育体系加以完善，赋能高校思政工作改革创新，探索新思路、实现新突破，在教育全球化的大潮中坚定中国特色社会主义立场不动摇，牢牢把握住社会主义办学方向。

2.改进专业思政工作，形成多元结构

中外合作办学结合法学专业特色，精准开展国内外知识库的共建，在国际法领域培养了深度参与国际事务的人才。不同于普通法学专业的管理模式，中外合作办学吸收国外师资，使其参与到教学过程中。由于外方教师大多从事专业研究，对于中国高等教育体系，甚至中国基本国情缺乏深入了解，这对思政教育提出了挑战。毕业生主要进入公、检、法等部门或者企事业单位、律所等从事法务工作，担负着维护社会公平正义的职责，如果不具备过硬的思想政治素养、保持高度的政治纯洁，将不利于我国的法治建设。

开展中外合作办法学模式下的思政有效性研究，一是有利于学校、学院结合中外合作办学学生的思想成长规律，不断优化思政工作方法，形成思政工作体系；二是能够促进学校、学院在教学过程中强化教师引领，加强思政教学改革，带领中外合作办学学生在专业学习之外，不断加强思想政治理论学习，提高思想政治教育的质量。

3.坚定理想信念，塑造价值观念

中外合作办学的思政工作要解决理想信念、政治立场，即"大德"问题。该专业学生受国内外的发展大势和国际价值理念的影响，思想方面的教育需要因时、因势不断加强。

高校作为立德树人责任的主要承担者，要不断探究提升对这一年轻群体开展思政育人工作的有效性，加强对于其理想信念和爱国主义精神的培育，补足精神之"钙"；加强对于其初心使命精神的教育与实践，为党育人、为国育才；结合法学专业开展思政教育工作，筑牢专业领域认知基础，实现"德法合育"的目标，为今后成为可担大任的能用之才扣好第一粒"扣子"。

（三）立足专业特色，创新思政工作——国内有关问题研究现状分析

近年来，我国在高等学校思想政治教育领域研究发展较快，中外合作办学思政教育方面的论文也有一定数量，为中外合作办学院校开展思政教育工作提供了理论指导。目前的研究现状可以概括为以下几个方面。

一是对于"合作办学"的研究集中于教学质量的提升，对于该类学生思想政治教育的研究不够深入广泛。目前，有较多文献对于中外合作办学的优势、弱项和改进措施，以及就读于该类院校的学生成长规律和性格特点等有较深入的研究，却鲜有提及如何在中外合作办学项目中加强思政教育工作。

二是对于参与"合作办学"学校的学生群体研究较多，对于高校中外合作办学专业的学生群体研究较少。不少学者认为，在中外合作办学的模式下，对于大学生思政教育的困境来源于多元文化、跨境阻碍、生源素质及相关专业人员缺失等方面，甚至在学校中存在着思政教育边缘化的状态，党团组织有弱化现象。中外合作办学院校和高等学校中外合作办专业这两者的培养方式是存在差异的，中外合作办学院校的经验可参考性较小。

三是现存研究对于提升和改进中外合作办学思政教育成效的效果评估不够细化，难以成为可以普遍借鉴的经验。研究多从思想政治教育的内容、教育方式、党员队伍建设等几个方面为切入点，为加强中外合作办学院校思政教育工作提供了一些对策和思路。但是，对于中外合作办学院校的思政教育理念、目的未做出明确的说明和阐述，对于相关对策所引发的思政教育成果没有定性定量的评估和鉴定，思政工作的提升反馈较少。

四是现存研究对于中外合作办学思政工作的提升较少结合"三全育人"目标，难以构建全方位、多层次、宽主体理论体系。一方面，研究较多地集中在中外合作办学模式下的大学生思政课程上，包括思政教师队伍的提升、课程设置、课程内容、教材、授课形式等，对于全局视野下的思政教育工作有所欠缺。另一方面，现存研究大多从学校主体出发，没有从家庭、社会等主体出发，构建以学校为中心，家庭、学校、社会相互配合的全方位思政育人体系，也难以从政治学、社会学、教育学等角度出发得出对于未来发展趋势的有益见解。

党的十八大以来，习近平总书记多次强调要加强高校思想政治教育工作。从目前的研究现状来看，中外合作办学学生的思想政治教育存在"少数化""边缘化"的情况。中外合作办学学生不仅是国外文化的吸收者，也是中国文化的传播者，要把中国青年的形象展示给世界。在教育国际化重要趋势下，高校对于中外合作办学学生的思想政治教育工作会不断深入。

二、法学（中外合作办学）模式下学生思政工作存在的问题

（一）教学理念不同，意识形态领域的安全需要坚决维护

对于传统办学模式来说，价值观教育必然会融合其所处社会普遍认可的道德教化过程、统治阶级的政治社会化过程和主流文化的认同过程。中外合作办学培养模式的建立初衷就是引入西方大学的优质教育资源，教学模式、教材选用等方面也必然受到其影响。

一是外在培养模式的差异，主要体现在教学方式上。外方课程的课堂气

氛较为活跃，学生也可随时打断教师进行讨论；期末考核方式更加多元化；所选用教材多以外文原著为主。二是内在思想教育的影响。学生在日常生活学习中受到西方文化的影响，会对长期以来塑造的传统价值观念产生一定冲击。三是构建知识体系的影响。在法学（中外合作办学）的培养模式下，外方教师的课程多以英美法系为基础构建的国际法体系为授课内容，在此过程中难免会将部分西方法治观念传递给学生。

（二）特色设计不足，思政育人的针对性仍需不断提升

思想政治教育日益受到全社会的关注。中外合作办学的学生在中国本土文化环境中接受着来自世界各地的文化，既要学习国外的文化知识，又要内化吸收使其与我国实际相结合。特别是在法学（中外合作办学）的培养模式下，法学本身就具有较为独立的逻辑体系，外国的法律体系更是在西方价值观体系下构建的，其核心思想是三权分立和资本主义语境下的私权保护。中国特色社会主义理论体系是中国社会发展与时俱进的智慧结晶，因此，如何将中国特色社会主义理论体系与专业课程实现有机结合是中外合作办学专业开展思政工作的主要问题。在思政工作的开展方面，法学（中外合作办学）与普通法学专业学生是一体开展、一体进行、一体评估的，其密切结合中外合作办学的特点，创新思政课程的开办形式。

校园文化活动是高校开展思想政治教育的主阵地，高质量、有特色的校园文化活动能够寓教于乐，使学生在校园文化建设中进行思想政治学习。中外合作办学学生更需要有针对性的校园文化活动，如跨文化交流活动，让学生更加深刻地把握中外文化的差异。但是目前开展的校园文化活动较少与中外合作办学相结合，与法学特色相结合的更是少之又少。部分校园活动在形式、内容等方面缺少鲜明特点，只停留于表面，无法调动学生的积极性、发挥思政育人的作用。

社会教育、学校教育、家庭教育是教育的三大组成部分，中外合作办学学生的思政教育不能缺少家庭的引导，但是大多数家庭并没有在思想政治教育过程中发挥相应的作用。

三、法学（中外合作办学）模式下思政工作的改革及成效

（一）把牢意识形态，以监督确保绝对安全

中国海洋大学法学院党委高度重视意识形态工作，牢牢把握正确的政治方向，将中外合作办学专业思政工作纳入学院工作全局，多措并举加强思想文化阵地建设，不断增强用马克思主义占领思想文化阵地的政治意识，坚持为党育人、为国育才的立场。

一是把牢第一课堂的意识形态阵地，把好"政治关"。学院党政领导班子深入教学一线调查督导，对于课堂活动开展进行监督，对于外方开展的报告会、研讨会、讲座论坛等加强监督审核；严格组织教材排查工作，杜绝外方教材中有与我国意识形态相悖的内容；加强对外教、聘用教师的政治审查、教育管理，把控全局工作。

二是加强网络思政工作建设。网络已经成为思想政治教育的重要阵地，利用网络开展思政建设是新媒体时代的一种重要尝试。近年来，学院党委高度重视网络思政建设，积极抢占网络阵地。一方面，利用网络充分弘扬民族精神和时代精神，安排专人负责官方网站和新媒体的平台建设，以学生喜闻乐见的方式开展思想政治教育，达到"润物细无声"的育人目标；另一方面，加强对于学生自媒体的管理监督，提高网络舆情的监测与处置能力，确保导向的正确。

（二）抓好组织建设，以党建夯实群建基础

学院党委将法学（中外合作办学）的群团工作纳入党建工作总体布局，不断寻求党建带团建的结合点和着力点。

一是完善学生党组织建设，夯实党建带团建的工作基础。党支部、团支部同步设置，党员队伍、学生骨干同步建设，党建活动与学生活动同步开展，利用"三个同步"进行学生党组织的基础布局。

二是扎实开展法学（中外合作办学）项目的党员发展工作，提高学生入党的积极性。实施"灯塔领航"计划，全程、全方位开展入党启蒙教育、党性教育，引导青年学生建立对于入党的正确认识。

三是发挥学生党员的先锋模范作用，发挥朋辈榜样的"头雁效应"，营

造良好班风。注重在学生中选树"政治过硬、品德高尚、专业精通、能力突出"的优秀典型，通过事迹报道、朋辈帮扶，"点亮一盏灯，照亮一大片"，不断增强先锋典型的感召力。

四是着力解决法学（中外合作办学）学生党员培养工作中遇到的问题。除了国内就读期间严格规范培养程序外，针对入党积极分子出国后其培养联系人、党支部书记无法与其进行面对面的谈话、考察和培养缺乏系统性的问题，学院建立了海外党员网络培养制度，通过网络考察、汇报开展党建工作，建立出国学生QQ群、微信群等，让学生在国外学习期间也能够通过网络及时向党组织汇报思想动态。

（三）创新教育理念，以文化构建"三全育人"体系

学院党委全面推进课程思政建设，坚持知识传授与价值引领相统一，使各类课程与思想政治理论课同向同行。紧密结合法学（中外合作办学）的特点，有针对性地开展思想政治教育，以文化充分构建"三全育人"体系。

一是针对不同年级的学生开展思想引导，让学生在不同时间段了解自身所承担的责任。不断梳理优化《思想政治教育系统化工作台账》，其涵盖4大主题、12个模块、50余项重点工作，构建起针对全体学生从入学至毕业分阶段、有重点、全覆盖的思政教育体系。本科一年级的教育以树立学习目标为主题，引导学生实现从高中到大学的过渡；本科二、三年级以增强学习能力、树立正确观念为主题，引领学生塑造正确的人生观、世界观、价值观；本科四年级以树立责任目标、明确职业规划为主题，提升学生社会适应能力。

二是创新思想政治教育方式方法，发挥思政育人的实效性。一方面，强化教师队伍思政建设，坚持党管教师队伍大方向，加强全体教师思政理论学习，要求教师有意识地引领学生对中西文化差异进行比较分析，建设一支高素质的全员育人队伍。另一方面，创新思政教育开展形式，结合法学专业的特点，有针对性地进行思政育人。党委书记、副书记为学生讲授《法学（中外合作办学）学生政治素养及职业能力提升》《感悟中华力量，坚定政治信仰》等专题党课。

三是充分发挥社会、学校、家庭在思政教育中的联动作用，树立共建意

识。一方面，通过建立详细的学生档案、定期组织家访活动等，加强家校沟通。另一方面，做好学校教育与社会教育的结合，通过走访实践基地、聘请专家讲座、以重要时间节点开展思政教育等，将全社会的力量发动起来，为构建和谐的思想政治教育体系做出贡献，以达到"三全育人"的培养目标。

近年来，法学（中外合作办学）专业通过对出现挂科、频繁缺勤的学生进行及时约谈、朋辈帮扶等方式，实现对学业危机学生早发现、早干预，受学业警示人数常年保持低位；通过组建专业指导队伍，举办法律综合能力大赛、模拟法庭等高规格赛事推动"拔尖教育"，培养"高精尖全"的法治人才，学院代表队斩获ICC二等奖等5项国际、国家级荣誉；开展覆盖全年、全员、全主题的安全教育，打造"解忧阁"心理健康教育品牌，获批建设"倾心·法苑"心理健康工作站，为学生心理健康教育提供强有力支撑。学院党委以"三全育人"理念为目标，创新思政教育理念，在加强中外合作办学的思政教育工作实效性上打好"组合拳"。

四、结语

日日行不怕千万里，天天讲不吝千万言，时时做不惧千万事。习近平总书记指出："我们对高等教育的需要比以往任何时候都更加迫切，对科学知识和卓越人才的渴求比以往任何时候都更加强烈。"高等教育要为人民服务，为中国共产党治国理政服务，为巩固和发展中国特色社会主义制度服务，为改革开放和社会主义现代化建设服务。

九万里风鹏正举，举目起壮志。青年人是整个社会力量中最积极、最有生气的力量，国家的希望在于青年，民族的未来在青年。中外合作办学是培养深度参与国际竞争人才的有效途径，也是教育国际化的创新尝试。高校要教育引导广大参加中外合作办学项目的学生正确认识世界和中国发展大势，正确认识中国特色和国际现状，正确认识时代责任和历史使命，正确认识远大抱负和脚踏实地，立足于中国国情、扎根中国大地，办好中外合作办学项目，为党育人为国育才，将思想政治教育落实落细，真正发挥思想政治教育的引导性、有效性。

参考文献

[1]岳好平.国际化与本土化相融合的中外合作办学人才培养特色研究[J].科教文汇（上旬刊），2016（4）：1-2+39.

[2]陈丽勤，王荣杰.中外合作办学：困境与突围[J].武夷学院学报，2016，35（1）：97-101.

[3]李倩.高校中外合作办学党建问题的分析及对策[J].内蒙古教育（职教版），2016（2）：30-31.

[4]陈璇.新时代中外合作办学高校学生党建工作创新机制研究[J].改革与开放，2019（20）：120-122.

[5]时昌桂，吴晟志.论中外合作办学模式下学生党建工作[J].山西财经大学学报，2012，34（S4）：100.

[6]金德钰.高校中外合作办学学生思想政治教育面临问题及对策研究[D].大连：大连海洋大学，2022.

中外合作办学体制下学生课程
思政教育模式研究

郭增乐

摘要 中外合作办学体制融合了中西方教育的特点，为培养高素质国际化人才提供了优质条件，与此同时，也对学生开展课程思政教育提出了前所未有的挑战，实施过程中表现出中西方价值观念碰撞诱发理想信念缺失、课程思政体系不健全导致育人效果欠佳、学业繁重降低学生参与课程思政积极性等问题。本文从强化价值引领、优化顶层设计、创新学习形式等方面对如何将思政之"盐"融入"课程大餐"进行了探讨，以期为可持续开展中外合作办学体制下学生课程思政教育提供有益借鉴。

关键词 中外合作办学 课程思政 思政教育

教育强则国家强，人才兴则民族兴。高校培养什么样的人、如何培养人及为谁培养人是高等教育的根本问题。习近平总书记多次强调党和国家的事业发展迫切需要培养造就大批德才兼备的高层次人才。2016年12月，习近平总书记在全国高校思想政治工作会议中强调："思想政治工作从根本上说是做人的工作，必须围绕学生、关照学生、服务学生，不断提高学生思想水平、政治觉悟、道德品质、文化素养，让学生成为德才兼备、全面发展的人才。"他同时指出："要坚持把立德树人作为中心环节，把思想政治工作贯穿教育教学全过程，实现全程育人、全方位育人，努力开创我国高等教育事业发展新局面。"会议首次对课程思政教育的科学内涵进行了明确。2020年5月28日，教育部印发《高等学校课程思政建设指导纲要》，就高校课程思政建设整体设计、深化高校教育教学改革、充分挖掘各类课程思想政治资源等方面提出了更高要求，力求全面推进高校课程思政建设。

大学生作为高校课程思政教育主要对象，是建设社会主义现代化强国实现中华民族伟大复兴中国梦的中坚力量。中外合作办学是我国科教领域扩大对外开放的重要体现，其通过引进国外优质的教育资源，为我国培养了大批兼具中国特色和国际视野、通晓国际规则、参与国际事务和国际竞争的高层次人才。大学阶段是人生价值观形成的关键期，学生辨别、抵御不良思想的能力尚待提高，中外合作办学虽然利用了国外教育资源，但其自身的特殊教育模式、多元化的培养机制和不良思想渗透风险等都对新时代中外合作办学学生的课程思政教育提出了更严苛的要求和更严峻的挑战。基于此，本文在总结中国海洋大学法学院中外合作办学学生课程思政教育开展经验基础上，进一步挖掘中外合作办学体制下学生课程思政教育模式完善与优化的意义与价值，进而提出学生课程思政教育完善的具体路径。

一、课程思政的内涵与法学院中外合作办学概况

"课程思政"由"课程"和"思政"两部分构成。"课程"从文义来看，是指以教师为主体、以课堂教授为主渠道、以教材为知识载体的程序或进程。"思政"是对思想政治教育的简称，其以马克思主义理论为主要教育内容，旨在通过系统的理论讲授与传播，引导学生扣好人生第一粒扣子，实现"立德树人"目标。总的来看，"课程思政"是一种教育理念，其始终围绕"知识传授与价值引领相结合"的课程目标，强化显性思政，细化隐性思政，将思想政治教育融入所有学科的课程教学之中，让所有的课程都具有育人的功能，让教育教学的整个过程都体现出对学生思想、价值观的示范与引领，构建全课程育人格局。从课程内容来看，课程思政要求高校教师深入挖掘课程的思政元素，将其融入专业课的教学中，实现价值引领与才智培育的统一。从课程目标来看，课程思政突出课程的育人功能，既要传授理论知识又要引发思想启迪，实现"显性教育"与"隐性教育"的统一，使学生在课程学习之时汲取思政育人的磅礴力量。从课程建设及实施主体来看，"课程

思政"要求所有教师都要承担起立德树人的总任务，以时不我待的紧迫感与舍我其谁的使命感培养造就爱国奉献人才。

中国海洋大学法学学科是中国海洋大学"双一流"建设方案中规划的五大重点学科群之一"海洋发展"的主要组成部分。在2017年教育部第四轮学科评估中，中国海洋大学法学专业被评为B档，位列全国参评147家单位中的前20%~30%。为进一步提高法学院的国际化办学水平，培养优质的涉外法治人才，根据《教育部关于进一步加强高等学校中外合作办学质量保障工作的意见》（教外办学[2013]91号），经教育部批准，中国海洋大学法学院自2015年起与美国亚利桑那大学联合开办法学本科双学位合作办学项目，学生可选择"4+0""3+1"或"2+2"模式进行学习。

二、法学院开展课程思政特色做法简介

中外合作办学作为高等教育事业的重要组成部分，其根本宗旨是培养社会主义事业的建设者和接班人。相比于国内本科全日制培养模式，中外合作办学模式下学生可选择到国外求学，正因如此，如何针对此部分驻外学生开展课程思政教育成为一个新问题。在价值引领方面，法学院牢牢把握社会主义办学方向，积极引导学生践行社会主义核心价值观，坚定学生理想信念，以爱党、爱国、爱社会主义、爱人民、爱集体为主线，围绕政治认同、家国情怀、文化素养、法治教育等重点优质内容进行指导教学。

学院党委在中外合作办学协议签署、培养方案制定、教师引进、课程建设、教材选用、学术活动等关键环节严把政治关，突出发挥党委的政治核心作用，明确课程思政建设目标要求和内容重点，协同推进课程思政建设体制机制的进一步健全，围绕办学治校、立德树人的根本任务开展课程思政教育工作。同时，为中外合作办学专业每个年级、每个班级配备带班辅导员、班主任，及时了解学生动态，为学生的学习生活提供悉心指导与贴心关怀。在课程设置方面，学院科学设计课程思政教学体系，对公共基础课程、专业教育课程、实践类课程分类管理。一是实现了公共基础课程与专业教育课程的良性互动：学院开设习近平法治思想概论课程，注重法理学、宪法学等专业

课程教学与思想道德修养与法律基础、形势与政策等公共基础课程教学的同频共振，增强"大思政课"铸魂育人实效，在潜移默化中坚定学生理想信念和厚植爱国主义情怀。二是注重用好实践课程大平台：学院坚持线上与线下双管齐下开展课程思政教育活动，线上活动包括创新创业教育课程、留学升学经验分享会等，线下活动包括志愿服务、实践调研、参观访问红色革命基地等特色活动，引导学生扎根实践，关注现实社会问题。整体来看，当前法学院中外合作办学体制下学生的课程思政教育取得了初步成效，学生对主流价值观认同感较高，尤其在国内外舆论形势面前能够保持科学认知，但也应看到面对西方自由主义意识形态激流的冲撞，腐朽不良思想常常侵蚀青年人的健康肌体，部分青年学生的理想信念根基出现动摇，因此，对中外合作办学体制下学生的各方面培养塑造需要当代教育工作者下大力气、下足功夫。

三、中外合作办学体制下学生课程思政教育困境

（一）价值理念差异，思想引领需要久久为功

党的十九大报告指出，中国坚持对外开放的基本国策，坚持打开国门建设。随着对外开放不断深入，中外合作办学迎来重要的发展机遇，学生数量显著增多。纵观中外合作办学的特殊情况，党建引领需要持之以恒久久为功。

一是中西思维碰撞诱发理想信念缺失。中外合作办学学生处在价值观的岔路口，其不只是中华民族博大文化的传承者，也接受了欧美资本主义价值观和意识形态，加之中外合作办学体制下驻外学生学习环境、生活环境等均是全外语环境，很少接触中文语言环境，因此更容易受到国外道德观念、理想信仰、价值观的正面冲击。以本院法学（中外合作办学）专业为例，该专业后两年多为美方课程，如果学生选择"2+2"或"3+1"培养模式，会有1~2年时间在美国学习，外籍教师授课时难免夹杂个人观点，而某些片面观点可能潜移默化地使学生对国内整体情况出现认知偏差。同时西方意识形态的渗透具有隐蔽性和欺骗性，如果国内学习阶段课程思政教育开展不扎实，就造成学生的理想信念根基缺失，中外合作办学模式下驻外学生更容易对一些

重大理论问题产生模糊认识甚至曲解。

二是对中外合作办学学生党员的日常管理仍需加强。中外合作办学学生的入党积极性、学生党员比例较传统法学专业偏低，学生党员的朋辈领航作用发挥受限。党组织对国外学生党员的持续性培养教育存在困难，缺乏有效的监督管理方式，在外方高校就读的学生党员受时空因素的影响难以按时参加组织生活，缺乏组织依靠，归属感不强。

（二）驻外思政匮乏，立德树人需要协同推进

大学生正处于思想价值观形成的"拔节孕穗"关键期。法学是意识形态较强的学科之一，能否坚守社会主义意识形态的主阵地，能否将马克思主义基本原理和中国特色社会主义理论等事关"总开关"的教育体现在"三全育人"之中，能否将习近平法治思想贯穿到人才培养的全过程中至关重要。中外合作办学学生驻外期间缺少生动充沛的思政教育资源，加之外籍教师长期浸润于自由主义意识形态中，缺乏对中国历史和国情的深刻了解，对课程思政的认同感不足，造成学生"只知外国事而不了解中国情"的尴尬局面，难以提升学生对中国特色社会主义的政治认同，甚至可能偏离社会主义办学方向，导致学生偏离正确的价值观、人生观和世界观。中方教师对课程思政的积极性也需要进一步提高，需不断优化课程设计，坚持马克思主义意识形态的指导地位，构建全员、全程、全课程育人格局。

（三）学生课业繁重，笃实信仰需要锲而不舍

繁重的学业使得中外合作办学体制下学生将绝大多数精力投入到专业知识学习的过程中，对第二课堂、第三课堂教育关注度普遍偏低，学生在参与课程思政教育过程中难以保证学习热情和深度，对理论成果的掌握则更是浅尝辄止、程度有限。囿于专业课程和语言课程的压力，中外合作办学项目的学生对课程思政教育的重视程度仍需提升。

在中外合作办学模式下，学生既要学习专业课程又要学习语言课程，课程体量大；加之国外高校对语言水平和等级要求相对较高，国内高校的思想政治理论课时难免会被压缩。对于中外合作办学学生而言，自身积淀的民族情感和祖国认同感在国外学习时容易遭受不良思想冲击，更容易出现强烈的

不适应感。以本学院选择"2+2"中外合作教学模式的学生为例，该类学生在2年的国内学习阶段里，既要修读完国内要求的毕业学分，又要在此期间内备战语言考试，达到国外高校所要求的语言水平，若此时再对其进行通识课类型的课程思政教育，学生的精力不够，思政育人效果难免要打折扣。在国外学习期间，学生在适应新学习、生活环境时更是分身乏术，此时难免会出现思想懈怠的问题。

四、中外合作办学体制下学生课程思政教育的提升路径

（一）强化价值引领，形成全方位育人新格局

中外合作办学，最重要的是坚持社会主义办学方向，坚持不懈抓好习近平新时代中国特色社会主义思想教育，为国培养堪当民族复兴重任的时代新人。

一是坚持马克思主义在中外合作办学全过程中的指导地位。面对西方自由主义思潮的冲击，高校要守住意识形态阵地，把好"政治关"，把握好中外合作办学中的教育主权。要在专业课知识的讲授中切实让中外合作办学学生感受到"马克思主义为什么行"，勉励学生用优秀成果增进国外学界对我国道路、理论、制度、文化的理解与认同，着力提高中国国际传播影响力、中华优秀传统文化的感召力、中国形象亲和力、中国话语说服力、国际舆论引导力，向世界展示更加真实、立体、全面的中国，在坚定文化自信、讲好中国故事上争做表率。

二是坚持党对中外合作办学的领导。基层是党的执政之基、力量之源，高校基层党组织是党在高校全部工作和战斗力的基础，是教育、管理、监督、服务师生党员的基本单位，担负着把党的路线方针政策落实到高校基层的重要职责。中外合作办学模式下，高校要扎实抓好基层党建工作，加强境外学生党员管理，充分发挥基层党组织的战斗堡垒作用，培养心系"国家事"、肩扛"国家责"的国际化人才。中外合作办学模式下发展党员更要严把"质量关"，切实吸收入党动机纯洁、思想政治上进、个人作风良好的学生入党，发挥其榜样力量，不断增强组织对学生的感召力与凝聚力。中外合

作办学学生党员出国后，针对培养联系人、党支部书记无法与其进行面对面谈话、考察和培养缺乏系统性的问题，建立海外党员网络培养制度，积极通过腾讯会议、微信群、QQ群等多媒体渠道开展党建工作，关注驻外学生党员的思想动态。同时基层党组织也要力所能及地帮助驻外学生党员解决学习和生活中遇到的困难，切实让驻外学生党员感受到党的温暖。

三是将党史学习教育贯穿到课程思政的全过程中。历史是最好的教科书，也是最好的清醒剂。深刻认识我们国家和民族从哪里来、到哪里去，才能更好地抵御西方价值观念的渗透，因此，开展党史、国史、改革开放史、社会主义发展史教育也是课程思政教育的重要内容。在日常教学管理中，应突出爱国主义教育，结合近代以来中国海外留学生生活状态变化的纵向比较，使学生感受改革开放以来中国的深刻变化，增强其民族自豪感，并以优秀人物事迹为学习榜样，发挥榜样的力量，激励其学成归国，报效祖国。法学院注重综合运用第一、第二课堂，通过赴西柏坡开展实践教育、参观郭永怀事迹陈列馆、聆听"致敬抗美援朝"云课程等，深入开展"四史"学习教育，不断探索拓展课程思政建设的方法和途径。

（二）优化顶层设计，深入推进课程思政教育

课程思政教育是一项系统工程，学校、学院应高度重视，加强顶层设计，全面规划，充分发挥专业课教师的主体示范引领作用，激发教师参与开展课程思政教育的热情和动力。以中国海洋大学法学院为例，学院党委制定了《法学院党委关于贯彻落实党委意识形态工作责任制的实施办法》，在教师引进、课程建设等重大问题上把好政治关，把好课程思政教育的"入口关"。

一是要严格课程方案和教材的审查标准。国内高校编排课程方案时要做到专业课程学时与思政课程学时相均衡，使课程思政与思政课程形成良性互动。确保课程思政和国内高校严把教材选用质量关，对不符合社会主义核心价值观、不符合马克思主义意识形态的内容坚决予以抵制，力保优质教材进课堂，营造风清气正的育人环境。

二是要提升教师参与课程思政建设的意识和能力。高校教师要掌握学生思想中可引导、可塑造的积极方面，从学生愿意关注、愿意深入的角度，去讲授专业知识，以学生喜闻乐见的形式将思政元素自然地融入专业课程教育，提炼出与学生同频共振的正能量元素，将更多的学生吸纳进课程思政的大环境中来。让学生参与课程思政改革和建设中来，让思政育人潜移默化、润物无声的效果，为中外合作办学学生今后走出国门走向世界打好精神底色，直面各种风险和挑战，成为勇立潮头、敢为人先、堪当时代重任的人才。中国海洋大学法学院中外合作办学项目坚持把课程思政教育切实融入每一门课程中，与各部门法紧密配合，通过课程思政教育将法的价值、法律人应具备的政治修养、职业道德品质等内容渗透进法学专业课程中，最终实现培养"德法兼修"的社会主义法律人才的目标。

（三）创新学习形式，建好实践课程大平台

课程思政教育作为新时代建设中国特色社会主义的重要组成部分，更关注传统课堂教学及教师引领，在实践方面发挥的作用十分有限，因此，只加强课程建设和课堂教学是远远不够的，课程思政教育应该走进课堂、同时走出校园，促进理论知识与实践检验的融合创新。

一是让志愿服务精神点燃爱国情怀。习近平总书记在北京冬奥会、冬残奥会总结表彰大会上强调："要在全社会广泛弘扬奉献、友爱、互助、进步的志愿精神，更好发挥志愿服务的积极作用，促进社会文明进步。"志愿服务精神可以让中外合作办学学生在服务奉献中体会青年学子的应有担当和应尽之力，从而培养和厚植爱国情怀，激发社会责任感。中国海洋大学法学院积极鼓励中外合作办学学生在青岛上合峰会等高端赛会中发挥语言和专业优势，投身志愿服务；通过"三下乡"社会调研聚焦社会民生，在实践中感受国家变化、彰显青年担当，深刻领悟改革开放以来我国经济社会发展的巨大变化，感受祖国复兴的磅礴伟力。

二是充分利用互联网确保学生出国后思政教育的连贯性。课程思政教育"一体化"内涵中明确提及"横向贯通"，即把第一课堂、第二课堂和第三课堂（网络空间）之间打通，着力提升第三课堂的网络教育内涵。21世纪是信息时代，互联网可以克服距离、时间等物理阻隔，因此要充分利用"互

联网+"等信息技术手段。互联网作为新型技术手段,也会使错误意识形态和不良思想的传播速度更快、传播方式更加隐蔽,因此,更应加强中外合作办学体制下学生网络安全观和国家安全观教育,因为在全球化背景下,国家主权已不单纯是政治主权,也涉及文化、经济、教育领域,国家安全也由"领土安全"延伸到了"经济安全""文化安全"甚至"网络安全",应警惕西方政客在网络设置的观念陷阱,筑牢国家安全防线和意识形态阵地。

五、结语

中外合作办学体制下学生课程思政教育要将思政教育元素融入各门课程、各教育环节中,从而对学生产生"润物细无声"的作用,其本质是运用协同育人的理念来实现"立德树人"的目标。因此,中外合作办学体制下学生的课程思政教育应抓住国内高校这一主阵地,让红色基因融入人才培养体系,统筹各类课程思政资源建设,发挥好每门课程的思政育人作用,积极通过理论学习、实践育人、文化熏陶等环节使高校为党育人、为国育才的职责使命落到实处,不断铸牢学生马克思主义意识形态,强化学生对中国特色社会主义思想的认同。同时,也要注重学生出国(境)后思政教育的连贯性,用好第三课堂网络媒介,发挥班级、党支部、团支部的联系作用,确保思政教育时间上不断档、空间上不断线,从而不断提高中外合作办学专业人才培养质量,努力培养肩负民族大任、适应时代需要的国际化人才。

参考文献

[1]王杨.高校中外合作办学学生党建工作探索研究[J].湖北开放职业学院学报,2019,32(6):56-57.

[2]张羚羚.新时代中外合作办学思政教育探究[J].高教学刊,2019(6):152-154.

[3]耿鑫欣.关于"00后"中外合作专业学生入党积极分子培养模式的探索——

以上海师范大学商学院设岗定责为例[J].智库时代，2020（12）：147-148.

[4]张俊，江海珍.中外合作办学高校构建"课程思政"协同育人机制探究[J].决策探索（下），2020（4）：46-48.

[5]肖知亮."课程思政"在专业教学中的整合能力及其路径[J].教育评论，2020（9）：91-96.

[6]王琳，何薇，郭晓君.从爱国和敬业入手谈中外合作办学模式下学生社会主义核心价值观的培育[J].品牌（下半月），2015（2）：151.

[7]贺武华，张云霞，杨小芳."课程思政"育人方式转变应处理好三对关系[J].杭州电子科技大学学报（社会科学版），2018，14（6）：60-64.

[8]侯彦杰.浅议中外合作办学大学生的爱国主义教育[J].思想政治教育研究，2014，30（2）：125-127.

[9]李晓辉.新时代中外合作办学大学生爱国主义教育思考[J].武夷学院学报，2019，38（1）：87-90.

[10]何华玲，严瑶婷.中外合作办学高校大学生思想政治教育工作的挑战与转型[J].内蒙古农业大学学报（社会科学版），2013，15（3）：86-89.

社会主义核心价值观融入高校学生党建工作的路径探析

郭晶毅　丁　轶

摘要　受到全球化时代的信息流冲击、数字社会的亚文化传播和"两个舆论场"间的潜在抵牾等多重因素的影响，新时期的高校学生党建工作呈现出高度的复杂性和艰巨性。面对新时期高校学生党建工作的复杂局面，社会主义核心价值观作为一种彰显中国特色社会主义的价值诉求，对高校学生党建工作具有重大意义。将社会主义核心价值观融入高校学生党建工作，能够进一步巩固社会主义意识形态，克服高校学生党建的问题及挑战，引领高校学生党建的发展方向，促进高校学生成长成才。因此，高校学生党建工作应该采取社会主义核心价值观"全过程融入"的路径，将社会主义核心价值观渗透进高校学生党建工作中的党员发展、教育学习、组织管理、党建活动等各个环节。

关键词　高校学生党建　社会主义核心价值观　新时期　融入路径

一、新时期高校学生党建工作的复杂性与艰巨性

诚如习近平总书记所指出，加强高校党的基层组织建设、提高党的基层组织做思想政治工作能力，是做好高校思想政治工作的基础。这些年高校共同存在一个突出问题，就是高校党的基层组织弱化。有的高校基层党建层层递减、越往下声音越小，一些基层党组织工作薄弱，平时感觉不到存在，关键时刻顶不上去。究其原因，除了主观上重视不够、研究不够、努力不够外，客观原因就是高校党的组织不适应这些年高校的快速发展，没有找到自己的方位，没有创新功能实现方式。可见，党建工作搞的好与坏，直接关系

到高校学生的思想政治工作成效，关系到高校学生群体的世界观、人生观和价值观塑造，对于中华民族伟大复兴中国梦的顺利实现将起到至关重要的决定作用。因此，结合当下新时期的诸多形势特征，高校学生的党建工作呈现出如下几方面特点。

（一）全球化时代的信息流冲击

全球化时代无疑是各国之间联系日益紧密的时代，"把世界各国利益和命运更加紧密地联系在一起，形成了你中有我、我中有你的利益共同体"。[①]按照托马斯·弗里德曼在《世界是平的》一书中的观点，当前的全球化阶段已经处于全球化的3.0版本即晚期全球化阶段，其核心特征便是信息的全球化。[②]不同于之前的商品全球化和资本全球化，在信息全球化阶段，"信息流"（Information Flow）将成为至关重要的全球化表现形式，即各国及各国人民之间的联系和互动将因为各种新兴媒体和媒介的出现而变得更加紧密和频繁，任何地方性事件和地方性知识仅具有"信息源"的作用，而信息的接收者将成为全球化时代下身处不同地域的任何个人和组织。换言之，信息的流动真正超越了物理空间的束缚，导致了信息的传递速度、数量、接收者等方面均呈现出几何级的增长。

就此而论，"全球化时代下的信息流冲击"成了影响新时代高校学生党建工作的首要因素。高校学生往往掌握了丰富的互联网知识，具有熟练的网络信息搜集和使用技巧，"既是网络新媒体的受众，也是改善网络生态的重要力量"。[③]然而，高校学生群体又存在着青年人的典型特征，即世界观、人生观、价值观正处于不断成形和塑造的过程中，极易因为偶发事件和个别案例全盘推翻、否定自己的已有观念，转而形成新的世界观、人生观和价值观。

[①]中共中央党史和文献研究院.习近平关于总体国家安全观论述摘编[M].北京：中央文献出版社，2018.

[②]托马斯·弗里德曼.世界是平的：21世纪简史[M].何帆，译.长沙：湖南科学技术出版社，2015.

[③]中共中央党史和文献研究院编.习近平关于网络强国论述摘编[M].北京：中央文献出版社，2021.

因此，面对全球化时代网络媒体传递的各类信息，尤其是那些与主流意识形态不同甚至是对立的信息及观点，如何保证高校学生形成正确的世界观、人生观和价值观，不受外部世界的不良影响，就成了高校学生党建工作亟须面对的课题。在全球化时代，我们不可能自绝于外部世界，加之作为当代青年人中最有知识、接受教育程度最高的一类群体，高校学生需要接触最前沿的学科知识和研究成果，需要更多地掌握国外思想，尤其是西方学界的前沿思想。在这个过程中，如何一方面拥抱信息的全球化，一方面有意识抵制全球化过程中对于社会主义、共产主义意识形态的外部腐蚀，显然成了新时期高校学生党建工作需要着力研究和探索的方面。

（二）数字社会下的亚文化传播

人类社会经历了三次重大革命，第一次是农业革命，第二次是工业革命，第三次则是信息革命，而信息革命的直接结果便是当下已然迈入到了"数字社会"之中。网络化、智能化、数字化成了数字社会的典型特征，在这种社会形态中，"既有工商业时代的人、财、物等物理空间逻辑，也有信息时代的建模、算法、代码等虚拟空间逻辑，而且二者彼此交织、相互塑造、虚实同构。于是，社会关系、行为模式和价值观念都发生了重大转型"。[①]在这其中，一个尤其值得注意的方面便是"亚文化"（Sub-culture）的传播问题。

这里的亚文化主要是指"网络亚文化"。顾名思义，网络亚文化是一种不同于网络主流文化的边缘文化形态，但这种文化形态对于青年群体却有着巨大的吸引力、渗透力和影响力。青年群体因为掌握了较为丰富的网络知识，加之处在特定的年龄阶段，这就决定了青年群体更需要人际交往、进行自我表达，因此网络媒体，尤其是自媒体、多媒体往往成了青年人的主要表达渠道，它也为青年群体提供了不同于现实世界（甚至是逃避现实世界）的"数字家园"。在这个"家园"中，通常认为，网络流行语、恶搞、网络文学是网络亚文化的主要表现形式，体现和传递了一种不同于主流文化观念的价值体系、思维模式和生活方式。显然，网络亚文化需要辩证对待，好的

---

①马长山.迈向数字社会的法律[M].北京：法律出版社，2021.

结果是网络亚文化能够与主流文化形成良性互动，修正和克服后者在有些情况下产生的僵硬、死板、不接地气的功能缺陷；但另一方面，网络亚文化除了具有边缘性、时尚性等特征以外，还往往具有颠覆性、批判性等特征，容易成为青年群体自我宣泄、蔑视权威、反叛世俗、怀疑一切的特殊渠道，对此不可不察。故而，新时期高校学生党建工作需要着力解决的第二个问题便是，如何通过有力的体制机制建设实现对于网络亚文化可能带来的负面效应的有效应对，从而在"主流媒体借助移动传播，牢牢占据舆论引导、思想引领、文化传承、服务人民的传播制高点"①的同时，又能够促使高校学生群体有意识地将网络亚文化与主流文化体系形成良好对接。

（三）两个舆论场间的潜在抵牾

众所周知，"两个舆论场"主要体现为以党报、国家电视台、国家通讯社为代表的"官方舆论场"和以互联网为代表的"民间舆论场"。在数字社会时代，当下的"两个舆论场"更多地体现为以微博微信为代表的"民间舆论场"和以主流媒体为代表的"官方舆论场"。在社会转型期，随着改革逐渐进入攻坚区和深水区，"下一步改革将不可避免触及深层次社会关系和利益矛盾，牵动既有利益格局变化"②，加之很多社会问题日渐明显和突出，甚至有愈演愈烈之势，不少网民借助于新媒体、自媒体发出了与"官方舆论场"不一致甚至是对立的观点和声音。由于互联网平台和网络舆论具有话题多元、平等对话、交流便捷、汇聚民意快速、传播影响力大等特征，故而"民间舆论场"有时甚至会形成反客为主之势，对"官方舆论场"形成了局部压制和倒逼效应。

对于上述现实，我们必须引起充分重视，尤其是对于新时期高校学生党建工作而言，上述"两个舆论场"之间的潜在抵牾和撕裂必然要求在具体工作中，基层党组织需要及时倾听、了解高校学生对于"两个舆论场"的总体

---

① 中共中央党史和文献研究院.习近平关于网络强国论述摘编[M].北京：中央文献出版社，2021.

② 中共中央文献研究室.习近平关于全面深化改革论述摘编[M].北京：中央文献出版社，2014.

看法及在"民间舆论场"中的具体参与度。青年是标志时代的最灵敏的晴雨表，时代的责任赋予青年，时代的光荣属于青年。如果高校学生对于"官方舆论场"更多地持有怀疑、不屑和情绪化态度，无保留、无理由地支持"民间舆论场"中的任何主张和观点，那么不但会出现"正面优质的网络内容跟不上，错误虚假甚至有害的东西就会传播蔓延"①的可悲局面，更会导致高校学生在大是大非的根本问题上丧失基本立场，其后果将是极其严重的。

二、社会主义核心价值观融入高校学生党建工作的重大意义

（一）巩固社会主义意识形态的必然要求

在广义上，意识形态可以被理解为人们的现实活动在思想观念中的反映，是人们借以克服社会冲突并与一定经济基础相适应的意识形态。②在狭义上，意识形态往往与特定的组织相关，表现为一种组织化意识形态（An-organizational Ideology），呈现为一套系统性的、与行动结果相关联的观念，旨在服务于组织的创建和运行。从马克思主义思想来看，意识形态体现为特定阶级所追求的利益和诉求，能够为国家和社会的发展提供一致的价值目标、取向和准则，维护国家社会的团结稳定。

我国长期以来坚持和发展马克思主义，形成了社会主义的主流意识形态。然而，随着国内社会的变革发展和国际大局的复杂变化，我国社会生活不断呈现多元多样的特征，社会思潮在各类思想文化频繁交流交锋的过程中活跃变化，社会主义和资本主义两种意识形态仍然存在激烈斗争。因此，意识形态领域的宣传思想阵地，我们不去占领，人家就会去占领。③面对资本主义国家不断进行的意识形态渗透，巩固社会主义意识形态是坚定发展马克思

---

①中共中央党史和文献研究院.习近平关于网络强国论述摘编[M].北京：中央文献出版社，2021：74.

②陈明明.从超越性革命到调适性发展：主流意识形态的演变[J].天津社会科学，2011（6）：62-72+141.

③中共中央党史和文献研究院.习近平关于总体国家安全观论述摘编[M].北京：中央文献出版社，2018.

主义和维护我国社会长治久安的重要任务。社会主义核心价值观是与中国特色社会主义经济基础和政治制度相适应的、具备广泛社会共识的核心价值观念和价值追求。它是对社会主义意识形态的高度凝练和概括，体现了社会主义意识形态的本质内容。①高校作为青年学生的培养基地，其学生党建工作教育将引导青年学生先进群体成为社会主义事业的建设者和接班人。②进而，将社会主义核心价值观融入高校学生党建工作，使高校学生先进群体学习和实践社会主义核心价值观，能够不断扩大社会主义核心价值观在社会群体和思想领域中的影响力，进一步在社会主义事业建设过程中巩固社会主义意识形态。

（二）克服高校学生党建问题及挑战的正确方法

随着改革开放的不断推进，我国市场经济的趋利性发展趋势和社会文化的多元发展趋势不断引发国人的思想变动，这为高校学生党建带来了问题和挑战。其一，青年的价值取向决定了未来整个社会的价值取向，而青年又处在价值观形成和确立的时期，抓好这一时期的价值观养成十分重要。这就像穿衣服扣扣子一样，如果第一粒扣子扣错了，剩余的扣子都会跟着扣错。人生的扣子从一开始就要扣好。是高校学生正处于价值观养成、调整、完善的时期，在复杂社会思潮和多元文化价值的冲击下，面临着如何确立正确价值观的问题。反观现实，部分高校大学生甚至学生党员群体产生了功利主义、利己主义、享乐主义等消极价值观。受这些错误价值观的影响，一方面，在高校学生党建工作中，部分大学生入党动机不纯，或为了未来职业选择和前途发展，或将入党视为一项荣誉，普遍缺乏共产主义远大理想；另一方面，高校学生党员群体素质良莠不齐，或思想意识发生松动，对原本坚守的理想信念产生动摇，对是非的判断产生娱乐嘲讽化倾向甚至产生错误认识，或以自我为中心，忽视他人利益和发展，未能在日常学习、工作、生活中发挥先进模范作用。另一方面，部分高校的学生党建工作存在流于形式的消极思

①刘云山.着力培育和践行社会主义核心价值观[J].求是，2014（2）：3–6.

②姬广军，赵山明.社会主义核心价值观融入高校学生党建的思考[J].学校党建与思想教育，2015（12）：38.

想，学生党建工作未能落实基本的工作标准，学生党建活动开展的数量和质量较为缺乏。[①]因此，社会主义核心价值观作为符合马克思主义和中国特色社会主义基本价值的思想引领，能克服高校学生党建工作中产生的消极思想，为高校学生党员群体树立正确的价值观，为高校党建确立正确的工作原则，从而解决高校学生党建工作的问题。

（三）引领高校学生党建发展方向的重要途径

习近平总书记在第二十三次全国高等学校党的建设工作会议上指出，"办好中国特色社会主义大学，要坚持立德树人，把培育和践行社会主义核心价值观融入教书育人全过程"。高校学生党建工作的核心目标是立德树人，培养青年先进人才。高校学生党建工作开展的具体方向应落实到"为了什么而培养人才""培养什么样的人才"和"怎样培养人才"这三个方面。对此，社会主义核心价值观作为社会主义意识形态的高度凝练，继承和发扬了中华民族优秀传统文化，体现了中华民族最广大人民群众的当代精神和价值追求，是一套"与经济基础和政治制度相适应并能形成广泛社会共识的核心价值观"，一种"承载着一个民族、一个国家的精神追求，体现着一个社会评判是非曲直的价值标准"，"确立反映全国各族人民共同认同的价值观'最大公约数'，使全体人民同心同德、团结奋进"，把"全社会意志和力量凝聚起来"，从而形成一个民族"赖以维系的精神纽带"和一个国家"共同的思想道德基础"。[②]显然，社会主义核心价值观可以为立德树人的上述三个方面指明方向：社会主义核心价值观用"富强、民主、文明、和谐"阐释了我国国家层面的价值目标，用"自由、平等、公正、法治"阐释了我国社会层面的价值取向，用"爱国、敬业、诚信、友善"阐释了我国公民个人层面的价值准则。[③]其中，国家层面从经济、政治、文化、社会生态等方面

---

①张桂华，姚冠新.社会主义核心价值观融入高校学生党建工作探微[J].江苏高教，2015（2）：138.

②中共中央文献研究室.习近平关于社会主义文化建设论述摘编[M].北京：中央文献出版社，2017.

③刘奇葆.在全社会大力培育和践行社会主义核心价值观[J].党建，2014（4）：10-13.

说明了国家发展所追求的根本目标，社会层面从人的基本权利、社会的应然状态方面描述了社会发展所追求的理想样貌。这两个层面构建了社会主义事业的发展目标，也指明了高校学生党建所培养人才应努力投身国家、社会建设的方向。公民个人层面则为高校学生党建指出了人才培养应具备的基本道德。因此，用社会主义核心价值观融入高校学生党建工作，无疑明确了高校党建人才培养工作开展的方向。

（四）促进高校学生成长成才的有效抓手

价值观是指导人们认识事物和行为实践的主要依据，稳定的价值观是个体成长成熟的主要标志，它会在人类认识、改造自然和社会的过程中产生与发挥作用。高校学生党建和高校学生培养以立德树人为核心目标，对高校青年学生的思想道德、专业知识等全方面素质提出了要求。首先，思想道德是高校党建人才培养的首要内容，社会主义核心价值观则为思想道德培养提供了理论基础。高校学生应当具备优秀的思想道德素质、坚定的理想信念和正确的价值观，这是高校学生成长成才的必然要求和基本要求。社会主义核心价值观是凝聚中华民族优秀精神和社会共识的正确价值观，阐释了国家、社会、个人层面的基本价值追求，尤其在个人层面提出了每一个公民都应具备的基本道德品质。将社会主义核心价值观融入高校学生党建工作，能够在党建工作中落实基本思想道德的熏陶和培养，促使高校学生党员引领学生群体具备正确的价值观和优秀的思想道德，打好学生成长成才的思想道德基础。[①]其次，专业知识素养的发展离不开社会主义核心价值观的导向和推动。高校学生应当具备专业知识素养，将专业知识素养落实运用到社会主义事业的建设中才是高校学生成长成才的最终落点。社会主义核心价值观中国家和社会层面所提出的理想目标，是高校学生运用专业素养建设国家、社会的努力方向。将社会主义核心价值观融入高校学生党建，在人才培养的各个环节强调社会主义核心价值观的内涵，能够进一步为高校学生的成长和成才创造奋发动力。

---

① 沈晓梅，姚冠新.社会主义核心价值观融入高校学生党员教育路径研究[J].国家教育行政学院学报，2014（11）：62-66.

三、社会主义核心价值观融入高校学生党建工作的具体路径

将社会主义核心价值观融入高校学生党建工作，并非进行简单的思想教育，而应该重视"融入"，强调经由"教育引导、舆论宣传、文化熏陶、实践养成、制度保障"等途径"潜移默化地影响着人们的思想观念、价值判断、道德情操"，进而"像空气一样无所不在、无时不有"，最终在社会主义核心价值观所构建起来的"生活场景"和"社会氛围"中，逐步"内化为人们的精神追求，外化为人们的自觉行动"①，最终将社会主义核心价值观渗透进高校学生党建工作的各个环节，联系起高校学生党建工作的全过程。就此而论，在高校学生党建工作的党员发展、教育学习、组织管理、党建活动各阶段中发挥社会主义核心价值观的作用，是将社会主义核心价值观融入高校学生党建工作的正确路径。

（一）融入党员发展环节

高校学生党建工作的首要环节是发展党员。中国共产党在高校学生中发展党员，能够将优秀先进分子吸收到党组织中，壮大党的队伍，增强党的阶级基础和群众基础，培养共产主义事业的可靠接班人。发展党员的工作程序一般包括申请入党、入党积极分子确定和培养、党员发展对象确定和考察、预备党员接收和考察、预备党员转正五个阶段。中共中央组织部、中共中央宣传部、中共教育部党组在2013年发布的《关于进一步加强高校学生党员发展和教育管理服务工作的若干意见》中指出，应"从思想政治、能力素质、道德品行、现实表现等方面进一步明确学生党员具体标准，着重看发展对象是否具有坚定的理想信念和良好的道德品行"。这与社会主义核心价值观对公民个人提出的"爱国、敬业、诚信、友善"的价值准则是一致的，与社会主义核心价值观对理想信念的引领方向是一致的。②将社会主义核心价值

---

①中共中央文献研究室.习近平关于社会主义文化建设论述摘编[M].北京：中央文献出版社，2017.

②姬广军，赵山明.社会主义核心价值观融入高校学生党建的思考[J].学校党建与思想教育，2015（12）：38–39+42.

观融入党员发展环节，就是在党建的"入口"进行把关①，可以在发展党员的五个阶段中加强对社会主义核心价值观的考察。首先，在申请入党阶段，高校党组织可以在学生提交的入党申请书中了解其对社会主义核心价值观的认识，在组织派人谈话时询问入党申请人对社会主义核心价值观的理解。其次，在入党积极分子确定和培养阶段，高校党组织可以向群团组织了解入党申请人的思想道德素养情况是否符合社会主义核心价值观的精神要求。在入党积极分子的培养过程中，将社会主义核心价值观作为主要的学习内容，通过学习社会主义核心价值观帮助入党积极分子端正入党动机，树立理想信念。再次，在党员发展对象确定和考察阶段，高校党组织可以在发展对象培训时，通过理论考试的形式考察发展对象对社会主义核心价值观的理解，通过思想汇报的形式观察发展对象对社会主义核心价值观内涵、意义等方面认识的变化。最后，在预备党员接收和转正阶段，高校党组织可以着重考察预备党员在实践中践行社会主义核心价值观的行动表现。通过在各个阶段了解和考察入党申请人在思想和行动上对社会主义核心价值观的把握，以此用社会主义核心价值观引领高校学生党员的选拔和发展环节，保持党组织队伍的先进性。

（二）融入教育学习环节

高校学生党建工作中的教育学习环节是党的思想建设的重要内容，然而，高校学生党建工作存在"重发展、轻培养""入党后教育缺乏"的问题，这不但影响学生党员思想政治素质的提高，而且影响学生党员在高校学生群体中先锋模范作用的发挥。② "中国共产党是典型的学习型政党，最重要的是党的领导人带头学习，提倡学习，逐渐形成了学习的优良传统"③，这对于高校学生党建工作亦是如此。高校学生党建工作中的教育学习环节不仅

---

① 张桂华，姚冠新，沈晓梅，陈桂香.将社会主义核心价值观教育融入学生党建[J].中国高等教育，2016（5）：30-32.

② 姬广军，赵山明.社会主义核心价值观融入高校学生党建的思考[J].学校党建与思想教育，2015（12）：38-39+42.

③ 胡鞍钢.中国集体领导体制[M].北京：中国人民大学出版社，2013.

包括党员发展过程中的培养学习，也包括党员群体、学生群体日常的思想政治教育学习，而在上述过程中，将社会主义核心价值观作为教育学习环节的主要学习内容和原则无疑成了一大重要任务：首先，高校学生党建工作应当将社会主义核心价值观作为教育学习的重点内容之一。在教育学习过程中，高校党组织应该阐述培育和践行社会主义核心价值观的重大意义，着重学习社会主义核心价值观的概念内涵、指导思想、基本原则和基本路径，将社会主义核心价值观与学生自身实际的学习、工作、生活相结合，帮助理论知识更加形象化、具体化。在社会主义核心价值观的教育学习环节中，帮助学生划清马克思主义和非马克思主义、反马克思主义的界限，明晰社会主义意识形态和资本主义意识形态的区别，认识功利主义、利己主义、享乐主义等消极错误思想的问题和克服方法，保持坚定的立场和清醒的头脑。其次，高校学生党建工作应当分层次、分方法地将社会主义核心价值观融入教育学习环节，提高教育学习的质量和效率。针对分层次而言，一方面，高校党组织应当结合不同年级学生党员的思想情况区别开展社会主义核心价值观的教育。例如，对于低年级学生党员，可以围绕社会主义核心价值观的基本内容进行教育，加强对其的感性认识和情感认同；[1]对于高年级学生党员，可以将社会主义核心价值观与党的其他理论进行结合学习，分析两者间的内在联系，并着重加强理论学习与实践体悟的结合。另一方面，高校党组织应当将党员培养和学生群体的思想政治教育相结合。通过将社会主义核心价值观学习融入思想政治教育的方式，可以扩大价值观教育的受众面。针对分方法而言，除党课教育学习以外，党组织可以充分利用支部党员大会、支部委员会、党小组会在日常对社会主义核心价值观进行学习，通过阅读著作、学习心得、学习简报制作、交流会等形式丰富社会主义核心价值观教育学习的方式和成果。

（三）融入组织管理环节

---

[1]张桂华，姚冠新，沈晓梅，陈桂香.将社会主义核心价值观教育融入学生党建[J].中国高等教育，2016（5）：30-32.

组织管理环节是高校学生党建工作中的重要内容。组织管理环节主要是通过了解学生党员的思想状况、工作情况、学习情况和生活情况对党员进行监督、督促、检查，对党员进行表彰、批评和处分，从而对学生党员群体的行为进行约束和规范，整顿组织作风和纪律。将社会主义核心价值观融入高校学生党建工作的组织管理环节，一方面可以加强学生党员作风建设与社会主义核心价值观的结合，另一方面可以加强组织考评与社会主义核心价值观的结合。首先，在作风建设方面，应该将社会主义核心价值观作为党员作风建设的理论后盾，围绕社会主义核心价值观开展批评与自我批评。社会主义核心价值观中公民层面的"爱国、敬业、诚信、友善"为学生党员在思想作风、工作作风、学习作风、生活作风等方面提出了最基本的标准，尤其是其中的"爱国"价值可以为广大学生党员国家认同感的形成提供必不可少的情感动力和心理基础。①故而，社会主义核心价值观只有渗透到学生党员的作风建设中，才能够促使学生党员养成遵纪守法、拼搏努力、诚实守信、合作团结的优秀品质。学生党员自身的作风得到了约束，才能够规范党组织的管理和纪律，更好地发挥党员的先进模范作用，影响带动身边广大同学形成正确的思想、工作、学习和生活作风。②其次，在组织考评方面，可以将社会主义核心价值观作为党员评价的重要标准，并将融入社会主义核心价值观的党员考评结果作为党员评奖评优的主要依据。在考评制度中，将社会主义核心价值观的精神追求与党章、高校学生行为准则等文件的规定相结合；在考评内容中，除评价学生党员的学习、工作等素质之外，着重考察学生党员的思想道德情况是否与社会主义核心价值观相符合；在考评形式中，通过群众考核的方式反映学生党员在学生群体眼中的日常表现情况。

（四）融入党建活动环节

党建活动环节是高校学生党建工作的丰富和延展。除了日常党务工作

①丁轶.国家认同的宪法构建：实现机制与实施路径[J].交大法学，2020（3）：5-25.

②沈晓梅，姚冠新.社会主义核心价值观融入高校学生党员教育路径研究[J].国家教育行政学院学报，2014（11）：62-66.

以外，高校学生党建工作的重要部分是学生党员党建活动的开展。高校学生党员作为学生群体的一部分，在校园内外围绕思想政治、学习、文体、社会实践等各方面组织开展活动。因此，将社会主义核心价值观融入高校学生党建工作，更应该抓住党建活动这一丰富延展，以社会主义核心价值观作为导向从而开展活动。以思想政治活动为例，学生党员可以围绕社会主义核心价值观在校园中开展主题演讲、征文比赛、路演宣传、海报绘制等各类专题活动，深化学生群体对社会主义核心价值观的认识，增强社会主义核心价值观的影响力，用社会主义核心价值观引领整合当代和传统、外来和民族的思想文化成果，形成有强大生命力的校园主流文化和价值观。[①]以社会实践活动为例，学生党员可以利用课余时间在社会实践中体悟社会主义核心价值观的精神。针对国家层面"富强、民主、文明、和谐"的价值目标，学生党员可以采取走访红色革命基地、观看历史电影、阅读历史书籍文献等活动方式，考察民情、国情，感受中国共产党领导下的中国从站起来到富起来到强起来的巨大飞跃。针对社会层面"自由、平等、公正、法治"的价值取向，学生党员可以结合"三下乡"、寒暑假社会调研、大学生创新创业项目等活动，对社会热点、焦点问题进行调研，了解改革开放以来逐渐进步的社会环境，感知社会层面价值落实的不足之处和发展需求。针对公民个人层面"爱国、敬业、诚信、友善"的价值准则，学生党员可以通过专业实习、社会志愿服务等实践活动，以实际行动践行个人层面的道德品质，磨炼自身的意志精神，将社会主义核心价值观落到实处。

四、结语

新时期社会环境的多元多样性使得高校学生的党建工作呈现出复杂和艰巨的局面。高校学生的世界观、人生观和价值观容易受到非主流意识形态甚至对立立场观点的不良影响，这也成为高校学生党建工作亟须克服的重大难

---

① 张桂华，姚冠新，沈晓梅，陈桂香.将社会主义核心价值观教育融入学生党建[J].中国高等教育，2016（5）：30-32.

题。将社会主义核心价值观融入高校学生党建工作，是巩固社会主义意识形态的必然要求，是克服高校学生党建困难及挑战的正确方法，是引领高校学生党建发展方向的重要途径，是促进高校学生成长成才的有效抓手。只有在高校学生党建工作的党员发展、教育学习、组织管理、党建活动等各个环节有效融入社会主义核心价值观，才有可能形成高校学生的精神追求和行为依据，发挥出核心价值体系应有的重要作用和显著功能，最终有利于中华民族伟大复兴中国梦的实现。